Hans Maaß · *Qumran*

Hans Maaß

Qumran

Texte kontra Phantasien

Calwer Verlag, Stuttgart
Evangelischer Presseverband für Baden e.V.,
Karlsruhe

Die Deutsche Bibliothek – CIP-Einheitsaufnahme
Maaß, Hans: Qumran: Texte kontra Phantasien / Hans Maaß. – Stuttgart: Calwer Verl.; Karlsruhe: Verlag Evang. Presseverb. für Baden e.V. 1994

ISBN 3-7668-3317-0 (Calwer) brosch.
ISBN 3-87210-349-0 (Evang. Presseverb.) brosch.

© 1994 Calwer Verlag, Stuttgart,
und Evangelischer Presseverband für Baden e.V., Karlsruhe
Printed in Germany. Alle Rechte vorbehalten.
Umschlaggestaltung: Bernhard Kutscherauer
Druck und Verarbeitung: Greiserdruck, Rastatt

Inhaltsverzeichnis

Einleitung 9
Wie es zu diesem Buch kam · Wie das Buch angelegt
und zu benutzen ist

I. Ein Fenster zur Vergangenheit 15
1. RUINENHÜGEL AM TOTEN MEER 15
Grenzpunkte · Wenn Steine reden
2. SCHATZHÖHLEN 20
Der „Wolf" und das Geißlein 20
Ärgerliche Verzögerungen 24
3. WERTLOSE LEDERSTÜCKE IN NÜTZLICHEN
 GEFÄSSEN? 26
Die ersten Texte ·
Ein neuer Anlauf
4. MEMORY UND PUZZLESPIEL 31
„Verleumde nur keck, etwas bleibt immer hängen" ·
Eine fetzige Angelegenheit · Die leidige Altersfrage ·
Carbon und Christentum

II. Fromme in der Wüste 41
1. QUMRAN UND DIE ESSENER 41
Plinius und die Folgen · Ungelöste Spannungen
2. WIE STELLT MAN SICH ESSENER VOR? 44
Das Essenerbild um die Jahrhundertwende ·
Die antiken Nachrichten über die Essener ·
Qumran-Texte und Essener-Berichte des Josephus
3. AUF DER SUCHE NACH DEN ANFÄNGEN 53
Qumran und die Rekonstruktion der Essenergeschichte 53
Essener und Asidäer · Wüste als Ort der Erneuerung ·
Flucht in die Wüste · Eine brüchige Brücke ·
Andere Ableitungen des Namens
Die Zeiten ändern sich - und wir mit ihnen 58
Zweihundert Jahre wechselvoller Geschichte ·
Ein gemeinsamer Nenner?

Eine Königshuldigung als Visitenkarte? 60
Lobrede auf König Jonathan · Ein uneinheitlicher Text ... ·
... und seine zeitgeschichtliche Einordnung ·
Alexander Jannai, ein umstrittener Hasmonäerfürst ·
Alexander Jannai, ein national-jüdischer Hoffnungsträger? ·
Enttäuschte Idealisten? · Alexander Jannai und die
Tempelrolle · Königskritik im Nahum-Kommentar

Es gibt nichts Neues unter der Sonne 70
Eine Klage von bleibender Aktualität ·
Von heimlich gehegten Hoffnungen

Eine faßbare Apokalyptikergruppe 72
Was ist Apokalyptik · Apokalyptisches Denken in Qumran ·
Pflegestätte apokalyptischen Denkens

Qumran und Damaskus 78
Eine phantastische Gleichsetzung · Methodische Schritte ·
Paulus in Qumran? · Paulinische Gedanken aus Qumran?

III. Jesus und Qumran 87

1. DER UNBEKANNTE JESUS - RAUM FÜR
PHANTASIE? 87
Jesus, Werkzeug eines Essener-Komplotts? 87
Ein rationalistisch-romantisches Jesusbild ·
Ein Auferstehungsthriller

Jesus, ein Klosterschüler aus Qumran? 93
Allegorese macht's möglich · Eine phantastische Biographie

Jesus, der „Lehrer der Gerechtigkeit"? 97
Eine Zentralgestalt? · Parallelen zu Jesus?

Jakobus in den Qumran-Texten? 101
Leiden ohne Heilsbedeutung · Jakobus, der Bruder Jesu,
im Neuen Testament · Jakobus, ein Märtyrer des römischen
Agenten Paulus? · Qumran-Kombinationen · Jesus im
Rahmen der geistigen Strömungen seiner Zeit

2. MAHLZEIT 109
Bedeutung des gemeinsamen Essens im Judentum 110
Qumranmahl und Abendmahl 112
Der soziale Charakter gemeinsamer Mahlzeiten ·
Abendmahl und Pessachmahl · Segen über Brot und Wein ·
Jeder entsprechend seiner Rangstufe?

3. REINHEIT 116
Waschungen in Israel 116

Rituelle Waschungen in Qumran	118
Die Aufnahme in die Gemeinschaft ·	
Die Wiederaufnahme · Die täglichen Waschungen	
„Wer gewaschen ist, ... der ist ganz rein"	122
4. MESSIAS - GOTTES SOHN - GOTTES REICH	124
Der Messias im Judentum zur Zeit Jesu	126
Fehlanzeige in der alten Jesusüberlieferung ·	
Verschiedene jüdische Messiasvorstellungen zur Zeit Jesu	
Gesalbte in den Qumran-Schriften	130
Israel hat viele Gesalbte · Messias Aarons und Israels ·	
Qumran, eine „messianische Bewegung"? ·	
Die „Eisenman-Weise" · Gefahr für das Christentum?	
Gottes Sohn in Qumran?	140
Ein vorpaulinisches Bekenntnis? · Herkunft des Titels	
„Gottes Sohn" · Auf der Suche nach dem Gottessohn	
Gottes Herrschaft	144
Gott als König in der Hebräischen Bibel · Gott als König im	
jüdischen Gebet · „Sein Reich wird ein ewiges Reich sein" ·	
Gottes Herrschaft ist genaht!	
IV. „Tun, was gut und rechtschaffen ist vor ihm"	151
1. „NICHT EIN EINZIGES VON ALLEN WORTEN	
GOTTES ÜBERTRETEN"	151
Nur eine Vereinssatzung?	152
Verwandtschaft mit dem Neuen Testament	154
Die Kompromißlosigkeit der Bergpredigt ·	
Paulinische Lasterkataloge	
Einehe in der Damaskusschrift	156
Verräterische Offenheit? · Einmalige Ehe? ·	
Zeitgeschichtliche Einordnung	
2. „ALLE SÖHNE DER FINSTERNIS ZU HASSEN"	159
Qumranisch-christlicher Zeloten-Radikalismus?	159
„Was hat das Licht für Gemeinschaft mit der Finsternis?"	161
Im Zeichen des Hasses	163
Verständnisvolles Bemühen nach innen ·	
Scharfe Abgrenzung nach außen	
3. „ES WIRD DIR ANGERECHNET ALS GERECHTIGKEIT	165
Endzeitliche Abkapselung	166
„Peruschim"	167
Vermischung ist aller Unreinheit Anfang	169

4. „DER SABBAT, HEILIG IST ER" 170
„Sie vergessen Gesetz und Fest, Sabbat und Bund" 170
Prinzipientreue · Gegen Geschäftemacherei ·
Menschliche Bedürfnisse · Prinzip Sorgfalt ·
Unvorhergesehenes · Eine ländliche Variante?
„Der Sabbat ist euch übergeben, nicht ihr ihm" 180

5. „DIE FESTZEITEN NICHT VERSCHIEBEN" 182
Der Kalender von Qumran 182
Bekenntnisstand in der Gemeinderegel · Sonnen- und
Mondkalender · Zeitstreit ist keine Kleinlichkeit ·
Das Sonnenjahr als göttliche Schöpfungsordnung ·
Kalender und Priesterdienst
Kreuzigung Jesu nach dem Qumran-Kalender? 188
Die Passionschronologie der Evangelien ·
Lösung durch Qumran?

6. „... ZUM LICHT VOLLKOMMENER ERLEUCHTUNG AUF EWIG" 190
„Unser Bürgerrecht aber ist im Himmel" 190
Auferstehungshoffnung bei Paulus ·
Auferstehung in der synoptischen Überlieferung
Hoffnung auf ewiges Leben in Qumran 193
Was Josephus wußte · Gemeinderegel und Damaskus-
schrift · Erwartungen in den Lobgesängen ·
Hoffnung in der Kriegsrolle

V. Hilfe, Qumran? - Hilfe aus Qumran! 201

1. DIE ÄLTESTE BIBEL DER WELT 201
Auf der Suche nach dem verläßlichsten Bibeltext 202
Erste Urteile über die Jesaja-Rolle ·
Rückschlüsse auf die Abfassung biblischer Bücher
Die Entdeckung der ganz normalen Vielfalt 205
Zusammenfassung 207

2. ZEUGNISSE VON ZEITGENOSSEN JESU 208
Der gelüftete Schleier 208
Beziehungen zu christlichen Themen 210
Gemeinsames Gedankengut · Unterschiede

3. HILFE DURCH QUMRAN 216
NAMENS- UND STICHWORTREGISTER 219
ZEITTAFEL 229
SCHRIFTEN AUS QUMRAN (Kurzbeschreibung) 237

Einleitung

Wie es zu diesem Buch kam

Es gibt Bücher, denen man eigentlich keine Beachtung schenken sollte, weil sie in sich so ungereimt sind, daß man sich selbst nicht ernst nimmt, wenn man sich allzu ernsthaft mit ihnen auseinandersetzt.
Häufig finden solche unseriösen, marktschreierischen Machwerke wenig Gehör. Nach aufsehenerregendem Start erweisen sie sich meist rasch als kurzlebige, wenig beachtete Eintagsfliegen, über die bald zur Tagesordnung übergegangen wird. Gelegentlich gelingt es jedoch einem Autor, mit einer derartigen Veröffentlichung einen Volltreffer zu landen und sich monatelang an der Spitze der Bestsellerlisten zu halten.
Was sind die Gründe? Wurde eine thematische Marktlücke entdeckt oder eine schwelende Stimmungslage getroffen? Schlägt der Stil der Darstellung die Leserschaft in Bann oder die Überzeugungskraft der Argumente? Wird tatsächlich Neues geboten oder Altes nur neu aufbereitet? Werden Dokumente interpretiert oder manipuliert?
All dies sind Fragen, die sich angesichts des verblüffenden Verkaufserfolgs der „Verschlußsache Jesus" der amerikanischen Journalisten Baigent und Leigh stellen. Nachdem nun auch das Buch ihrer Gewährsleute Eisenman und Wise unter dem Titel „Jesus und die Urchristen" auf dem deutschen Markt erschienen ist, bietet sich die Möglichkeit, die Hauptthesen an den neu vorgelegten Texten zu überprüfen.
Eine ausführliche Auseinandersetzung mit der „Verschlußsache Jesus" legt sich auch deshalb nahe, weil nicht nur eine ohnehin kirchenferne intellektuelle Leserschaft begierig nach ungeprüften

Argumenten gegen die Kirche greift. Nein, gutmeinende, kirchenverbundene Gemeindeglieder fühlen sich verunsichert und wissen nicht, wem und was sie noch glauben sollen.
Mehr noch: Viele Lehrerinnen und Lehrer, denen die Erziehung junger Menschen anvertraut ist, ob sie nun Religion oder Ethik oder keines dieser sogenannten „Wertefächer" unterrichten, gehören zum Kreis der eifrigen Käufer- und wohl auch Leserschaft dieses Buches. Eine Studentin der Pädagogischen Hochschule Karlsruhe wandte sich sogar ratsuchend an mich, weil sie das Buch zwar gekauft habe, sich aber nicht getraue, es ohne entsprechende sachlichen Informationen über die Qumran-Schriften zu lesen.
So entwickelte sich aufgrund vieler Fragen bei religionspädagogischen Fortbildungsveranstaltungen und Gemeindevorträgen die ursprüngliche Idee, in einer kurzen Schrift auf die wesentlichen Inhalte der Qumran-Texte und die journalistischen Behauptungen von Baigent und Leigh einzugehen, zu dem Entschluß, die Frage umfassender zu behandeln.

Wie das Buch angelegt und zu benutzen ist

Bei der Arbeit mit Menschen unterschiedlichster Herkunft, Bildung und Einstellung wurde mir klar, daß es nicht genügen kann, falsche und unbegründete Hypothesen und Behauptungen einfach zu widerlegen. Vielmehr kommt es darauf an, den Hintergrund der in Qumran nachweisbaren Vorstellungen deutlich zu machen, damit diese richtig eingeordnet und aus ihrem geistigen Zusammenhang heraus verstanden werden können.
Solide Information, nicht betuliche Beschwichtigung ist die Absicht dieses Buches. Menschen mit multiplikatorischer Verantwortung in Schule und Erwachsenenbildung, Jugend- und Gemeindekreisen, Verkündigung und Seelsorge sollen ebenso zu einem eigenen, kritischen Urteil befähigt werden wie Gemeindeglieder und Kirchenferne, die sich vorurteilsfrei kundig machen wollen.
Diesem Anliegen dient die Anlage des Buches.

So soll etwa die breite Darstellung der *Fundgeschichte* nicht nur unterrichtliches Anschauungsmaterial liefern, sondern auch einen Beitrag zu der Frage leisten, wie sorgfältig oder unbekümmert von Anfang an mit den entdeckten Materialien umgegangen wurde. Dabei kann auch deutlich werden, warum viele Dokumente so schleppend veröffentlicht wurden.

Die ausführliche Darlegung der *Auffassungen über die Essener* vor der Entdeckung der Qumran-Texte soll deutlich machen, was man sich über die Essener zu sagen getraute, ohne auch nur eine einzige essenische Schrift zu kennen. Ja, mehr noch! Es kann daran deutlich werden, wie sehr auch heute noch Aussagen über Qumran oft von diesem „Vorwissen" bestimmt sind, so daß Texte nicht selten von diesen Voraussetzungen her gedeutet werden, statt daß man aus ihnen selbst ein unvoreingenommenes Bild von Qumran zu gewinnen versucht.

Die breite Darstellung *früherer Versuche*, eine *Beziehung zwischen Jesus und den Essenern* herzustellen, hilft hoffentlich, alle derartigen Versuche endgültig in das Reich phantastischer Spekulationen und unkontrollierbarer Wunschvorstellungen zu verweisen, weil ihr einziger Anhaltspunkt eine zu derartigen Kreationen verlockende Lückenhaftigkeit unseres Wissens über bestimmte Phasen des Lebens Jesu ist, die auch durch die Qumran-Funde nicht in einem einzigen Punkt verringert wurde.

Sollen kurzschlüssige Fehlurteile vermieden werden, so müssen *theologische Thematiken*, für die angeblich oder tatsächlich Beziehungen zwischen Qumran und dem Neuen Testament bestehen, in ihrem alttestamentlichen und jüdischen *Gesamtzusammenhang* gesehen werden. Dies habe ich konsequenter versucht, als sonstige mir bekannte, seriöse Veröffentlichungen zu dieser Thematik. So werden sowohl die Qumran-Bewegung als auch die früheste Christenheit als zwei selbständige jüdische Glaubensbewegungen erkennbar, die neben allen Unterschieden selbstverständlich auch eine ganze Anzahl von Berührungen und

Gemeinsamkeiten aufweisen. So soll billige Apologetik[1] vermieden und echte Auseinandersetzung ermöglicht werden.
Als sehr hilfreich haben sich die von Eisenman und Wise veröffentlichten *Texte* erwiesen, weil sie insgesamt *kein anderes Bild von Qumran* zeichnen, als es bereits seit den Fünfzigerjahren bekannt ist, und damit selbst die wirkungsvollste Widerlegung der Behauptung darstellen, die Veröffentlichung sei vom Vatikan absichtlich verhindert worden. Andererseits helfen sie, manche Konturen und Entwicklungen innerhalb der Bewegung deutlicher zu erkennen und herauszuarbeiten.
Viele abenteuerliche Hypothesen über Qumran und seine Beziehungen zum übrigen Judentum jener Zeit einschließlich der Urchristenheit hängen damit zusammen, daß das Rätsel, mit wem wir es in den Schriften von Qumran zu tun haben, bis heute nicht wirklich gelöst ist. Auch dieses Buch ist dazu nicht in der Lage, will aber mit den *historischen Erwägungen* über den Zusammenhang mit jüdischen Frömmigkeitsbewegungen der Makkabäerzeit einen weiterführenden Beitrag leisten. Dabei sind auch die neuen Texte hilfreich.
Das ausführliche *Verweissystem in Fußnoten* verfolgt einen doppelten Zweck. Es will den Leserinnen und Lesern Rechenschaft über die Herkunft einzelner Aussagen geben und ihnen die Möglichkeit zur Überprüfung bieten. Dies ist für eine kritische Auseinandersetzung unerläßlich. Gleichzeitig soll der Text in sich auch ohne diese Hinweise verständlich bleiben. Wer will, kann über diese Fußnoten hinweglesen und sich dem Gedankengang der Darstellung anvertrauen.
In der Darstellung der großen sachlichen Themen werden nicht nur konsensfähige wissenschaftliche Erkenntnisse aus der einschlägigen Literatur wiedergegeben. Vielmehr wird auch das Wagnis *neuer Aussagen* aufgrund *eigener Beobachtungen* unternommen. Literatur zum Thema, die erst nach Fertigstellung des Manuskripts erschienen ist, wurde nach Möglichkeit in den Fußnoten berücksichtigt.

---

[1] Unter Apologetik versteht man in der christlichen Dogmengeschichte vor allem die Verteidigung kirchlicher Lehren gegen andere Auffassungen.

Ein *Namens- und Stichwortverzeichnis* sowie eine ausführliche *Zeittafel*, die einen Überblick über die oft verworrenen Ereignisse in der Zeit der Makkabäer und nach der römischen Besetzung des Landes zu geben versucht, wollen das Zurechtfinden erleichtern.

Dies alles wurde größtenteils neben, nur zu einem geringen Teil in Verschränkung mit den beruflichen Alltagsverpflichtungen erarbeitet. Dieses Unternehmen war hart, aber lohnend. Denn theologische Grundlagenforschung neben den Berufspflichten kann eine wichtige Hilfe gegen Erstarren in Routine und Frustration im täglichen Kreislauf des immer Wiederkehrenden sein. Das Buch möchte daher Kolleginnen und Kollegen eine *Ermunterung* sein, eigenes theologisches Bemühen wachzuhalten.

Zu danken habe ich vielen Interessierten, die das Buch während seiner Entstehung durch kritische Rückfragen begleitet und beim Lesen auf manche Tippfehler hingewiesen haben, insbesondere Frau Hanna Meyer-Moses, meiner Frau und meinem Sohn Georg. Die Überprüfung der Qumran-Zitate besorgte stud. päd. Anke Edel.

Insgesamt ist dieses Buch von der Hoffnung begleitet, daß sich der ratlose Aufschrei, „Hilfe, Qumran!" in die zuversichtliche Erkenntnis verwandelt: „Hilfe durch Qumran".

Karlsruhe, am 1. November 1993

Hans Maaß

I. Ein Fenster zur Vergangenheit

1. RUINENHÜGEL AM TOTEN MEER

Grenzpunkte

Von der Straße her, die entlang dem Toten Meer von Jerusalem oder Jericho über En Gedi und Sodom nach Eilat führt, ist er kaum zu sehen, der Hügel von Qumran. Ein bescheidener Wegweiser zeigt an, daß man hier die Straße verlassen muß, um zu der wenige hundert Meter entfernten Ruine zu gelangen. „Die Ruinen bedecken keine große Fläche, aber sie berichten eine großartige Geschichte von Menschen, die auf dem kargen Land am Ufer des Toten Meeres den Sinn des Lebens suchten",[1] schreibt ein offizieller israelischer Reiseführer.

Daß die Leute, die einst hier lebten, auf der Suche nach dem Sinn des Lebens diese Siedlung bauten und bewohnten, klingt ein wenig pathetisch und entspringt eher modernen Vorstellungen. Daß die Gegend karg ist, erleben alle Reisenden anschaulich schon während der Fahrt, erst recht jedoch, wenn sie ihren Bus verlassen und womöglich in sengender Hitze zu Fuß vom Parkplatz zu dem Ruinenplateau gehen. Man befindet sich selbst auf dieser Anhöhe noch fast 400 m unter dem Meeresspiegel und südlich des 32. Breitengrads, etwa auf derselben Höhe wie Tripolis in Afrika, Dallas und Atlanta in den USA!

Der Kargheit verdankt der Hügel auch seinen heutigen Namen. Chirbet *Qumran* ist nämlich „die moderne arabische Bezeichnung, die von der Mergelterrasse herkommt",[2] auf der die Siedlung liegt, und bedeutet „Ruine des grauen Flecks". Dieser Name ist

---

[1] Avraham Lewensohn, Reiseführer Israel, Tel Aviv 1979, S. 449
[2] Othmar Keel/Max Küchler, Orte und Landschaften der Bibel, Band 2: Der Süden, Zürich/Göttingen 1982, S. 455

ebenso prosaisch wie treffend! Denn für die ganze Gegend ist der gelblich-graue Ockerton kennzeichnend.

Zur Zeit der Hauptbesiedelung hieß der Ort vermutlich *Metzad Chasidin,* „Festung der Frommen", wie man aus einem Schriftstück schließen kann, das in einer Höhle eines benachbarten Wadi gefunden wurde. „Festung der Frommen", das klingt eher selbst- und sendungsbewußt als nach einem Leben in beschaulicher Suche nach dem Sinn des Lebens.

Schon lange versuchte man, den Siedlungsplatz mit einer der judäischen Wüstenstädte aus Jos 15,61 f. gleichzusetzen. Man hielt den Platz zunächst für die dort erwähnte Salzstadt, ist aber mittlerweile der Überzeugung, daß es sich bei Qumran eher um das alte Sechacha handelt. Bei Ausgrabungen in den Sechzigerjahren hat man nämlich eine Reihe von befestigten Orten entdeckt, die verschiedene Gemeinsamkeiten aufweisen. Dabei handelt es sich um Spuren aus der späten Königszeit und aus der etwa 500 Jahre späteren Makkabäerzeit. Außerdem gilt für alle, daß sie „in der Nähe eine Quelle hatten. Zugleich waren sie in Sichtweite zueinander gebaut und mit einem Turm ausgerüstet. Alles weist darauf hin, daß eine befestigte Linie von En-Gedi bis zum Einfluß des Jordan lief."[3] Danach könnte Qumran an der Stelle des alten Sechacha liegen und vielleicht sogar einmal in die Grenzbefestigungsanlagen der Makkabäer einbezogen gewesen sein. Dies wäre für die Geschichte der Qumran-Gemeinschaft nicht ohne Belang und könnte manches Rätsel, das jetzt noch besteht, lösen helfen.

Auch in Qumran wurden an der Stelle des heute sichtbaren Turms eine kleine Zisterne und eine Befestigung sowie Scherben aus der judäischen Königszeit gefunden.[4] Die heutige Anlage stammt jedoch aus der Zeit des Makkabäerfürsten Alexander Jannai, wie sich an Münzfunden nachweisen läßt.[5] Dies unterstützt die Annahme, daß sich die Gemeinschaft, zu der die Siedlung von Qumran gehörte, unter den Makkabäern gebildet hat, entweder unter

---

[3] Keel/Küchler, a.a.O., S. 451
[4] Keel/Küchler, a.a.O., S. 458
[5] Nach Keel/Küchler, a.a.O., S. 459, stammen 143 von 155 Münzen aus der Makkabäerzeit von Alexander Jannai.

Alexander Jannai oder bereits unter seinem Großonkel Jonatan, der erstmals mit Unterstützung des seleukidischen Königs Alexander Balas die Hohepriesterwürde annahm (1.Makk 10,18-21), obwohl er nicht dem alten Priestergeschlecht der Zadoqiten angehörte.

Wenn Steine reden

Gebäudereste aus der Zeit Johannes Hyrkans, Alexander Jannais Vater, zeigen, daß man in dieser Zeit offensichtlich noch nicht in größerer Zahl dort siedelte. Es wird sich dabei wohl eher um eine militärische Kolonie gehandelt haben.
Auch in der Nachbarschaft Qumrans haben Ausgrabungen Hinweise auf Siedlungen ergeben, die mit Qumran in Verbindung standen,[6] so daß Qumran vielleicht eine Art Zentrum dieser Gegend war, aber keinesfalls ein Kloster, in das sich weltabgewandte Mönche zurückgezogen hätten. Dagegen sprechen schon die Gräber, in denen man auch Frauen- und Kinderskelette gefunden hat.[7] Etwa 30 Jahre vor unserer Zeitrechnung wurde die Siedlung durch ein Erdbeben teilweise zerstört. Fehlende Besiedelungsspuren aus den folgenden Jahren zeigen, daß der Ort für längere Zeit verlassen war.[8] Der Riß, der damals entstand, ist heute noch im Mauerwerk zu sehen, ebenso die Ausbesserungen nach der Wiederbesiedelung etwa 30 Jahre später. Denn erst aus der Zeit nach Herodes d. Gr., aus der kurzen Regierungszeit seines Sohnes Archelaus, finden sich wieder Münzen.
Die Bewohner wurden von diesem Beben völlig überrascht; dies kann man an Brandspuren und den Geschirrscherben erkennen, die in einem Raum an der Südseite gefunden wurden.[9] Es muß sich um das Erdbeben gehandelt haben, das Josephus in seinem

---

[6] Vgl. Keel/Küchler, a.a.O., S. 451 f.
[7] Vgl. Jerome Murphy-O'Connor, Das Heilige Land, München 1981, S. 332. Es handelt sich um „etwa 1100 Gräber mit ovaler Einfassung in regelmäßigen Reihen", und zwar „etwa 50 m östlich der Gebäude dem Toten Meer zu".
[8] Hartmut Stegemann, Die Essener, Qumran, Johannes der Täufer und Jesus, Freiburg, 1993, S. 84, nimmt dagegen an, während dieser Zeit sei Qumran besiedelt gewesen, es habe aber eine schöpferische Pause geherrscht, in der einige „Musterhandschriften" angefertigt und beschädigte Exemplare durch neue ersetzt wurden.
[9] Vgl. Keel/Küchler, a.a.O., S. 458 ff.

Buch über den Jüdischen Krieg erwähnt.[10] Bei diesem Erdbeben sollen 30.000 Menschen umgekommen sein und die Befürchtung bestanden haben, ganz Judäa könnte zerstört werden.

Die Ausgrabungen in den Fünfzigerjahren unseres Jahrhunderts haben eine Fülle von Bassins und Bewässerungsanlagen zutage gefördert, die bei jeder Besichtigung sofort ins Auge fallen. Man kann daher mit Sicherheit sagen, daß Waschungen in Qumran eine wichtige Rolle gespielt haben, obwohl nur eines der Becken mit Sicherheit als Miqwe, d. h. als rituelles Bad, angesehen werden kann. Wie dies mit der Auffassung der Qumran-Gemeinschaft zusammenhängt, soll später dargestellt werden.

Das Wasser wurde aus dem unmittelbar südlich verlaufenden Wadi Qumran in die Anlage geleitet und durch ein ausgeklügeltes System von Becken und Kanälen über das ganze Terrain zu unterschiedlicher Nutzung verteilt. Für die Wassersammlung nutzte man wohl die Sturzwassertechnik, die schon Jahr-hunderte zuvor im Negev entwickelt worden war.[11] Die technischen Anlagen für die Wasserzufuhr sind teilweise noch zu sehen. Man hatte „einen Damm im Wadi Qumran gebaut (den man nicht mehr sieht); das Wasser wurde durch einen in den Fels getriebenen Tunnel (der noch steht) in den Aquädukt und so in das große Klärbecken geleitet. Der Sand sank zu Boden und das klare Wasser floß vom oberen Teil des Teichs in das Kanalsystem."[12]

In einem länglichen, etwa 14 x 4,5 m großen, hellen[13] Raum hat man Steinbänke und einige Tintenfässer mit eingetrockneter Tinte gefunden, so daß man ihn als die Schreibstube bezeichnen kann, in der die Schriftrollen hergestellt wurden. „Auch wurden Lehmreste gefunden, die zu Tischen zusammengesetzt werden konnten, wie man sie heute im Rockefeller-Museum besichtigen kann."[14] Außerdem hat man eine Töpferwerkstatt mit Brennöfen und Wasserbecken zum Feuchthalten des Lehms freigelegt, so daß sich sa-

---

[10] Vgl. Flavius Josephus, De bello Judaico - Der Jüdische Krieg, [Hrsg.] Otto Michel/Otto Bauernfeind, Darmstadt , 3. Aufl.. 1982; 1,369; S. 99
[11] Vgl. Michael Evenari, Und die Wüste trage Frucht, Stuttgart 1987, S. 256 ff.
[12] Murphy-O'Connor, a.a.O., S. 330 f.
[13] Vgl. H. Stegemann, a.a.O., S. 58
[14] Otto Betz/Rainer Riesner, Jesus, Qumran und der Vatikan, Gießen 1993, S. 72

gen läßt, wo die Tonkrüge hergestellt wurden, in denen man die Schriftrollen aufbewahrte, die in den umliegenden Höhlen nach 1947 gefunden wurden.
Besonders interessant ist ein großer Raum, der eine Markierung aus Steinen enthält. War dies ein Versammlungsraum mit einem markierten Platz, an dem der Vorsteher stand? Hier wurden wohl auch die gemeinsamen Mahlzeiten eingenommen; denn in einem Nebenraum fand man mehr als 1000 Geschirrstücke! Alles in allem kann man sich ein gutes Bild vom Funktionieren dieser Anlage machen; Wohnraum bot dieser Komplex allerdings kaum. So kann man annehmen: „Die 200 - 500 Leute von Qumran wohnten selbst außerhalb dieses Gebäudes in Hütten, Zelten oder den zahlreichen Grotten."[15]
Verlassen wurde Qumran, als römische Soldaten im Jüdischen Krieg nahten. Damals wurden auch die Schriften in den Höhlen versteckt. Man hat eiserne Pfeilspitzen gefunden und Brandspuren entdeckt. Dagegen fand man aus der Zeit nach etwa 68 n. Chr. keine jüdischen Münzen. Dies war die Zeit, in welcher der spätere Kaiser Vespasian von Cäsarea ins Jordantal zog, um von dort aus Jerusalem anzugreifen.[16] Die Bewohner von Qumran flohen wohl z.T. nach Masada und kamen dort wohl zusammen mit den Zeloten um. Dies kann man durch ein Schriftstück belegen, das der israelische Archäologe Yigael Yadin auf Masada fand.[17] Es handelt sich um ein kleines Fragment. Yadin beschreibt die Entzifferung und Identifizierung: „Ich stieß auf die Zeile »Gesang vom sechsten Sabbath-Opfer am Neunten des zweiten Monats«. Dies und einige weitere Zeilen ergaben, daß der Text mit einer Schrift aus Höhle vier in Qumran übereinstimmte."[18]

---

[15] Keel/Küchler, a.a.O., S. 459. Für das Wohnen in Zelten könnte ein Text aus Höhle 4 sprechen. Näheres hierzu im 4.Kap., 4a (4 Q 251, Fr 2,4)
[16] Vgl. Josephus, Krieg, IV,8,1 (440 ff.)
[17] Yigael Yadin, Masada, Hamburg, 7. Aufl. 1979, S.. 168 ff.
[18] Y. Yadin, Masada, S. 173. „Ich stieß auf die Zeile »Gesang vom sechsten Sabbath-Opfer am Neunten des zweiten Monats«. Dies und einige weitere Zeilen ergaben, daß der Text mit einer Schrift aus Höhle 4 in Qumran übereinstimmte. ... Der sechste Sabbath konnte nur dann auf den Neunten des zweiten Monats fallen, wenn man den speziellen Kalender einer Sekte, und zwar der Qumran-Sekte zugrunde legte." Tatsächlich findet sich in dem sog. MMT-Dokument (4 Q 394-398) Teil I, Zeile 19 f.

In den folgenden Jahren lag in Qumran eine Truppe römischer Soldaten, deren Garnisonsgebäude man gefunden hat. Im Zweiten Jüdischen Krieg waren hier und in der Umgebung Krieger des Widerstandkämpfers Bar Kochba verschanzt, wie Münzfunde und ein Schriftstück aus dem etwa 15 km südlicher gelegenen Wadi Murabba'at zeigen.[19]

2. SCHATZHÖHLEN

„Israel ist reich an Bodenschätzen", sagte einmal ein israelischer Reiseleiter und sah verschmitzt in die erstaunten Augen seiner wißbegierigen Zuhörer. „Wo du gräbst, stößt du auf ein Stück aus der Geschichte unserer Vorfahren." Dies gilt auch für die Gegend von Qumran.

Wie eine Mischung aus Märchen und Krimi hört sich der Anfang der aufsehenerregenden Entdeckung jener geheimnisvollen Höhlen an. John C. Trever, der erste Amerikaner, der ein Jahr nach ihrer Entdeckung die bis dahin gefundenen Rollen prüfen konnte, hat einmal auf die Frage, warum er nicht die ganze Geschichte dieser Funde aufschreibe, geantwortet: „Wie kann man einen Kriminalroman schreiben, wenn man selbst noch nicht weiß, wie er ausgehen wird?"[20]

Der „Wolf" und das Geißlein

Immer wieder ereignen sich im Milieu armer Bevölkerungsgruppen solche Überraschungswunder: Da zieht einer aus, etwas ganz Alltägliches zu suchen, und findet etwas ganz Unvermutetes. Die Erzählung von Sauls Salbung hat man auch schon bezeichnet als „Geschichte von einem, der auszog, Eselinnen zu suchen, und ein Königreich fand." Die Entdeckung der Handschriften in den Höhlen bei Qumran kann man erzählen als „Geschichte von einem, der auszog, ein Zicklein zu suchen, und wertvolle Schriften fand".

---

    der Satz: „am Neunten, an ihm ist ein Sabbat." (Robert Eisenman/Michael Wise, Jesus und die Urchristen, München 1993, S 197)

[19] Yigael Yadin, Bar Kochba, Hamburg 1971, hat sehr anschaulich seine Ausgrabungen und Funde in diesem Wadi geschildert.

[20] John C. Trever, Das Abenteuer von Qumran, Kassel 1967, S. 7

Schon früh wurde diese seltsame Geschichte auch über Fachkreise hinaus bekannt und fesselte eine breite Öffentlichkeit. Eine Tageszeitung schrieb in ihrer Osterbeilage einige Jahre danach: „Ein Beduinenjunge geriet auf der Suche nach einer von seiner Herde abgeirrten Ziege in eine der fast unzugänglichen Höhlen des Gebirges. Ein Stein, den er hineinwarf, schlug an einen der Tonkrüge, welche Schriftrollen einer Gemeinde aus der Zeit um Christus enthielten, die man gemeinhin als Gemeinde von Qumrân bezeichnet. Seit damals suchen jordanische Beduinen, die bald erfuhren, daß man derartige Schriften sogar zeilenweise - in Bethlehem an Touristen - für schweres Geld verkaufen kann, unaufhörlich in den unzähligen Höhlen des Gebirges".[21]

Die verschiedenen Aufzeichnungen der Berichte, die jener Beduinenjunge Muhammad adh-Dhib gab, und die daraufhin entstandenen erzählerischen Darstellungen lesen sich viel interessanter als dieser nüchterne Bericht und haben seither schon oft die Phantasie vieler Schulkinder in ihren Bann geschlagen. Selbst die Zusammenfassung der Jornalisten Baigent und Leigh liest sich noch spannend:

„Die Entdeckung der Rollen wird dem Hirtenjungen Muhammad adh-Dhib, das heißt Muhammad der Wolf, vom Beduinenstamm der Ta'amireh zugeschrieben. Nach seiner Aussage kletterte er auf der Suche nach einer verirrten Ziege in den Felsen von Qumran herum und entdeckte unerwartet über sich im Felsabsturz eine Öffnung. Er versuchte hineinzuspähen, konnte aber von seinem Standort aus nichts sehen. Daraufhin warf er einen Stein in die Dunkelheit, worauf er das Geräusch zerbrechender Tonscherben vernahm. Das erweckte natürlich seinen Entdeckerdrang.

Er arbeitete sich hoch, kroch durch die Öffnung und fand sich in einer kleinen, schmalen Höhle mit einer hohen Decke; sie war nur etwa zwei Meter breit, aber etwas mehr als sieben Meter lang. Darin befanden sich etliche Tongefäße von etwa sechzig Zentimeter Höhe und fünfundzwanzig Zentimeter Durchmesser; sie waren zum Teil zerbrochen. ...

---

[21] M.Y. Ben-gavriêl (Jerusalem), Die neuen Funde am Toten Meer, Mannheimer Morgen, Ostern 1960,

Nach seiner eigenen Aussage bekam Muhammad es mit der Angst zu tun. Er kroch wieder aus der Höhle hinaus und lief weg. Am nächsten Tag kam er mit mindestens einem Freund zurück, um die Höhle samt ihrem Inhalt näher in Augenschein zu nehmen. Einige Tongefäße waren mit großen, »schüsselartigen« Deckeln verschlossen. In einem von ihnen steckten drei in verrottetes Leinen eingewickelte Lederrollen - die ersten Schriften vom Toten Meer, die nach fast 2000 Jahren wieder ans Licht kamen.
In den folgenden Tagen entdeckte der Beduine an dieser Stelle noch mindestens vier weitere Rollen. Zwei Tongefäße sind mit Sicherheit mitgenommen und als Wasserbehälter verwendet worden. ...
Drei Beduinen, die ahnten, daß es sich bei dem Fund um etwas Wertvolles handeln könnte, haben offenbar alles, was sie gefunden haben, ... zu einem Scheich in der Umgebung gebracht. Dieser soll sie an einen Trödel- und Antiquitätenhändler, einen gewissen Khalil Iskander Schahin, genannt Kando, verwiesen haben. Er war Christ und gehörte der syrischen Jakobitenkirche an. Kando wandte sich an den Jerusalemer George Isaiah, ein anderes Glied der Gemeinde. ...
George Isaiah teilte den Fund seinem Kirchenoberen mit, dem syrischen Metropoliten (Erzbischof) Athanasius Jeschua Samuel,[22] dem Oberhaupt der syrischen Jakobitenkirche in Jerusalem. Athanasius Jeschua Samuel war, vom wissenschaftlichen Standpunkt aus betrachtet, wenig informiert ... Er verbrannte sogar ein Stückchen von der Rolle und roch daran, um herauszufinden, ob es sich um Leder oder Pergament handelte. Doch trotz aller wissenschaftlichen Unzulänglichkeiten war Samuel nicht weltfremd. Da sein Kloster St. Markus eine berühmte Sammlung alter Dokumente verwahrte, hatte er durchaus eine Vorstellung von der Bedeutung dessen, was da in seine Hände geraten war. ...

---

[22] Nach einer mündlichen Information des syrisch-orthodoxen Pfarrers Isa Demir, Kirchardt, wurde Jeschua Samuel am 25. 12. 1907 geboren und erhielt deshalb den Vornamen „Jeschua". 1946 wurde er Erzbischof von Jerusalem und Ostjordanien, heute ist er Erzbischof der syrisch-orthodoxen Kirche in USA und Kanada und lebt in New Jersey

Irgendwann zwischen Anfang Juni und Anfang Juli hat Samuel aber wohl Kando und George Isaiah gebeten, ein Treffen mit den drei Beduinen zu arrangieren, die die Rollen entdeckt hatten, um ihren Fund in Augenschein zu nehmen und eventuell zu kaufen.
...
Leider hatte der Metropolit versäumt, den Mönchen des Klosters von St. Markus den bevorstehenden Besuch der Beduinen anzukündigen. Als die unrasierten, abgerissenen Beduinen mit den verdreckten, zerbröselnden und zerrissenen Rollen erschienen, schickte der Bruder an der Pforte sie wieder fort. Als Samuel dies zu Ohren kam, war es bereits zu spät. Die zu Recht aufgebrachten Beduinen wollten mit dem Metropoliten Samuel nichts mehr zu tun haben. Einer von ihnen wollte selbst mit Kando keine Geschäfte mehr machen. Er verkaufte seinen Anteil an den Rollen ... an den moslemischen Scheich von Bethlehem. Kando konnte die übrigen Anteile an den Rollen erwerben, die er seinerseits dem Metropoliten angeblich für vierundzwanzig Pfund überließ. ...
Kurz nach dem vereitelten Treffen mit den Beduinen in Jerusalem ... schickte der Metropolit Samuel einen Priester mit George Isaiah in die Höhle von Qumran. Da ihr Vorhaben illegal war, machten sie sich bei Nacht an die Arbeit. Sie durchsuchten den Ort gründlich und fanden mindestens ein weiteres Gefäß und einige Bruchstücke. Außerdem nahmen sie offensichtlich recht ausgedehnte Grabungen vor. Ein Jahr später mußte die erste offizielle Forschergruppe feststellen, daß ein Stück Felsabhang vollständig abgetragen worden war. Dabei war eine große Öffnung unterhalb des ursprünglich kleinen Eingangs, den der Beduine entdeckt hatte, entstanden. Was diese Expedition zutage gefördert hat, ist wohl nie mehr zu klären."[23]
Diese Auszüge mögen genügen, um einen kleinen Einblick in die verworrene und in vielerlei Hinsicht unglückliche und dilettantische Anfangsphase dieser Entdeckungsgeschichte zu vermitteln.[24]

---

[23] Michael Baigent/Richard Leigh, Verschlußsache Jesus, München 1991, S. 26-30
[24] Das Deutsche Allgemeine Sonntagsblatt (Nr. 19 vom 7.Mai 1993, S. 20) veröffentlichte einen Artikel von Thomas Krapf über einen Abu-Dahoud, der vorgibt, die Höhle mit den Schriftrollen schon 1936 als Achtzehnjähriger entdeckt zu haben. Aus Ortskenntnis und behenden Kletterkünsten des heutigen Greises schließt Thomas

Ärgerliche Verzögerungen

Wie trickreich die Mönche des St. Markus-Klosters bei der Identifizierung und Altersbestimmung dieser Rollen vorgingen, wird aus der Schilderung von J. C. Trever deutlich, dem man aus Vorsicht 1948 zunächst mitteilte, die Schriften befänden sich bereits seit vierzig Jahren im Kloster. Erst als die Mönche Vertrauen zu ihm gefaßt hatten, erklärte der Bibliothekar des Klosters: „Wir haben ihnen etwas vorenthalten, Doktor John, weil wir nicht wußten, ob wir ihnen trauen könnten. Die Schriftrollen befinden sich nicht bereits seit vierzig Jahren in unserem Kloster, wie ich ihnen gesagt habe. Man hat sie letzten August einigen Beduinen abgekauft, die in der Nähe von Bethlehem wohnen."[25]

John C. Trever gestanden die Mönche, „Pater Jussuf, ein Priester des Klosters, sei mit den Beduinen gegangen, um die Höhle zu besichtigen, aus der die Schriftrollen stammten. ... Dort hatte er auch einen der Tonkrüge gesehen, in denen die Rollen gefunden worden waren, und die Scherben von vielen zerschlagenen Krügen. Außerdem befand sich dort noch ein kleiner Haufen Fragmente und Stoffhüllen, die die Beduinen als wertlos weggeworfen hatten. - Zwei Tonkrüge hätten die Beduinen mit nach Bethlehem genommen und benutzten sie als Wasserbehälter".[26]

Es läßt sich denken, wie erregt Trever bei dem Gedanken war, sich von den syrischen Mönchen zu der Höhle führen zu lassen, um die dort noch vorhandenen, vielleicht sogar noch weitere Schriftrollen zu bergen. Als ob man ihm ein Märchen aus Tau-

---

Krapf, daß es sich bei Abu-Dahoud um den echten Muhammad el Dhib handeln muß, daß aber seine zeitlichen Angaben zweifelhaft sind.. Immerhin wäre der Entdecker der Höhlen 1947 kein Junge mehr, sondern bereits etwa 35 Jahre alt gewesen.
Michael Krupp, Qumran-Texte zum Streit um Jesus und das Urchristentum, GTB 1304, Gütersloh 1993, S. 11 f., berichtet, Ad-Dib sei ein hochgewachsener, vornehmer Mann, der meist einen Stock mit einem Goldknauf bei sich trägt" und die Geschichte der Entdeckung der Höhlen nicht mehr als Zufall beschreibt. Krupp weist in diesem Zusammenhang darauf hin, daß dieser Beduinenstamm „schon mindestens drei Generationen vor der Entdeckung der Höhlen von Qumran seinen Haupterwerb nicht durch Vermarktung von Ziegenmilch auf dem Markt von Bethlehem erzielte, sondern durch das systematische Suchen und den Verkauf wertvoller und weniger wertvoller Antiquitäten, worauf der Stamm ein Monopol hat."

[25] J. C. Trever, a.a.O., S. 80
[26] ebd.

sendundeiner Nacht erzählt hätte, war er sich seinem späteren Bericht zufolge damals vorgekommen.

John C. Trever war einerseits klar: „Es war nun einfach unerläßlich, in der Höhle zu graben. Man braucht aber viel Zeit, um solche Grabungen vorzubereiten." [27] Andererseits wußten nur die syrischen Mönche, wo sich die Höhle befand. Ihre Gunst konnte er nicht aufs Spiel setzen, weil sie die rechtmäßigen Besitzer der bisher bekannten Schriftrollen waren. Wenn er die Rollen veröffentlichen wollte, mußte er sich ihre Freundschaft erhalten. Die Mönche wollten aber nichts mit der Behörde für Altertümer zu tun haben, ohne deren Genehmigung solche Grabungen illegal waren.

So konzentrierte sich Trever zunächst darauf, die Rollen zu fotografieren. Das war in der kurzen Zeit, für die ihm die Dokumente überlassen wurden, nicht leicht, zumal er kein geeignetes Filmmaterial beschaffen konnte. Allerdings hatte im Augenblick die Sicherung der vorhandenen Texte zwecks späterer Auswertung eindeutig Vorrang.

Dennoch gab er den Plan eigener Grabungen nicht auf. Heimlich führte er mit Dr. Hamilton, dem Leiter der Behörde für Altertümer, Gespräche. Dieser machte den Vorschlag, zunächst mit den Mönchen zu der Höhle zu gehen und alles zu fotografieren. Danach wollte Dr. Hamilton weitere Entscheidungen treffen.

Die Mönche hielten einen Besuch der Höhle wegen der Spannungen zwischen Juden und Arabern kurz vor der Staatsgründung Israels für zu gefährlich. Trever war jedoch von dem Gedanken der Erkundung der Höhle derart besessen, daß er ständig nach neuen Möglichkeiten suchte. Plötzlich hatte er eine Idee: „Wir konnten die Gefahrenzone südlich von Jericho, die den Syrern Sorge machte, umgehen. Den einsam in der Wüste nordwestlich von En Feschcha gelegenen heiligen Schrein der Moslems, Nebi Musa, konnte man zu Fuß von den Felsklippen, in denen sich die Höhle befand, erreichen. Wenn wir unser Hauptquartier bei Nebi Musa aufschlagen, konnten wir von dem darüberliegenden Plateau aus in die Höhle klettern. ... In der Instituts-Bibliothek befanden sich

---

[27] J. C. Trever, a.a.O., S. 82

große Landkarten, die deutlich jede Bodenerhebung aufzeigten. Auf diesen untersuchte ich das Gebiet und fand einen Pfad, der von Nebi Musa direkt zu der Stelle führte, unter der meiner Meinung nach die Höhle liegen mußte. Es gab dort ein paar steile Hänge, aber mit Eseln würden wir sie bezwingen."[28]

Die Kriegshandlungen im Unabhängigkcitskrieg Israels verhinderten jedoch das Unternehmen und Trever mußte seine Heimreise in die USA unverrichteter Dinge antreten, wenn auch um wertvolle Aufnahmen der Schriftrollen reicher. Die Höhle wurde auf Betreiben des belgischen UNO-Offiziers Philippe Lippens erstmals Ende Januar 1949 von Fachleuten betreten. Von Mitte Februar bis Anfang März fanden die ersten wissenschaftlichen Grabungen unter Leitung von Prof. Sukenik statt.[29]

Merkwürdigerweise trat nach der Entzifferung der ersten Schriftenfunde und der durch den Krieg der arabischen Staaten gegen den neuen Staat Israel verzögerten Untersuchung der ersten Höhle ein mehrjähriger Stillstand in der Qumran-Forschung ein. Man hatte zwar mit einer ersten Grabung bei der Ruine Qumran begonnen und dabei einige Gräber entdeckt, war aber der Meinung, die Ruine habe nichts mit den Texten zu tun.[30] Erst als Beduinen im Oktober 1951 in den Höhlen des südlicher gelegenen Wadi Murabba'at weitere Schriften fanden, begann eine großangelegte systematische Untersuchung des ganzen Gebiets und die Ausgrabung der Ruine Qumran, die 1956 abgeschlossen wurde. Dabei entdeckte man insgesamt 40 Höhlen, davon elf mit Schriftstücken von teilweise beträchtlichem Umfang.

3. WERTLOSE LEDERSTÜCKE IN NÜTZLICHEN GEFÄßEN?

Die ersten Texte

Bereits die zuerst aufgetauchten Schriftrollen aus der ersten Höhle stellten eine wissenschaftliche Sensation dar, obwohl die Bedui-

---

[28] J. C. Trever, a.a.O., S. 92 f.
[29] Vgl. Johann Maier/Kurt Schubert, Die Qumran-Essener, UTB 224, München 1973, S. 23
[30] Vgl. J. C. Trever, a.a.O., S. 163

nenjungen zunächst nur an den Tonkrügen als Wasserbehältern interessiert waren und den Lederrollen zuerst ebensowenig Bedeutung beimaßen wie der Händler Kando.

Das Kloster St. Markus der syrisch-orthodoxen Christen erwarb vier Schriftrollen, von denen drei geöffnet und fotografiert werden konnten, während die vierte so brüchig war, daß man sie erst später öffnete, als sie bereits von der Hebräischen Universität erworben worden war.

Unter den zuerst veröffentlichten Schriften befand sich die berühmte *Jesaja-Rolle*, deren Kopie im „Schrein des Buches" im Jerusalemer Israel-Museum zu sehen ist. Außerdem wurde sie in vielen Schulbüchern abgedruckt, meist auf dem Kopf stehend, weil sich die Grafiker in den Verlagen durch die von rechts nach links laufende Schrift verwirren ließen und das Ganze umdrehten und auf den Kopf stellten.

„Diese Rolle besteht aus 17 mit Zwirn zusammengenähten Pergamentstücken und ist in 54 Kolumnen untergeteilt. Sie ist 7,34 m lang und 24,5-27 cm hoch."[31] Für die Bibelwissenschaft ist diese Rolle deshalb so wichtig, weil sie etwa 1000 Jahre älter ist, als die bis dahin älteste bekannte Bibelhandschrift. In diesem langen Zeitraum wurde der Text wortgetreu bewahrt. Nur einige sprachliche Abweichungen ohne inhaltliche Bedeutung machen deutlich, daß manche Worte damals noch etwas anders geschrieben oder gesprochen wurden als in späterer Zeit.

Bei der späteren, heimlichen und unfachmännischen Grabung haben die Beduinen neben anderen Schriften noch eine zweite Jesajarolle entdeckt, die aber weniger gut erhalten ist und einige Abweichungen in der Rechtschreibung aufweist.

Die zweite Rolle, die in demselben Tongefäß enthalten war, wird oft als *Sektenregel* bezeichnet. Diese zweifelhafte Bezeichnung beruht auf der damaligen Einschätzung der Qumran-Gemeinschaft. Die Bezeichnung *Gemeinderegel* stellt jedoch eine wesentlich treffendere Übersetzung des hebräischen Ausdrucks *säräch hajjachad* dar.[32] Die wissenschaftliche Kurzbezeichnung

---

31 Maier/Schubert, a.a.O., S. 9
32 *säräch* bedeutet die Nachahmung, Ordnung, Regel; *jachad* heißt „zusammen" und bezeichnet hier die Gemeinschaft, Gemeinde.

ist *1QS*, wobei *1* für den Fundort Höhle 1, *Q* für Qumran und *S* für säräch steht. Entsprechend werden auch die anderen nichtbiblischen Schriften mit der Nummer der Fundhöhle vor dem Q und Kennbuchstaben oder einer Kennzahl nach dem Q bezeichnet.[33] Dieses Buch „besteht aus fünf Lederstreifen, die einen fortlaufenden Text von 11 Kolumnen, die nur am unteren Rand leicht beschädigt sind, bieten. Auch der Beginn der ersten Kolumne ist nicht mehr ganz vollständig erhalten. Im gegenwärtigen Zustand ist die Rolle etwas mehr als 1,80 m lang und etwa 24 cm hoch."[34] Die Bedeutung dieser Lederrolle besteht vor allem darin, daß sie einen sehr anschaulichen Einblick in Selbstverständnis, Aufnahmeriten, Aufbau und Disziplinarordnung der Gemeinschaft gewährt.[35]

Schließlich gehörte zu den zuerst bekannten Schriften noch ein *Habakuk-Kommentar*. „Die Rolle besteht aus zwei zusammengenähten Lederstücken mit insgesamt 13 Kolumnen. ... Der Text der Kolumnen 3-13, soweit er nicht zum verlorengegangenen unteren Rand gehört, ist verhältnismäßig gut erhalten, doch die ersten beiden Kolumnen weisen arge Beschädigungen auf."[36] So schätzt man die ursprüngliche Länge auf 1,60 m. Von der Höhe sind noch maximal 13,7 cm erhalten.

Dieser Kommentar zum Propheten Habakuk versucht, Erlebnisse der Gemeinschaft durch versweise Auslegung des Prophetenbuches zu deuten. Insbesondere das Schicksal, das der *„Lehrer der Gerechtigkeit"* erlitt, der verfolgt und vielleicht auch getötet wurde, soll damit verstehbar gemacht werden.[37]

---

[33] Eine Ausnahme bildet die zuerst in Kairo 1896 gefundene *Damaskusschrift.*. Sie trägt die Bezeichnung CD.
[34] Maier/Schubert, a.a.O., S. 13
[35] Die beiden Kolumnen mit der üblichen Bezeichnung „Gemeinschaftsregel" (1 QSa) werden unterschiedlich beurteilt. Maier/Schubert, a.a.O., S. 14, und Lohse, a.a.O., S. 45, halten diesen Text für einen Anhang zu 1 QS. Krupp, a.a.O., S. 65, für eine spätere Bearbeitung, H. Stegemann, a.a.O., S. 159, sieht darin die „älteste Gemeindeordnung der Essener".
[36] Maier/Schubert, a.a.O., S. 10 f.
[37] H. Stegemann, a.a.O., S. 215, geht davon aus, daß der „Lehrer der Gerechtigkeit" um 110 v. Chr. gestorben ist.

Eine wegen ihrer Brüchigkeit zunächst nicht geöffnete Rolle, das sogenannte *Genesis-Apokryphon,* enthält in targumartiger,[38] frei deutender Nacherzählung des Bibeltextes Überlegungen zum Denken und Verhalten der Personen aus der Ur- und Vätergeschichte.

Die Rolle „besteht aus vier zusammengenähten, nicht gleich langen Lederstücken, die heute noch etwa 31 cm hoch sind. Die gegenwärtige Länge der Rolle, bei der Anfang und Ende fehlen, ist 2,83 m. Gut lesbar sind nur die Kolumnen 20-22 erhalten und halbwegs lesbar noch einige weitere Kolumnen."[39]

„Nach der Wiederentdeckung der ersten Höhle Anfang 1949 führte eine Gruppe von Archäologen vom 15. Februar bis 5. März eine sorgfältige Grabung durch in dem Schutt, den die Beduinen und Syrer hinterlassen hatten. Man fand Scherben von ungefähr fünfzig hohen, zylindrischen Tonkrügen und fast ebenso viele Deckel. ... Man siebte den Schutt und fand Hunderte von beschriebenen Lederfragmenten, aus denen hervorging, daß mindestens siebzig Handschriften einst in der Höhle aufbewahrt worden waren. ... Aus vielen winzigen Lederstückchen konnten die Forscher allmählich Teile von Bibelhandschriften der Bücher Genesis, Exodus, Leviticus (in alt-hebräischer Schrift), Deuteronomium (zwei verschiedene Rollen), Richter, Samuel, Psalmen (drei Rollen) und Ezechiel identifizieren."[40] Außerdem wurden noch andere Fragmente gefunden, so daß man auf mindestens fünfzehn verschiedene biblische Bücher und mindestens fünfundzwanzig nichtbiblische Handschriften schließen kann.

---

[38] Targume sind Übersetzungen des Bibeltextes aus dem Hebräischen ins Aramäische, die Umgangssprache zur Zeit Jesu. „Priester und Theologen mußten zwar auch weiterhin des Hebräischen mächtig sein, aber für die gottesdienstliche Gemeinde war eine Übersetzung in die aramäische Umgangssprache unerläßlich." (Paul Naumann, Targum, BKG 34, Konstanz 1991, S.8) „Typisch für die palästinischen Targume sind die vielen, oft umfangreichen Zusätze und Erweiterungen zu einzelnen Versen." (S. 14).
Daß es sich tatsächlich um eine targumartige Paraphrase des Bibeltextes handelt, läßt sich damit begründen, daß diese Rolle im Unterschied zu den anderen Rollen aus Höhle 1 in aramäischer Sprache verfaßt ist (vgl. Maier/Schubert, a.a.O., S. 15).

[39] Maier/Schubert, a.a.O., S. 14 f.

[40] J. C. Trever, a.a.O., S. 161 f.

Ein neuer Anlauf

Man hatte offenbar nicht mit weiteren Schriftenfunden gerechnet, obwohl im Oktober 1951 südlich von Qumran im Wadi Murabba'at in vier Höhlen Schriften aus der Zeit des Bar-Kochba-Aufstands gefunden worden waren. Die Beduinen dagegen gingen offensichtlich viel systematischer ans Werk, vermutlich auch deshalb, weil sie bessere Geländekenntnis besaßen.

„Im Frühjahr 1952 fanden die Ta'amira-Beduinen die sogenannte Höhle 2 von Qumran"[41] in der Nähe von Höhle 1. Bei einer systematischen Untersuchung des Gebietes entdeckten die Archäologen Höhle 3 mit zwei Kupferrollen. Beide gehören zusammen und beschreiben Verstecke eines verborgenen Schatzes - vielleicht des Tempelschatzes. Man konnte allerdings diese Orte bisher nicht identifizieren.

Höhle 4 entdeckten wieder die Beduinen, obwohl diese Höhle direkt gegenüber der Ruine liegt und daher heute das meist fotografierte Motiv von Qumran darstellt. Die Wissenschaftler hatten sich allerdings 1951 lediglich mit einer geringfügigen Grabung an der Ruine begnügt, so daß ihnen diese Höhle entgangen war. Erst nach ihrer Entdeckung durch die Beduinen setzte in den Jahren 1952-56 eine größere Aktion ein, bei der einerseits die Ruine völlig freigelegt und andererseits sieben weitere Höhlen entdeckt wurden.

Die Funde aus Höhle 4 sind die umfangreichsten. Insgesamt 40.000 Fragmente hat man dort gefunden, aus denen bereits über 500 Manuskripte teilweise rekonstruiert werden konnten.

Erwähnenswert sind vor allem noch die Funde aus Höhle 11. Als wichtigstes Dokument kann dabei die sog. *Tempelrolle* angesehen werden. Sie ist die längste aller Schriftrollen aus Qumran und ist aus 19 Lederstücken zusammengesetzt. Von den insgesamt 9 m der erhaltenen Teile sind 8,75 m beschrieben, „und zwar in 66 Kolumnen mit wahrscheinlich 22 Zeilen".[42] Aus einem uns nicht bekannten Grund wurde die Rolle einst nicht fertiggestellt. „Nach

---

[41] Maier/Schubert, a.a.O., S. 24
[42] Johann Maier, Die Tempelrolle vom Toten Meer, UTB 829, München 1978, S. 9

einem Satzanfang auf Kol 66 Ende folgt unbeschriebener Raum."[43]

Sie stellt eine Beschreibung des Tempels, der Opfer und Festzeiten dar und gibt teilweise recht detaillierte Anweisungen. Dabei werden gegen Ende immer alltäglichere Lebensverhältnisse und Verhaltensweisen angesprochen. „Auf den ersten Blick erscheint der Inhalt der Rolle etwas disparat zu sein, speziell im letzten Teil. Aber es liegt eine wohl durchdachte Komposition vor, die exakt entsprechend der Rangfolge der Heiligkeits- bzw. Reinheitsbereiche angelegt ist".[44]

Die Veröffentlichungen der Qumran-Texte erfolgen in der Reihe *Discoveries in the Judean Desert (DJD)*, einem umfangreichen, großformatigen Werk, das bis 1990 acht Bände umfaßte und zunächst die auf den Fragmenten entzifferten Texte samt Lücken und vermuteten Ergänzungen in hebräisch bzw. aramäisch druckt und übersetzt. In einem zweiten Teil werden dann die Fragmente fotografisch wiedergegeben, um der Fachwelt die Möglichkeit eigener Bewertung der Entzifferungen zu geben.

4. MEMORY UND PUZZLESPIEL

„Verleumde nur keck, etwas bleibt immer hängen"[45];

Wie ist es den beiden amerikanischen Journalisten Michael Baigent und Richard Leigh gelungen, ihr Buch „Verschlußsache Jesus" monatelang an die Spitze der Bestsellerlisten zu bringen? Es ist wohl kaum ein neu erwachtes Interesse an der Person und Botschaft Jesu. Viel eher kam ihnen der pseudowissenschaftliche Voyeurismus zugute, der unsere gelangweilte Gesellschaft erfaßt hat. Immer mehr Menschen sind auf Enthüllungen scharf, weil sie sich in unserer komplizierter, spezialisierter und undurchsichtiger gewordenen Welt von Mächtigen manipuliert fühlen, deren Machenschaften sie nicht mehr durchschauen.

---

[43] ebd.
[44] J. Maier, Tempelrolle, S. 12
[45] Francis Bacon, De dignitate et augmentis scientiiarium (1605), 8,2,34; zitiert nach Büchmann, Geflügelte Worte, Stuttgart 1956 (Reclam), S. 335

Das Buch erschien auf dem deutschen Markt, als gerade die Enthüllungen über Stasispitzel und Dopingskandale Hochkonjunktur hatten. Gab es nun auch Enthüllungen über Jesus und eine gezielte Vernebelungstaktik des Vatikans? Das Buch hat vor allem deshalb so viel Aufmerksamkeit erregt, weil darin den katholischen Forschern der Ecole Biblique unterstellt wird, sie arbeiteten nicht im Interesse einer objektiven Wissenschaft, sondern auf Weisung des Vatikans.

Baigent und Leigh beziehen sich auf eine Äußerung des mittlerweile verstorbenen Paters Shekan aus dem Jahr 1966 und folgern daraus den offen ausgesprochenen Verdacht: „Alles Fragen und Nachforschen *muß* also ohne Rücksicht darauf, was zutage gefördert wird, der offiziellen katholischen Lehrmeinung jeweils untergeordnet beziehungsweise angenähert werden. Anders ausgedrückt, es muß so lange angeglichen oder entstellt werden, bis es den geforderten Kriterien genügt. Und was geschieht, wenn etwas ans Licht kommt, das sich absolut nicht in dieser Weise konformieren läßt? Für Pater Shekan dürfte die Antwort auf diese Frage kein Problem sein. Alles was sich der herrschenden Lehre nicht unterordnen und nicht anbequemen läßt, *muß* notwendigerweise unterdrückt werden."[46]

In eigenartigen Schaukelbewegungen zwischen Verständnis und Verdächtigungen wird über die Arbeit der Ecole Biblique so berichtet, daß nie eine definitive Bewertung vorgenommen, aber ständig Mißtrauen gesät wird.

Der Forschergruppe wird bestätigt, daß sie nie den Eindruck erweckte, mit ihrer Arbeit dem Wunschdenken des Vatikans zu entsprechen. „Im Gegenteil, die Ecole machte den Anschein einer unparteiischen, wissenschaftlichen Institution, die es sich unter anderem zur Aufgabe gemacht hatte, die Schriftrollen vom Toten Meer zu sammeln, zusammenzusetzen, zu erforschen, zu übersetzen und auszulegen, nicht aber sie zu unterdrücken oder in christliche Propaganda umzumünzen."[47]

---

[46] Baigent/Leigh, a.a.O., S. 149 f.
[47] Baigent/Leigh, a.a.O., S. 150

Die unter Wissenschaftlern leider nicht unbekannte Unsitte, die eigenen Doktoranden zu fördern, wird mit der Verdächtigung versehen, die Materialien würden den von der Gruppe „protegierten Forschern, Doktoranden ihrer Mitglieder, sehr wohl *zur Verfügung gestellt,* in der Gewißheit, daß sie von der offiziellen Parteilinie nicht abweichen."[48] Sogar von einem förmlichen „Diktat der kirchlichen Hierarchie" wird in diesem Zusammenhang gesprochen.[49]

Schließlich wird sogar bedingtes Verständnis für das angeprangerte Verhalten der Wissenschaftler geheuchelt. Wenn es denn so wäre, daß die Qumran-Schriften zeitgenössische Dokumente über Jesu Lehre und das Leben der ersten Christen darstellen, die ein völlig neues Licht auf Jesus und das Christentum werfen, gewissermaßen eine „Fundgrube von Belegen aus erster Hand", müßte dann nicht die gesamte christliche Dogmatik neu geschrieben werden? „Aber selbst einem Ungläubigen hätten sich dabei Fragen nach der moralischen Verantwortlichkeit aufgedrängt. ... Konnte, ja durfte man so weit gehen und mit einem Schlag einen Glauben untergraben, in dem Millionen Trost und Hoffnung finden? Bei de Vaux und seinen Kollegen, Repräsentanten der römisch-katholischen Kirche, muß die Erkenntnis dessen, was sie da vor sich hatten, erst recht das Gefühl ausgelöst haben, spirituellen, religiösen Sprengstoff in Händen zu halten - etwas, was das ganze Gebäude der christlichen Lehre und des christlichen Glaubens zum Einsturz bringen konnte."[50]

Soviel Mitgefühl ist rührend, aber fehl am Platze. Ein Glaube, der auf eine Lüge aufgebaut wäre, könnte weder Trost noch Hoffnung bieten. Deshalb muß gerade einer Kirche, der an den Gläubigen liegt, auch an der unverfälschten Wahrheit liegen.

Von Christian Morgenstern stammt die Einsicht: „Vorsicht und Mißtrauen sind gute Dinge, nur sind auch ihnen gegenüber Vorsicht und Mißtrauen nötig."[51] Diesem Anspruch wird man am

---

[48] Baigent/Leigh, a.a.O., S. 152
[49] Baigent/Leigh, a.a.O., S. 153.
[50] Baigent/Leigh, a.a.O., S. 176
[51] Zitiert nach Gerhard Hellwig, Das Buch der Zitate, München 1981, S. 277

ehesten gerecht, wenn man sich die Beschaffenheit der Textfunde deutlich macht.

Eine fetzige Angelegenheit

Es ist schon fast ein Wunder, daß überhaupt noch „Rollen vom Toten Meer" und Fragmente davon erhalten sind. Denn ungeachtet der abenteuerlichen Umstände bei ihrer Entdeckung und Bergung, sind sie auch von den Wirren der Auseinandersetzungen im Nahen Osten in Mitleidenschaft gezogen worden.

Nach dem Erlöschen des britischen Mandats über Palästina und der Teilung des Landes nach dem Waffenstillstand von 1949 lag Qumran auf jordanischem Gebiet. Die Funde wurden daher in das in Ost-Jerusalem liegende Rockefeller-Museum zur Auswertung gebracht. Als 1956 die Suez-Krise ausbrach, wollte man sie außer Gefahr bringen. „Die Rollen wurden während der Feindseligkeiten, in sechsunddreißig Kisten verpackt, in einer Bank in Amman sichergestellt. Sie kehrten erst im März 1957 nach Jerusalem zurück, »einige leicht vermodert und verfleckt von der Lagerung in den feuchten Gewölben«"[52]

Schon vorher wurde für die Funde ein eigener Raum, der sog. „Rollensaal" eingerichtet. „Dieser Rollensaal war ein weitläufiger Raum mit etwa zwanzig Arbeitstischen, auf denen Rollenfragmente unter Glas lagen. Fotos von 1950 beweisen einen erschreckenden Mangel an Vorkehrungen zum Schutz des Materials, das zum großen Teil schon verfiel. So stehen zum Beispiel die Fenster offen, man sieht im Wind wehende Gardinen. Es gab keinen Schutz gegen Wärme, Feuchtigkeit, Wind, Staub oder direkte Sonneneinstrahlung."[53]

Diese Darstellung ist dramatisiert. Das Bild, auf das sich diese Aussage bezieht, zeigt zwar leicht wehende Gardinen; aber die Spiegelungen der Glasplatten machen deutlich, daß die Fragmente keineswegs dem Wind ausgesetzt waren. Licht- und klimageschützt waren sie allerdings nicht. Insofern stimmt die Feststel-

---

[52] Baigent/Leigh, a.a.O., S. 45 f. unter Bezugnahme auf einen Bericht im *Time Magazine* vom 15. 4. 1957
[53] Baigent/Leigh, a.a.O., S. 53 f.

lung: „Zwischen den Zuständen von damals und denen, unter welchen die Rollen heute nach neuesten Erkenntnissen aufbewahrt werden, liegen Welten. Heute lagern die Schriftrollen bei Spezialbeleuchtung (bernsteingelbes Licht) in einem Kellergeschoß, Temperatur und Feuchtigkeit werden peinlich genau überwacht, und jedes einzelne Fragment liegt zwischen hauchdünnen, in Rahmen eingespannten Seidentüchern unter Glas."[54] Warum aber der Hinweis auf die primitiven Anfangsverhältnisse? Ist dies journalistische Sensationsdarstellung, oder soll insgeheim der Verdacht genährt werden, unter diesen Bedingungen habe leicht unangenehmes Material beseitigt werden können?

Die Aufnahme läßt aber noch mehr erkennen. Selbst in dieser Gesamtansicht wird deutlich, wie klein die Fragmente teilweise sind. Das ist auch den Verfassern bekannt. Als Abbildung 6 und 7 geben sie einige dieser Stückchen in der typischen Schrift einiger Texte von Qumran wieder. Ein beigefügter Maßstab macht deutlich, daß einige weniger als einen Zentimeter breit und nicht sehr viel höher sind. Auf manchen kann man zwei bis sechs Buchstaben in drei Zeilen erkennen, auf anderen etwas mehr. Als Bildunterschrift fügen Baigent und Leigh hinzu: „Rollenfragmente, die den Beduinen abgekauft und danach in mühseliger Kleinarbeit identifiziert und zugeordnet wurden. Nur wenige dieser unzähligen Teilchen können lückenlos zusammengefügt werden."

Ein Blick in die Bände der veröffentlichten Texte zeigt dasselbe Bild. Dort sind teilweise noch kleinere Teilchen mitunter Dokumenten zugeordnet, ohne daß der Versuch einer Rekonstruktion des Zusammenhangs unternommen wurde. Wundert es angesichts dieses Sachverhalts, daß die Veröffentlichung so lange dauert? Muß man tatsächlich eine bewußte Verschleppungs- und Verschleierungstaktik dahinter vermuten?

Was würde eine Veröffentlichung an neuen Erkenntnissen bringen? Fällt schon die *Zu*ordnung dieser kleinen Fetzchen zu bestimmten Dokumenten äußerst schwer, wieviel mehr ihre *An*ordnung! Welche aussagekräftigen inhaltlichen Schlüsse könnte man aus derart fragmentarischen Dokumenten gewinnen, die mehr

---

[54] ebd.

Lücken als Text enthalten? Der wissenschaftliche Wert der Veröffentlichung dieser Fragmente ist mehr archivarischer als theologischer und historischer Natur!

Die meisten von uns wissen, was für ein Geduldspiel mit hohen Anforderungen an die Beobachtungsfähigkeit ein Puzzle darstellt. Doch läßt sich dies mit der Auswertung dieser Funde nicht vergleichen. Beim Puzzle passen die Teile zueinander. Man muß nur die richtigen nach Form und Farbe zusammenlegen, dann schließt sich das Bild zu einem Ganzen.

Die Aufgabe der Qumran-Forscher ist unvergleichlich schwerer. Sie müssen aus einer Fülle von Teilchen verschiedener Texte nach Farbe und Struktur des Materials, Schriftart und Tinte herausfinden, welche Stückchen einmal zu demselben Dokument gehört haben könnten. Ihre Aufgabe gleicht also mehr einem Memory als einem Puzzle.

Die leidige Altersfrage

Eines scheint gewiß: Die Texte, um die es hier geht, sind alle vor dem Jahr 68 christlicher Zeitrechnung geschrieben; denn in diesem Jahr mußten die Bewohner von Qumran ihre Siedlung offensichtlich verlassen und verbargen vermutlich ihre Schriften vor herannahenden Truppen. Aber wie alt waren sie, als man die Rollen in Tonkrüge steckte und in den Höhlen verbarg? Und woher weiß man, daß dies um das Jahr 68 und nicht zu einer späteren Zeit geschah?

Baigent und Leigh stellen unter Berufung auf zwei Professoren aus Oxford, Cecil Roth und Godfrey Driver, diese Datierung von Roland de Vaux (von 1945 bis 1965 Direktor der Ecole Biblique) in Frage. Dabei wird vor allem bezweifelt, daß der spätere Kaiser Vespasian mit seiner X. Legion jemals „auch nur in der Nähe von Qumran gewesen war."[55]

Wie war man in der üblichen Qumran-Forschung auf das Jahr 68 als Zeitpunkt für eine Flucht vor den Truppen Vespasians gekommen?

---

55 Baigent / Leigh, a.a.O., S. 100

Aus der Beschreibung des „Jüdischen Kriegs" von Flavius Josephus, auf die man sich dabei gerne beruft, geht dies in der Tat nicht hervor. Dort ist zwar davon die Rede, daß Vespasian die X. Legion nach Skythopolis verlegte, während er selbst nach Cäsarea zurückkehrte. [56] Aber Skythopolis liegt am Rande der Jesreel-Ebene im Norden des Landes und ist das alte, schon aus vorbiblischer Zeit bekannte Beth Schean. Josephus berichtet auch von der Niederwerfung einzelner kleinerer Aufstände in jüdischen Siedlungen westlich und südlich von Jerusalem. Vespasian kam dann auf einem Umweg über Samarien von Osten her in das Jordantal. So bildete er eine strategische Zange um Jerusalem.

In diesem Zusammenhang berichtet Josephus auch über ein Experiment, das Vespasian am Toten Meer, dem Asphaltsee, durchführte. Er ließ einigen Nichtschwimmern die Hände auf den Rücken binden und warf sie ins tiefe Wasser. Dabei ergab sich, „daß alle an der Oberfläche schwammen, als ob sie von einem Windstoß nach oben gerissen worden wären."[57] Daraus läßt sich zwar erschließen, daß Vespasian mit seinen Truppen ans Tote Meer gekommen war; eine Eroberung Qumrans ist damit allerdings nicht belegt, auch wenn der israelische Wissenschaftler Michael Avi-Yonah annimmt: „Es scheint, daß damals auch Mezad Chassidim (Chirbet Qumran), das Zentrum der Sekte vom Toten Meer, endgültig zerstört wurde."[58]

Auch eine mehr zusammenfassende Bemerkung des Josephus im Zusammenhang mit einer charakterisierenden Darstellung der Essener läßt zwar erkennen, welchen Nachstellungen sie durch die römischen Truppen ausgesetzt waren, ohne daß daraus auf die Zerstörung von Qumran geschlossen werden könnte. „Deutlich in jeder Beziehung brachte ihren Charakter der Krieg gegen die Römer ans Licht, in dem sie gemartert und gefoltert, gebrannt und zerbrochen wurden und ihr Weg durch sämtliche Folterkammern führte, damit sie entweder den Gesetzgeber schmähen oder etwas Verbotenes essen sollten, und doch blieben sie fest".[59]

---

[56] Josephus, Krieg 4,87
[57] Josephus, Krieg, 4,477 f. Michel, a.a.O. Bd. 2,1 S. 77
[58] Yohanan Aharoni/Michael Avi-Yonah, Der Bibel Atlas, Hamburg 1982, S. 159
[59] Josephus, Krieg, 2,152; Michel, a.a.O., Bd 1, S. 211

Trotz dieser im Blick auf Qumran wenig brauchbaren Angaben bei Josephus sprechen aber die archäologischen Funde dafür, daß die Siedlung tatsächlich in jener Zeit durch Kriegseinwirkung zerstört und danach verlassen wurde.
„Eiserne Pfeilspitzen im Innern des Gebäudes, Brandspuren und zerstörte Mauern weisen eindeutig auf kriegerische Gewalt hin."[60] Man hat außerdem jüdische Münzen ausschließlich aus der Zeit bis ca. 69 gefunden, danach kommen nur noch römische Münzen vor.[61] Dies läßt den eindeutigen Schluß zu, daß die Siedlung von diesem Zeitpunkt an in römischer Hand war. Diese römische Besatzung hat auch bauliche Spuren hinterlassen. Das Hauptgebäude wurde als Unterkunft für die Mannschaft wieder aufgebaut und in kleinere Räume unterteilt, sowie nach Norden und Westen hin befestigt, weil der Hügel nur von diesen Seiten her zugänglich ist. Jüdische Besiedelung läßt sich erst wieder für die Zeit des Zweiten Jüdischen Kriegs, den Bar-Kochba-Aufstand, nachweisen.[62] Unter welchen genaueren Umständen auch immer die Bewohner von Qumran ihre Schriften in den Höhlen versteckten, es muß vor dem Verlassen, spätestens unmittelbar vor der Zerstörung Jerusalems gewesen sein.

Carbon und Christentum

Mit dem Zeitpunkt ihres Verstecks ist aber noch nicht geklärt, wie alt diese Schriften tatsächlich sind. Weil Baigent und Leigh sehr viel an der Gleichsetzung zwischen der Gemeinschaft von Qumran und der christlichen Urgemeinde liegt, sind sie natürlich an einer möglichst späten Datierung der Schriftrollen interessiert. Deshalb greifen sie geradezu gierig Robert Eisenmans Forderung aus dem Jahr 1989 auf, daß „die Qumrandokumente umgehend AMS-Karbon-14-Tests unterzogen werden müßten, und zwar unter Aufsicht unabhängiger Wissenschaftler in unabhängigen Labors."[63]

---

[60] Keel/Küchler, a.a.O., S. 460
[61] ebd.
[62] Keel/Küchler, a.a.O., S. 461
[63] Baigent/Leigh, a.a.O., S. 114

Welche Enttäuschung muß es für sie bedeuten, wenn ihr Gewährsmann Robert Eisenman einige Jahre danach bezüglich eines bisher nicht veröffentlichten Textes gestehen muß: „Diejenigen, die sich auf Paläographie[64] verlassen, haben diesen Text auf 100-75 v. Chr. datiert; ... Ein vor kurzem an dem Pergament durchgeführter *einzelner* AMS-Karbon-14-Test ergab ein etwa 300 Jahre früheres Datum. Die Datierung ist also offensichtlich problematisch; solche Schwankungen haben wahrscheinlich mit der Ungenauigkeit derartiger Tests im allgemeinen und den vielfältigen Variablen zu tun, die solche Tests verzerren können."[65]

Dabei ist noch nicht einmal bedacht, daß die Datierung einer Handschrift noch nichts über das Alter des Gedankenguts oder die Entstehung des Textes aussagt. Gerade bei Dokumenten von grundlegender Bedeutung, kann es sich durchaus um Abschriften sehr viel älterer Texte handeln. Dies gilt nicht nur für Bibelhandschriften, sondern auch für liturgische Texte und Gemeindeordnungen, die über längere Zeit gelten und daher immer wieder abgeschrieben werden. Wie auch umgekehrt gilt: „Die Möglichkeit, den Ursprung einer bestimmten Handschrift zu datieren ..., sagt uns nichts darüber, wann eine bestimmte Person innerhalb einer Gemeinde, wie zum Beispiel derjenigen, die in der Literatur Qumrans vorgestellt wird, diese Handschrift wirklich benutzt hat."[66] Also ein Streit um des Kaisers Bart? Keineswegs! Eines macht die Altersbestimmung einer Handschrift mindestens deutlich, nämlich wann bestimmtes Gedankengut *spätestens* vorhanden gewesen sein muß.

Dies bedeutet für die Frage nach der Beziehung zwischen Qumran und der christlichen Urgemeinde, daß nach den gegenwärtig möglichen Erkenntnissen die Qumran-Schriften (unabhängig von ihrem Inhalt) keine urchristlichen Schriften sein können. So drücken sich Eisenman und Wise auch sehr vorsichtig aus, wenn sie feststellen: „Diese nichtbiblischen Dokumente sind von höchster Wichtigkeit für Historiker, da sie wertvolle Informationen über

---

[64] Paläographie ist die Wissenschaft von den alten Schriftarten und Materialien auf die und mit denen Handschriften geschrieben wurden.
[65] Eisenman/Wise, a.a.O., S. 152
[66] Eisenman/Wise, a.a.O., S. 19

Ideengut und Strömungen des Judentums enthalten sowie das geistig-moralische Klima widerspiegeln, das die Entstehung des Christentums vom 1. Jahrhundert v. Chr. bis zum 1. Jahrhundert n. Chr. begünstigte. Sie sind Augenzeugenberichte dieses Zeitraums."[67]

Wer wollte dies bezweifeln? Nur eine Theologie, die Jesus jede Verbindung zu den geistigen und religiösen Strömungen seiner Zeit abspricht, um seine Einzigartigkeit herauszustellen, könnte eine solche Überlegung von vornherein verwerfen. Sie aber wäre häretisch, weil sie das Bekenntnis zum wahren Menschsein Jesu leugnen würde.

Dennoch bleiben Eisenman und Wise nicht bei ihrer vorsichtigen Wertung, sondern lassen sich zu Schlüssen hinreißen, für die es keinerlei Anhaltspunkte gibt: „Was also stellen im Endeffekt diese Dokumente dar? Wahrscheinlich nicht weniger als ein Bild der Bewegung, aus der das Christentum in Palästina entstand. Und noch mehr: Wenn wir den messianischen Charakter dieser Texte bedenken, wie wir ihn in diesem Buch skizzieren, und damit verwandte Begriffe wie zum Beispiel »Gerechtigkeit«, »Frömmigkeit«, »Rechtfertigung«, »Werke«, »die Armen«, »Geheimnisse«, so erhalten wir ein Bild dessen, was das Christentum in Palästina wirklich war."[68]

Was für ein methodischer Kurzschluß! Selbst wenn der „messianische Charakter" der Schriften nachweisbar wäre und die übrigen Begriffe tatsächlich dieselbe Bedeutung wie im Neuen Testament hätten, wäre noch lange nicht nachgewiesen, daß es sich tatsächlich um dieselbe Trägergruppe handelte. Für eine solche Gleichsetzung wären zumindest gemeinsame Schriften von zentraler Bedeutung, gemeinsam vorkommende Namen und ähnliche Indizien notwendig. Da dies alles fehlt, macht die teilweise gemeinsame Begrifflichkeit wegen ihrer verschiedenen Verwendung mehr Unterschiede als Gemeinsamkeiten deutlich.

---

[67] Eisenman/Wise, a.a.O., S. 14 f.
[68] Eisenman/Wise, a.a.O., S. 17

II. Fromme in der Wüste

1. QUMRAN UND DIE ESSENER

Plinius und die Folgen

„Seit den ersten Entdeckungen am Toten Meer wurden die Qumranleute in Verbindung mit den Essenern gesehen".[1]
Zwar haben bereits die ersten Qumran-Funde ein Bild von der Ordnung und Denkweise der Qumran-Gemeinschaft geboten, das deutliche Spannungen zu den Beschreibungen des Josephus aufweist; aber man störte sich nicht daran. Entdeckerfreude macht gelegentlich blind. Außerdem paßt auch das Bild, das Josephus von den Pharisäern zeichnet, nicht so ohne weiteres zu dem, was uns im Talmud überliefert ist. Also konnte man die Abweichungen getrost auf das Konto des Josephus buchen. Vor allem aber schien die geographische Lage keinen Zweifel zu erlauben, daß es sich bei Qumran um das von dem römischen Historiker Plinius genannte Siedlungsgebiet der Essener handelte.
So konnte der hochverdiente israelische Archäologe Yigael Yadin 1985 behaupten, „daß trotz einiger Unstimmigkeiten das, was Josephus über die Organisationsform der Essener, ihre Sitten und Rituale zu sagen hat, erstaunlich gut zu der Qumran-Gemeinde paßt, soweit wir sie aus den Schriftrollen vom Toten Meer kennen, ebenso wie einige Bemerkungen bei Philo. Die Angaben der antiken Autoren stimmen vor allem mit dem Inhalt der »Gemeinderegel« und dem »Damaskus-Dokument« überein. Nicht weniger wichtig ist die Information, die Plinius (23 - 79 n. Chr.) in seiner »Naturgeschichte« liefert (5.73):

---

[1] Keel/Küchler, a.a.O., S. 457

»Auf der Westseite [des Toten Meeres], soweit das Ufer nicht ungesund ist, wohnen die Essener; ein einsiedlerischer und vor allen anderen Menschen sonderbarer Menschenschlag. Sie leben ohne alle Frauen, haben der Liebe völlig entsagt, sind ohne Geld und stets in der Nähe von Palmen. Sie ergänzen sich fortwährend gleichmäßig durch zahlreiche Zuzügler, da es eine Masse solcher gibt, welche des Lebens überdrüssig, durch die Wogen des Schicksals der Lebensweise jener Menschen zugeführt werden. So erhält sich, es klingt unglaublich, durch Jahrtausende fort und fort eine Gemeinde, in der kein Mensch geboren wird. So fruchtbar ist der Lebensüberdruß Anderer für ihre Erhaltung. [Unterhalb] von ihnen liegt die Stadt En-Gedi, an Fruchtbarkeit und Palmenpflanzungen die zweite nach Jerusalem, jetzt ebenfalls ein Schutthaufen. Alsdann, gleichfalls nicht weit vom Asphaltites [Bez. des Toten Meeres] liegt auf einem Felsen die Burg Masada. So weit Judäa.«[2]

Es dürften ebensowenig Zweifel daran bestehen, daß Qumran ein Ort ist, auf den die Beschreibung des Plinius tatsächlich zutrifft, wie umgekehrt nicht zu bezweifeln ist, daß das Bild, das er von seinen Bewohnern zeichnet, nicht viel mit der Gemeinschaft zu tun hat, die aus den Qumran-Texten erkennbar wird. Dies ist verständlich; denn zu seiner Zeit war der Ort bereits wie En-Gedi „ein Schutthaufen". Er kennt zwar die Stelle als Essener-Gebiet, aber wohl keine Essener. Dies stört ihn nicht; denn schließlich beschreibt er eine Landschaft, keine Religionsgemeinschaft.

Doch scheint nicht nur Plinius diese Gegend als Essener-Gebiet anzusehen. Roland Bergmeier nimmt an, daß der jüdische Philosoph Philo von Alexandrien, der um die Zeitenwende lebte, für seine Beschreibung der „Therapeuten" in seinem Werk „de vita contemplativa" eine Textvorlage benutzte, die ursprünglich einmal von den Essenern am Toten Meer, statt von Therapeuten oberhalb des Mareotissees in Ägypten handelte.[3] Ein derartiger Austausch geographischer Begriffe kam in der Antike öfter vor. Damit würden sich nicht nur die Ähnlichkeiten zwischen Essenern und

---

2   Yigael Yadin, Die Tempelrolle, München/Hamburg 1985, S. 258
3   Roland Bergmeier, Die Essener-Berichte des Flavius Josephus, Kampen 1993, S. 42 ff.

Therapeuten erklären, die der Forschung schon manches Rätsel aufgaben, sondern die geographische Angabe des Plinius würde eine von ihm unabhängige Unterstützung finden. Allerdings müßte es sich bei dem Ort nicht unbedingt um Qumran handeln; die benachbarten Oasen 'En Feschcha und 'En el-Ghuweir kämen dafür ebenso in Frage.[4] Diese würden sogar besser zu der Bemerkung des Plinius passen, daß die Essener gerne in der Nähe von Palmen wohnten.

Ungelöste Spannungen

Zweifel, ob es sich bei den Bewohnern von Qumran tatsächlich um Essener handelte, stützen sich vor allem auf folgende Beobachtungen:

- Josephus und Philo schildern die Essener als pazifistische Bewegung, die in Höhle 1 gefundene Kriegsrolle schildert einen blutigen Entscheidungskampf zwischen den Söhnen des Lichts und der Finsternis. Die Gemeinderegel, ebenfalls aus dieser Höhle, fordert auf, „alle Söhne der Finsternis zu hassen".
- Josephus und Philo schildern die Essener als Bewegung zur ethischen Erneuerung des Volkes, die hohe sittliche Ansprüche an sich selbst stellt. Dies ließe sich auch aus den Qumran-Texten belegen. Diese Ethik ist aber in Qumran eingebettet in eine streng dualistische Endzeiterwartung, von der bei Josephus und Philo nichts zu erkennen ist.
- Das Sonnenjahr spielt in Qumran eine besondere Rolle; das Verrücken von Festzeiten (aufgrund des Zeitunterschieds zwischen Sonnen- und Mondjahr und den dadurch bedingten Schaltmonaten im offiziellen Judentum) wird in der Gemeinderegel ausdrücklich als Kennzeichen der Söhne der Finsternis genannt. Bei Josephus und Philo wird diese Frage als Merkmal der Essener nicht einmal erwähnt.

Andere Widersprüche hängen eher damit zusammen, auf welche geschichtlichen Ereignisse man einzelne Aussagen in den Qumran-Texten bezieht. Wenn man davon ausgeht, daß die Schriften aus verschiedenen Zeiten stammen, und berücksichtigt, daß sie

---

4 Bergmeier, a.a.O., S. 24, Anm. 12

unterschiedlicher Art sind, muß man auch damit rechnen, daß sie sich auf unterschiedliche Ereignisse und Verhältnisse beziehen. Man muß sogar eine konzeptionelle Entwicklung der Vorstellungen während der etwa zweihundertjährigen Geschichte der Gemeinschaft in Betracht ziehen.

Klaus Berger geht noch einen Schritt weiter: „Die entscheidende Frage ist, wie weitgehend man aus den in den Höhlen bei Qumran gefundenen Schriften auf die Gruppe der Bewohner dieser kleinen Siedlung selbst schließen darf. Es scheint unmöglich, daß alle die dort gefundenen Schriften zugleich für diese Gemeinde als direkt verbindliche Normen gegolten haben. Daher ist ein Rückschluß im Sinne wörtlicher Identifizierung versperrt."[5] Diese Überlegung ist zwar grundsätzlich richtig, könnte aber sehr leicht zu vereinfachenden Lösungen führen, indem man alles, was nicht in das eigene Bild von dieser Gemeinschaft paßt, auf fremde Autoren zurückführt. Deshalb soll hier einer entwicklungs- und gattungsgeschichtlichen Erklärung der Unterschiede der Vorzug gegeben werden.

2. WIE STELLT MAN SICH ESSENER VOR?

Alles wäre viel einfacher, wenn wir wenigstens über die Geschichte der Essener, die Gründe ihrer Entstehung, ihre geistige Frontstellung, ihre Entwicklung Genaues wüßten.

Das Essenerbild um die Jahrhundertwende

Es ist daher interessant, einmal nachzulesen, was in einem theologischen Standardwerk aus der Zeit, als man noch keine Texte kannte, die man den Essenern zuschrieb, über diese Gruppe zu schreiben wußte - oder wagte. In der „Realencyklopädie für protestantische Theologie und Kirche", deren fünfter Band 1898 erschien, also zwei Jahre nach der Entdeckung, aber zwölf Jahre vor der Veröffentlichung der Damaskusschrift und rund 50 Jahre vor der Entdeckung der Qumran-Texte, heißt es über die Essener:

---

[5] Klaus Berger, Qumran und Jesus, Wahrheit unter Verschluß?, Stuttgart 1993, S. 49

„Die Essener lebten um die Zeit Christi nach den übereinstimmenden Angaben des Philo und Josephus, etwa 4000 an der Zahl, in Palästina, teils in eigenen Kolonien am Toten Meer in der Wüste Engedi (Plinius ...), teils auch zerstreut in den Städten (Josephus ...). Außerhalb Palästinas sind sie nicht nachzuweisen .... Vom Tempel in Jerusalem ausgeschlossen, bildeten die Essener eine festgeschlossene Gemeinschaft, die man eher einem Mönchsorden als einer Kultusgemeinde vergleichen kann."[6]

Die Schilderung des Aufnahmeritus hält sich ziemlich genau an Josephus[7] und erinnert fast an eine Freimaurerloge: „Wer aufgenommen zu werden wünschte, lebte zunächst ein Jahr lang noch außerhalb der Ordensgemeinschaft, doch wurde ihm deren Lebensweise empfohlen, und er erhielt als Zeichen ein Beil (Symbol der Arbeit), einen Schurz (Hindeutung auf die Waschungen, welche die Essener mit einem Schurz umgürtet vornahmen) und ein weißes Kleid (die Ordenstracht). Nach Ablauf des Jahres nahm er an den Waschungen, aber noch nicht an den Mahlzeiten teil, und erst nach einer weiteren zweijährigen Probezeit wurde er vollständig in den Orden aufgenommen."

Nach einer kurzen Schilderung einiger Auffassungen und Praktiken der Essener, die in der Feststellung gipfeln: „Der Essenismus ist eine rätselhafte Erscheinung, über welche die Ansichten weit auseinander gehen", folgen verschiedene Deutungen des Namens. Dann heißt es: „Noch weiter gehen die Ansichten über die Entstehung und das Wesen des Essenismus auseinander. Während die einen ihn als rein innerjüdisches Gebilde auffassen ..., nehmen andere ... zu seiner Erklärung mehr oder minder starke außerjüdische Einflüsse zu Hilfe." Die Bandbreite schwankt zwischen jüdischer Apokalyptik[8], buddhistischen Einflüssen und der Annahme, es handle sich um „einen »Stamm« der Juden, die ur-

---

6   Realencyklopädie für protestantische Theologie und Kirche, 3. Aufl. [hg.v.] Albert Hauck, Fünfter Band, Leipzig 1898, S. 525 ff.
7   Josephus, Krieg, 2,7 (137 ff.
8   Als jüdische Apokalyptik bezeichnet man sowohl eine Literaturgattung, die sich mit der Enthüllung von Geheimnissen über den Weltlauf, die letzte Zeit und das Weltende befaßt, als auch einen entsprechenden Vorstellungsbereich, der sich in biblischen und jüdischen Schriften niedergeschlagen hat, die insgesamt nicht apokalyptisch sind (vgl. H.Ringgren in: RGG, 3.Aufl., Bd I, Sp 464).

sprünglichen Rechabiten, die sich in der Stadt Essa niedergelassen haben sollen."
Im Grunde beruhen diese Spekulationen auf der Tatsache, die G. Uhlhorn, der Verfasser dieses Artikels, in den lapidaren Satz faßt: „Über die Geschichte des Essenismus haben wir nur dürftige Nachrichten." Es wird daher nicht einmal die Frage nach der Entstehungszeit und den Entstehungsgründen gestellt, weil man aus seinen Quellen dafür keine Anhaltspunkte entnehmen konnte. Trotz dieser Armut an Nachrichten scheint man es aber für selbstverständlich gehalten zu haben, daß die Essener eines Tages im Christentum aufgegangen sind, sonst könnte der Artikel nicht mit der nicht näher begründeten Feststellung schließen: „Wann und wie die Essener vom Christentum erfaßt und in die christliche Kirche eingegangen sind, wissen wir nicht. Anzunehmen ist, daß ein Teil von ihnen ... zum Christentum übergegangen ist, nicht ohne manche Besonderheiten festzuhalten. Das ist wohl der Kern dessen, was Epiphanius von den Ossenern und Sampsäern erzählt." Ob die Essener überhaupt im Christentum aufgegangen oder irgendwann untergegangen sind, wird mit keinem Wort erörtert.

Die antiken Nachrichten über die Essener

Im zweiten Buch seines „Jüdischen Kriegs" stellt Josephus im Zusammenhang mit einer kurzen Charakterisierung der drei wichtigsten religiösen Strömungen des Judentums in der Zeit nach Herodes dem Großen sehr breit die Essener dar. Damit sprengt er den Rahmen seiner ansonsten sehr kurz gehaltenen Charakteristik der religiösen Gruppen erheblich, ohne jedoch auf die Entstehung dieser Gruppen einzugehen.
Es liegt daher nahe, zur Ergründung ihrer Entstehungsgeschichte auf andere Nachrichten dieses Geschichtsschreibers zurückzugreifen. Dabei führt die Erwähnung von zwei „Essäern", die sich jeweils als Traum- bzw. Zukunftsdeuter hervortun, in vorangehen-

den Abschnitten des „Jüdischen Kriegs" nicht weiter.[9] Man muß sich daher nach Anhaltspunkten in den „Jüdischen Altertümern" umsehen. Dort kommen Essener wie im „Jüdischen Krieg" im Zusammenhang mit der Darstellung der drei religiösen Strömungen vor.[10] Außerdem erwähnt Josephus, daß Herodes d. Große die Essener wegen ihrer religiösen Grundsätze von der Treueeidverpflichtung befreit habe, und begründet das Wohlwollen des Herodes mit einer rührenden Anekdote aus seiner Jugendzeit, als ein Schulkamerad, der Essener Manaem, voraussagte, daß er einmal König werde.[11]

All diesen Notizen läßt sich nichts über die Entstehung der Essener entnehmen. Allerdings spricht Josephus im zwölften Buch seiner „Jüdischen Altertümer" in einem Zusammenhang, in dem er der Darstellung von 1.Makk 7,8-25 folgt, statt von den dort genannten „Asidäern" von „vielen Guten und Frommen aus dem Volk", die offensichtlich eine Versöhnungspolitik gegenüber den syrisch-seleukidischen Machthabern betreiben wollten, weil sie im Unterschied zu Judas Makkabi den falschen Beteuerungen des Statthalters Bakchides vertrauten. Daraus hat etwa Bergmeier gefolgert, daß Josephus an dieser Stelle absichtlich die „Asidäer" überging,[12] um damit die Essener an späterer Stelle umso unverfänglicher einführen zu können, da bereits von „Frommen aus dem Volk" die Rede war, deren Haltung ganz dem Bild entspricht, das die antiken Schriftsteller von den friedlichen Essenern zeichnen.

Eine solche Folgerung ist zwar sehr gewagt. Sie läßt sich jedoch durch folgende Überlegung stützen. Es liegt nahe, daß das Wort *Asidäer* in den Makkabäerbüchern eine klanglich möglichst treue,

---

9   Judas 1,78 ff.; Simon 2,112 f.. Zum Nebeneinander der Bezeichnungen „Essaer" und „Essener" bei Josephus und den dabei verwendeten Quellen vgl. Roland Bergmeier a.a.O., S. 13 ff.
10 Flavius Josephus, Jüdische Altertümer, [Übers.] Heinrich Clementz, 5. Aufl. , Darmstadt 1983, XIII, 5,9; XVIII,1,2.5
11 Josephus, Altertümer XV, 10,4 f. Bergmeier , a.a.O., S. 17 f., weist diese Anekdote wie auch die Judas- und Simon-Anekdote im „Jüdischen Krieg" formgeschichtlich den „Paradoxographien" zu.
12 Bergmeier, a.a.O., S. 119

griechische Wiedergabe des hebräischen Wortes *chasidim* ist. Dieses wird aber in der Septuaginta häufig mit *hosios* wiedergegeben, demselben Wort, das Josephus dort benutzt, wo in seiner Vorlage „Asidäer" genannt wurden. Er hätte also nicht einfach *ersetzt*, sondern *übersetzt*, damit allerdings auch zugleich eine Bedeutungscrweiterung vorgenommen.

Die Mitteilungen Philos über die Essener bestätigen dieses Bild im wesentlichen, so daß Bergmeier zu dem Ergebnis kommt: „Nach den bisherigen Beobachtungen können wir wohl davon ausgehen, daß Philo und Josephus je auf ihre Weise aus mindestens einer gemeinsamen Quelle ihre Essenerdarstellungen schöpften."[13] Die Unterschiede können wir im Zusammenhang dieser Fragestellung auf sich beruhen lassen.

Nun gewinnt allerdings der Pliniustext erneut Bedeutung. Er zeugt nicht gerade von besonderer Bewunderung für diese Gruppe, sondern klingt eher verständnislos, wenn nicht gar verächtlich. Für diesen „sonderbaren Menschenschlag" kann sich Plinius kaum erwärmen. Berichtenswert findet er allenfalls die Kuriosität, daß sich eine Gruppe, in der es weder Ehen noch Geburten gibt, über Generationen hinweg erhalten kann. Daß er von „Jahrtausenden" spricht, ist entweder schriftstellerische Übertreibung, um die Kuriosität zu steigern, oder ein Zeichen relativ schlechter historischer Recherchen.

Ihrer Einstellung nach schildert sie Plinius als Strandgut der Gesellschaft, als Gescheiterte, Aussteiger, wie man heute sagen würde, Menschen, die durch unterschiedlichste Schicksalsschläge ihres Lebens überdrüssig geworden sind und nur noch in einer lebensverneinenden Gemeinschaft Zuflucht finden können. Die Ehelosigkeit ist für Plinius Ausdruck dieser lebensfeindlichen Einstellung, nicht Zeichen eines hohen ethischen oder asketischen Anspruchs. Geradezu ironisch wirkt die Feststellung, daß der Lebensüberdruß anderer Menschen für ihre Erhaltung fruchtbar sei.[14] Dennoch ist erkennbar, daß Plinius tatsächlich Essener meint. Auch wenn Josephus von verheirateten Essenern weiß, so macht

---

[13] Bergmeier, a.a.O., S. 41
[14] Vgl. oben Kap. 2,1, zitiert nach Yigael Yadin

er doch durch die Formulierung, daß es „auch einen anderen Verband von Essenern" gebe, der sich lediglich hinsichtlich der Einstellung zur Ehe unterscheide,[15] deutlich, daß er als die vorherrschende essenische Auffassung die Geringschätzung der Ehe aus Befangenheit gegenüber Frauen ansieht.[16] Dies greift Plinius als für ihn wichtigstes Merkmal auf. Auch die Feststellung, daß sie ohne Geld seien, läßt sich mit der persönlichen Besitzlosigkeit[17] in Einklang bringen. In die gleiche Richtung könnte der Hinweis auf die Datteln weisen, da diese in jener Gegend eines der wenigen üppig gedeihenden Nahrungsmittel sind.

Zusammenfassend bedeutet dies: Die antiken Essener-Berichte stimmen hinsichtlich der wesentlichen Merkmale überein, wenn auch ihre Deutung und Bewertung dieser Bewegung voneinander abweicht.

Qumran-Texte und Essener-Berichte des Josephus

Selbst wenn man die in den Höhlen von Qumran gefundenen Schriften für die ausgelagerte Tempelbibliothek hielte,[18] müßte man einerseits erklären, warum diese gerade hier gelagert wurden, und um wen es sich andererseits bei der Gemeinschaft handelt, von der etwa die Gemeinderegel spricht. Das Problem wäre verlagert, aber nicht grundsätzlich anders gestellt.

Nun lassen sich in der Tat bei allen Unterschieden, die auch auf die besondere Sichtweise des Josephus zurückgehen können, viele Parallelen zwischen Qumran-Schriften und antiken Essener-Berichten feststellen.

---

[15] Josephus, Krieg, 2,160
[16] Josephus, Krieg, 2,121
[17] Josephus, Krieg, 2,122
[18] Karl Heinrich Rengstorf, Hirbet Qumran und die Bibliothek vom Toten Meer, Stuttgart 1960, S. 41: „In ihnen haben wir, völlig unerwartet, eine Bibliothek erhalten, in der sich alle geistigen Bewegungen des Judentums zwischen 200 v. Chr. und 100 n. Chr. begegnen und die deshalb in einzigartiger Weise geeignet sein dürfte, unser bisher recht lückenhaftes und wahrscheinlich in mancher Hinsicht schiefes Bild von der inneren Geschichte des Judentums in dieser Zeit zu vervollständigen und zu korrigieren und in beidem zu bereichern und zu vertiefen." Er selbst hält die Schriftrollen für einen Beleg „von heterodoxem Schrifttum als Bestandteil einer Bibliothek des Tempels von Jerusalem zur Zeit Jesu" (S.34).

- Die *Übertragung des Besitzes* an die Gemeinschaft bezeugt sowohl Josephus als auch die Gemeinderegel.[19]
- Der Betonung, daß die Essener *nicht in einer einzigen Stadt* leben,[20] entspricht die Regelung, daß an einem Ort, an dem zehn Männer sind, ein Priester anwesend zu sein hat.[21]
- Die Bemerkung, daß Essener bei Reisen außer Waffen zum Schutz gegen Räuber nichts bei sich tragen,[22] steht nicht zwingend in Spannung zu einer Bemerkung bei Philo, daß die Essener selbst keine Waffen *herstellen*. Andererseits kann man auch nicht aus der Kriegsrolle herauslesen, daß die Essener Waffen hergestellt hätten; denn die entsprechende Schilderung der Waffen[23] bezieht sich zum einen auf die große Endschlacht, nicht auf den Alltag, und beschreibt zum anderen kostbare Kunstwerke, die eher an den Schild des Achilles in Homers Ilias erinnern[24] als an kriegstaugliche Waffen.
- Dem *Fürsorger*, der in jeder Stadt für die Fremden sorgen soll,[25] entspricht wohl der *mebaqer*, der „Aufseher" in Qumran.[26]
- Die *täglichen Waschungen*[27] werden mit dieser Terminologie in den Qumran-Texten nicht bezeugt. Doch wird häufig formelhaft die *Reinheit der Vielen* in Zusammenhängen genannt, die eigentlich die Erwähnung dieser täglichen Waschungen erwarten läßt.[28] Außerdem zeigen die vielen Zisternen und Bäder,

---

[19] Josephus, Krieg, 2,122 - 1QS I,11-13; VI,19 f., vgl. auch III,2
[20] Josephus, Krieg, 2,124
[21] 1 QS VI,3 f.; vgl. auch CD XII,19: „Regel des Wohnens in den Städten Israels"
[22] Josephus, Krieg, 2,125
[23] 1 QM V,3-14
[24] Homer, Ilias, XVIII,468 ff. (Tusculum Bücher 77; 2. Aufl. München 1961, S. 646 f.
[25] Josephus, Krieg, 2,125
[26] z.B. 1 QS VI,19 f. - Das hebr. Verb *baqar* bedeutet eigentlich „hüten", „beaufsichtigen".
[27] Josephus, Krieg, 2,129
[28] Z.B. 1 QS V,13; VI,16.25; VII,3; VIII,17. Insbesondere 1 QS V,13 ist davon die Rede, daß einer, der sich nicht (im Sinne der Gemeinschaft) zum Gesetz Moses bekehrt hat, nicht zum Wasser kommen darf, die Reinheit der heiligen Männer zu berühren. Nach VI,25 wird einer, der falsche Besitzangaben macht, nach VII,3 einer, der im Zorn redet, für ein Jahr von der *Reinheit der Vielen* ausgeschlossen. Wer abtrünnig wurde und wieder umkehrt, wird nach VII,19 f. für ein Jahr von der *Reinheit der Vielen*, für ein weiteres Jahr vom *Trank der Vielen* ausgeschlossen. Auch wer mit nur einem Wort

die auf dem Ruinenhügel deutlich zu erkennen sind, welche Bedeutung dem Wasser und dem Baden in dieser Gemeinschaft zukam.
- Die Schilderung des *Noviziats*[29] entspricht im allgemeinen, wenn auch nicht in allen Details der Gemeinderegel.[30] Der *unauflösliche Eid* ist bei Josephus wie in der Gemeinderegel belegt.[31]
- Der *Haß gegenüber den Ungerechten* ist ebenso bei Josephus wie in der Gemeinderegel belegt.[32]
- Die *Ausstoßung aus der Gemeinschaft* bei bestimmten Vergehen[33] ist in der Gemeinderegel in kasuistischer Breite dargestellt.[34]

---

vom Gebot der Gemeinschaft abweicht, soll bis zur Läuterung seiner Taten *(jizaku ma'asajw)* und einem Beschluß des Rates der Gemeinschaft von der *Reinheit der Vielen* ausgeschlossen sein und nichts über die Beratungen und Beschlüsse in der Versammlung erfahren (VIII,17 ff.).

[29] Josephus, Krieg, 2,137 ff
[30] 1 QS VI,13-22; vgl. auch die Wiederaufnahme von Mitgliedern, die in ihrer Auffassung schwankend geworden sind: 1 QS VII,18-21
[31] Josephus, Krieg, 2,139.142 - 1 QS V,8. Inwieweit man aus der Tatsache, daß dieser Eid immer nur beim Eintritt erwähnt wird, schließen darf, daß im übrigen ein Eidverbot bestand, bedarf einer besondern Prüfung. Man kann für das Gebot absoluter Wahrhaftigkeit allenfalls darauf verweisen, daß eine wissentliche Lüge nach 1 QS VII,3 f. mit einem halben Jahr Gemeindeausschluß bestraft wird. Dies könnte das Schwören von selbst unnötig machen. - Daß Josephus von „furchtbaren" Eiden spricht, soll nicht die Essener in besonderer Weise charakterisieren. Vielmehr entspricht dies seinem Sprachgebrauch. Er nennt alle Eide „furchtbar" (vgl. Vita 53; Flavius Josephus, Kleinere Schriften, [Übers] Heinrich Clementz, Wiesbaden 1993, S.51).
[32] Josephus, Krieg, 2,139 - 1 QS I,10
[33] Josephus, Krieg, 2,143
[34] 1 QS VI,24 bis VII,25 kennt Ausschlüsse auf Zeit etwa bei Fluch und Beleidigung, Groll und Rache, aber auch bei unvorsichtigem Verhalten oder mangelnder Ehrerbietung gegenüber Höherrangigen. Außerdem gibt es einen Ausschluß auf Dauer mit und ohne Begnadigungsmöglichkeit. Dabei wird auch die Kürzung der Essensration (VII,25) und der Ausschluß von den gemeinsamen Mahlzeiten genannt. Daraus kann man schließen, daß dies für manche den Hungertod bedeutete. Dennoch nennt die Gemeinderegel nur Buße und Bewährung (VII,19 ff.), nicht Mitleid mit den hungernden Ausgeschlossenen (Josephus, Krieg 2,144) als Grund zur Wiederaufnahme.

- Die besonders strenge *Einhaltung des Sabbats* wird vor allem in der Damaskusschrift deutlich, die eine Reihe von Vorschriften enthält, die teilweise geradezu unmenschlich wirken.[35]
- Selbst eine so nebensächlich scheinende, geradezu erheiternd wirkende Notiz wie die über das Verbot, „in die Mitte der Versammlung" zu spucken,[36] findet ihre Entsprechung in der Gemeinderegel.[37]

Die Aufzählung kann hier abgebrochen werden. Sie hat deutlich gemacht, daß die Grundsätze und Vorschriften der Gemeinderegel und der Damaskusschrift durchaus zu dem von Josephus gezeichneten Bild der Essener in Beziehung stehen. Ja, man könnte sogar überlegen, ob das Bild der „Versammelten" in der sogenannten Gemeinschaftsregel, die „für die ganze Gemeinde Israels in den letzten Tagen" gilt, nicht seine Entsprechung in jenem Teil der von Josephus erwähnten Essener besitzt, die verheiratet sind;[38] denn immerhin wird in dieser Ordnung von Frauen und Kleinkindern gesprochen.[39]

Die Beziehungen zwischen dem Essener-Bericht bei Josephus und den Qumran-Texten sind so stark, daß man mit Sicherheit sagen kann, Josephus meint mit den Essenern eine Gruppe, die in der geistigen und religiösen Vorstellungswelt lebte, wie sie uns in den Qumran-Texten vor Augen tritt.

Das Fehlen charakteristischer Elemente der Qumran-Theologie, etwa der Vorstellungen „von Gesetz und Bund, von Messiaserwartung und Eschatologie, von Dualismus und Prädestination, von »Geist« und »Erkenntnis«, von Gemeinschaft mit den Engeln, vom Lehrer der Gerechtigkeit, von Kalenderfragen u.ä.m.",[40] kann man mit der besonderen Prägung der Quelle begründen, die Josephus für seine Darstellung benutzte. Bergmeier nimmt eine „py-

---

[35] Josephus, Krieg, 2,147 - CD X,14 bis XII,2
[36] Josephus, Krieg, 2,147
[37] 1 QS VII,13. Es ist nicht erkennbar, warum es nötig war, ein solches Verbot ausdrücklich auszusprechen. Da es aber auch im Jerusalemer Talmud ber. r. 3,5 vorkommt (vgl. Michel/Bauernfeins,a.a.O., Bd. I, S. 437, Anm. 73), muß es sich auf eine häufiger vorkommende Unsitte beziehen.
[38] Josephus, Krieg, 2,160
[39] 1 QSa I,4. Dabei bezeichnet das hebräische Wort *taf* die nicht Gehfähigen
[40] Bergmeier, a.a.O., S. 105

thagorisierende Essener-Quelle" an[41] und hält dies für eher vorstellbar, als „wenn Josephus den Bericht aus eigener Anschauung und Erfahrung niedergeschrieben hätte."[42]

3. AUF DER SUCHE NACH DEN ANFÄNGEN

Qumran und die Rekonstruktion der Essenergeschichte

Um die Jahrhundertwende war man sich über die Geschichte der Essener völlig im Unklaren, wie wir gesehen haben. Man war ausschließlich auf die Nachrichten der antiken Schriftsteller angewiesen, und diese hüllen sich über die Entstehungsgeschichte der Bewegung in Schweigen.

Versuche, über den *Namen* zu einer Erhellung der Geschichte zu gelangen, bleiben weithin im Bereich der Spekulationen, vor allem auch deshalb, weil die Bezeichnung „Essener" in den Qumran-Texten selbst nirgends vorkommt.

Essener und Asidäer

So hat man bespielsweise versucht, den Namen „Essener" von der Bezeichnung *Asidäer* in den Makkabäerbüchern herzuleiten.[43]

Für die Asidäer-Hypothese könnte sprechen, daß im 1. Makkabäerbuch von Asidäern die Rede ist, die sich der Widerstandsbewegung des Mattatias anschlossen (2,42) und später als friedliebende Menschen auf eine Täuschung des syrisch-seleukidischen Statthalters Bakchides hereinfielen (7,13).

Da unmittelbar vor ihrer ersten Erwähnung erzählt wird, daß „viele, die Gerechtigkeit und Recht suchten", mit ihren Kindern und Frauen in die Wüste hinabzogen, um sich dort in Höhlen niederzulassen (1.Makk 2,29.31), in denen sie, wegen strenger Einhaltung des Sabbatgebots grausam niedergemetzelt wurden (V.

---

[41] Bergmeier, a.a.O., S. 79 ff.
[42] Bergmeier, a.a.O., S. 106. Zur Bewertung der autobiographischen Angabe, Josephus habe selbst einmal den Essenern angehört, vgl. Bergmeier, S. 20. Immerhin bleibt die Frage bestehen, warum Josephus ausgerechnet die Essener derart ausführlich beschreibt, während die anderen „Religionsparteien" nur sehr kurz wegkommen.
[43] Diese These vertreten z.B. Keel/Küchler, a.a.O., S. 457.

34-38), schien dies direkt auf die Nachricht des Plinius über das Wohngebiet der Essener hinzuweisen und durch die Funde und Ausgrabungen von Qumran bestätigt zu werden.

Auch in den Qumran-Texten selbst gibt es einen Hinweis auf einen Rückzug in die Wüste. Die Gemeinderegel spricht von einem Kreis von zwölf Männern,[44] die aus dem Rat der Männer der Gemeinschaft ausgesondert werden sollen, um in die Wüste zu gehen und dort durch Tora-Studium den Weg des HERRN zu bereiten, wie es bei den Propheten geschrieben steht.[45]

Daß in Qumran die Hebräische Bibel nahezu in ihrem gesamten heutigen kanonischen Bestand bekannt war, wird schon an den biblischen Handschriften deutlich, die in Höhle 4 gefunden wurden. Die Jesaja-Rolle aus Höhle 1, auf die sich das Zitat bezieht, ist dabei besonders gut erhalten.

Wüste als Ort der Erneuerung

Allerdings darf man dieses Indiz auch nicht überschätzen „Es gibt im Judentum verschiedenste Gruppen, die einen Neuanfang in der Wüste suchen. Sie sind nicht identisch."[46] Die Bewegung Johannes d. Täufers gehört zu diesen Gruppen ebenso wie die Siedlung in Qumran.

Man sollte diese Bewegungen jedoch nicht vorrangig unter kulturkritischen Gesichtspunkten betrachten. So sieht sie wohl Berger: „Es gab also offenbar mehrere Gruppen unterschiedlichen Selbstverständnisses, die sich vom hellenisierten Stadtleben zurückzogen und eine Erneuerung in der unkultivierten Landgegend suchten. Bestand für die reichen Römer derselben Zeit die Alternative zum Stadtleben und die Rückkehr zu den »väterlichen Gebräuchen« im Landleben rund um das Landhaus (Villa), so ist der Rückzug aus den Städten in Palästina in die Wüste wesentlich beschwerlicher, ein asketischer Zug ist vorgezeichnet. Aber wie bei den Römern ist es ein allgemeiner Brauch, eine Art Mode, wenn

---

[44] Die Zwölfzahl ist in Israel als Symbol für die Gesamtheit des Volkes so verankert, daß eine Parallele zum Zwölferkreis Jesu kein Indiz für Abhängigkeit ist.
[45] 1 QS VIII,1-14
[46] Klaus Berger, a.a.O., S. 47

man so will, die wohltuende Verbindung mit der idealisierten alten Zeit außerhalb der Städte zu suchen."⁴⁷

Mit dieser Bewertung wird man weder Johannes d. Täufer gerecht noch der Forderung in der Gemeinderegel. Es ist wohl auch nicht nur das Motiv der ungestörten Abgeschiedenheit, die sich für intensives Schriftstudium besonders eignet, sondern das Vertrauen auf die Verheißung, daß in der Wüste der Weg des HERRN hergerichtet wird.

Flucht in die Wüste

Auch als sich Judas Makkabi mit neun weiteren Gefährten in die Wüste zurückzog und wie die wilden Tiere von Kräutern lebte, war dies alles andere als Naturromantik.⁴⁸ Unmittelbar voraus geht ein Sammelbericht über Grausamkeiten unter dem Seleukidenherrscher Antiochus IV. - bis hin zu einem Massaker an einem Sabbat. So muß man die Lebensweise des Judas - neben ihrer religiösen Bedeutung als Ausdruck des Verzichts auf kultisch unreine Speise⁴⁹ - auch als normale Bedingung eines Partisanendaseins im Untergrund und als Kennzeichen eines Verfolgtenschicksals sehen. Michael Zohary weist auf eine talmudische Erzählung über Rabbi Shimeon Bar-Yochai hin, „der sich mit seinem Sohn aus Angst vor den Römern in den Höhlen Galiläas verbarg und zwölf Jahre lang nur von Johannisbrot ernährte."⁵⁰

Daß Josephus möglicherweise die Asidäer mit den Essenern gleichsetzt oder durch diese ersetzt, wurde bereits dargestellt.

Yigael Yadin hat außerdem im Wadi Murabba'at einen Text gefunden, der schon zu der Vermutung führte, daß das heutige Qumran in jener Zeit *metzad chasidin* hieß.⁵¹ Dies ist jedoch nicht mit Sicherheit zu behaupten. Immerhin ist zu bedenken, daß dieses Fragment aus der Zeit des Bar-Kochba-Aufstands stammt.

---

47 ebd.
48 2.Makk 2,27
49 Das Motiv der vegetarischen Kost zur Einhaltung der Speisegebote finden wir auch Dan 1,3 ff. und Röm 14,2, ferner Josephus, Vita 3.
50 Michael Zohary, Pflanzen der Bibel, Stuttgart 1983, S. 63. - Diese Höhle wird nach der Lokaltradition in Zefat (Safed) gezeigt.
51 Keel/Küchler, a.a.O. S. 455

Selbst wenn es sich tatsächlich auf Qumran beziehen sollte, sagt es daher nichts über die Bezeichnung dieser Siedlung 100 Jahre vorher aus.[52]

Eine brüchige Brücke

Trotz vieler Hinweise und Anklänge stehen der Herleitung der Bezeichnung „Essener" von den Asidäern erhebliche Bedenken entgegen. Einerseits ist sowohl die klangliche als auch lautgeschichtliche Ableitung recht abenteuerlich. Andererseits wird das Wort *chäsäd* und der Plural *chasidim* in den Qumran-Texten immer für Gunsterweise verwendet, nie als stehende Bezeichnung für die „Frommen".[53] So kann man mit R. Bergmeier sagen: „Die Qumran-Bewegung selbst ... hat die Verbindung mit ihren chassidischen Wurzeln verdrängt."[54]

Wie dies zu deuten ist, bleibt offen. Es könnte Ausdruck einer bewußten Distanzierung von den Anfängen aufgrund einer unterschiedlichen Entwicklung sein oder eines Desinteresses an der eigenen Entstehungsgeschichte aufgrund der apokalyptischen Zukunftsorientierung. Oder sollte gar keine originäre Beziehung zu den Asidäern bestehen?

Andere Ableitungen des Namens

Auch andere Versuche, die Bezeichnungen Essäer oder Essener durch *lautliche Anklänge an Selbstbezeichnungen* der Gruppe zu erklären, schlagen fehl. Dies scheint aber kein modernes Problem zu sein, denn schon Philo leitet die Bezeichnung von dem griechischen Wort *hosios* = heilig ab.[55] Damit wäre der Name allerdings

---

[52] Weitere Argumente bei Bergmeier, a.a.O., S. 117 f.
[53] Vgl. James H. Charlesworth, Graphic Concordance to the Dead Sea Scrolls, Tübingen 1991
[54] Bergmeier, a.a.O., S. 119
[55] Philo, Quod omnis probus liber sit, XII (§75);in: [Hrsg.] Leopold Cohn/ Siegfried Reiter, Philonis Alexandrini Opera, quae supersunt, Band VI, Berlin 1915, 15. Nachdem Philo auf Perser und Inder zu sprechen gekommen war, stellt er fest, daß auch das palästinische Syrien für die höchste Tugend der Rechtschaffenheit nicht unempfänglich sei. Als Beispiel nennt er die Essener. „Einige unter ihnen nennt man *Essäer,* eine Zahl von über 4000, nach meiner Auffassung - nicht im Sinne eines präzisen griechischen Sprachgebrauchs - leitet sich ihr Name von ihrer Heiligkeit *(hosiotes)*

eindeutig als Fremdbezeichnung erwiesen; denn die Qumran-Gemeinschaft sprach hebräisch und aramäisch, aber nicht griechisch. Das weiß wohl auch Philo; denn er räumt ein, daß dies seine persönliche Namenserklärung ist, die nicht gewissenhafter griechischer Etymologie entspricht.

Im Jüdischen Lexikon[56] werden verschiedene Möglichkeiten zugrundeliegender aramäischer Begriffe erwogen, z. B. *assaja* (Ärzte);[57] *chassaja* (Fromme); *asschaja* (Badende); *chaschaim* (Verborgene). Das Problem ist jedoch in all diesen Fällen die fehlende Bezeugung dieser Begriffe in den Qumran-Texten. Lediglich von Ärzten ist einmal die Rede, dort aber nicht als Selbstbezeichnung der Gemeinschaftsmitglieder, sondern in einer Paraphrase zu Abrahams Verrat an Sara gegenüber dem König von Ägypten.[58] Einigermaßen interessant klingt der Vorschlag, den Begriff von dem Ausdruck *osei ha-tora* (Täter der Tora) abzuleiten.[59] Damit hätte man wenigstens einen Begriff gefunden, der in den Qumran-Schriften als Kennzeichnung der Gruppenmitglieder belegbar ist,[60] allerdings nur in allegorisch deutenden Kommentaren zum Propheten Habakuk und zu Ps 37. Hier haben wir es offensichtlich mit einer Literaturart zu tun, in der diese Gemeinschaft sich in besonderer Betroffenheit äußert, indem sie alte biblische Schriften geradezu orakelhaft auf gegenwärtig erlebte Ereignisse deutet. Das heißt, diese Bezeichnung verwendet sie nicht in der Normalsituation, sondern dort, wo sie sich in einer Verfolgungssituation gegenüber ihren Verfolgern definiert und damit auch den Grund der Verfolgung benennt. Immerhin bringt sie damit zum Ausdruck, was sie als kennzeichnende Unterscheidung zu anderen Gruppierungen ansieht. Dies rechtfertigt den Titel dieses Buches.

---

ab, zumal sie auch aufs beste »Ärzte Gottes« geworden sind, die keine Lebewesen opfern, sondern ihre Gedanken heiligen und sich würdig bereiten."

[56] Jüdisches Lexikon, Bd II, 1927, Nachdruck 2. Aufl. Königstein/Ts 1987, Sp. 528

[57] Dies könnte die Namensform „Essäer" erklären und würde zu Philos Therapeuten-Vorstellung passen

[58] 1 QGenAp XX,20

[59] Baigent/Leigh, a.a.O., S. 218

[60] Z. B. 1 QpHab XII,4: Hier wird Hab 2,17 auf die Gewalttaten des „gottlosen Priesters" bezogen, die er an den Tätern des Gesetzes begangen hat. VII,11 werden die „Männer der Wahrheit" so bezeichnet, VIII,1 (in Auslegung von Hab 2,4) die Gerechten, ebenso in 4 QpPs II,15.23

Ergebnis: Die Versuche, auf dem Weg über den Namen etwas über die Geschichte, vor allem die Entstehung der Essener bzw. der Gemeinschaft von Qumran zu erfahren, haben keine schlüssigen Hinweise auf Beziehungen zu den Asidäern erbracht, obwohl die Besiedelungsgeschichte von Qumran eine erste Blütezeit in der Zeit Alexander Jannais nahelegt.[61] Die Deutung des Propheten Habakuk auf Erlebnisse der eigenen Geschichte läßt allerdings danach fragen, wann es in der jüdischen Geschichte jenes Zeitraums Ereignisse gegeben hat, auf die sich diese Deutung beziehen könnte.

Die Zeiten ändern sich - und wir mit ihnen

Wenn diese Einsicht Kaiser Lothars I. richtig ist,[62] dann trifft sie grundsätzlich auch auf die Gemeinschaft zu, deren Schriften in den Höhlen von Qumran gefunden wurden. Dies bedeutet, daß unabhängig von der Frage, um welche Gruppe es sich handelte, ja, ob wir es überhaupt mit Dokumenten einer einzigen Gruppe oder mit einer Bibliothek von Schriften unterschiedlichster Herkunft zu tun haben,[63] damit zu rechnen ist, daß die Dokumente unterschiedliche Zeitverhältnisse im Blick haben und auch theologisch unterschiedliche Auffassungen wiedergeben können.

Zweihundert Jahre wechselvoller Geschichte[64]

Solche Unterschiede lassen sich sowohl von der Dauer des in Frage kommenden Zeitraums als auch von der möglicherweise verschiedenen Urheberschaft her begründen.

Bedenkt man, daß es in der Besiedelung von Qumran zwei deutlich voneinander *getrennte Epochen* gibt, zunächst etwa 70 Jahre, und zwar von der Zeit Alexander Jannais bis zu dem Erdbeben zur Zeit Herodes d. Gr., und nach einer Pause von etwa 30 Jahren eine zweite Phase von etwa 60 Jahren, die bis zur Zerstörung im

---

[61] Vgl. Keel/Küchler, a.a.O., S. 459
[62] Büchmann, Geflügelte Worte, Stuttgart 1956, S. 428
[63] Vgl. Berger, a.a.O., S.. 49 f.; Rengstorf, a.a.O., S. 41
[64] H. Stegemann, a.a.O., S. 207, nimmt an, daß der „Lehrer der Gerechtigkeit" 152 v. Chr. die „essenische Union" gegründet hat.

„Ersten Jüdischen Krieg" reicht, so liegt es geradezu nahe, von einem Wandel der Auffassungen, mindestens von Differenzierungen, wenn nicht gar von Differenzen auszugehen. Dabei ist noch nicht einmal die Frage berücksichtigt, ob die Neubesiedelung nach dem Erdbeben tatsächlich durch Leute derselben Gruppe erfolgte, und wenn ja, ob sich diese Gruppe in der Zwischenzeit nicht möglicherweise erheblich verändert hatte.
Nimmt man an, daß es sich - unabhängig von der Frage nach den Bewohnern von Qumran - um eine *Sammlung* von Schriften handelt, so ist ihre Unterschiedlichkeit geradezu der vorauszusetzende Normalfall, und Gemeinsamkeit nur zu erwarten, „indem man nach dem gemeinsamen Nenner dieser Schriften fragt."[65]

Ein gemeinsamer Nenner?

Diesen sieht Berger zunächst einmal im Motiv für die Schriftensammlung: „Das damalige Judentum Palästinas war in sehr hohem Maße auf der Suche nach nationaler und religiöser Identität und fand diese immer stärker in den »Schriften der Väter« und anderen pseudepigraphischen[66] Texten. ... Wer auch immer im Judentum des 1. Jh. n. Chr. eine Erneuerung des Judentums anstrebte, tat dies auf der Basis alter oder vorgeblich alter Schriften."[67]
Darüber hinaus entnimmt er den Texten einige, wenn auch wenige Charakteristika der Gruppe: „Sie verstanden Hebräisch und Aramäisch ... und verbrachten relativ viel Zeit mit Lesen (Mehrfachexemplare vieler Schriften). Ihr Leben war deutlich religiös geprägt, und zwar nicht im Sinne einer Aufweichung der Gebote der Thora, sondern im Sinne einer Präzisierung und Konkretisierung. Sie waren am konkreten Vollzug ihres Glaubens interessiert."[68]
Im übrigen läßt „die Hochachtung des Sabbats deutlich auf eine gegen jede Hellenisierung gerichtete Tendenz" schließen. Aus dieser gemeinsamen Interessenlage mit den Makkabäern erklärt er

---

[65] Berger, a.a.O., S. 51
[66] Pseudepigraphen nennt man (antike) Schriften, die als Verfasser fälschlicherweise eine bekannte Autorität der Vorzeit angeben.
[67] Berger, a.a.O., S. 51 f.
[68] Berger, a.a.O., S. 52

auch das in Höhle 4 gefundene Lobgedicht auf König Jonathan, bei dem es sich vermutlich um Alexander Jannai handelt.

Eine Königshuldigung als Visitenkarte?

Eisenman und Wise veröffentlichen als letzten Text in ihrem Buch „Jesus und die Urchristen" ein sehr kleines Dokument aus Höhle 4, das sie „Lobrede auf König Jonathan" nennen.[69] Die Übersetzung des Dokuments umfaßt neun Zeilen, der einleitende Vorspann der Verfasser sechseinhalb Seiten. Was kann an diesem kleinen Text so wichtig sein, daß ihm ein derart umfangreicher Kommentar vorausgeschickt wird?

Lobrede auf König Jonathan

Schon der erste Satz der Erläuterungen der Herausgeber zu diesem Fragment macht die Absicht der Verfasser deutlich: „Dieser Text widerlegt die traditionelle »Essener-Theorie« über die Ursprünge Qumrans zur Gänze."[70] Nach einer kurzen historischen Überlegung, daß von den beiden Makkabäerkönigen, die den Namen Jonathan trugen, nur Alexander Jannai gemeint sein könne, wird dann die schon früher geäußerte These Eisenmans wiederholt, „daß Qumran *promakkabäisch* verstanden werden müsse, das heißt *für* Alexander Jannai oder Jonathan und nicht gegen ihn." Auf den folgenden Seiten werden dann ausführliche Erwägungen hierüber angestellt, die als Beleg dafür gelten sollen, daß die Qumran-Bewegung nicht anti-, sondern promakkabäisch war.

Nach dem bisher Gesagten muß man aber an der Berechtigung einer solchen Verallgemeinerung zweifeln. Wenn es sich um ein Huldigungslied auf Alexander Jannai handelt, dann gibt es für seine Entstehung nur zwei Erklärungen:
- Entweder es stammt aus der Frühzeit dieser Bewegung und wäre damit ein Beleg für die damalige Einstellung der Qumran-Bewegung zu den Makkabäern. Man könnte dann historischen Anklängen in diesem Gedicht möglicherweise sogar Indizien für die frühe Geschichte der Bewegung entnehmen.

---

[69] Eisenman/Wise, a.a.O., S. 278 ff. (4 Q 448)
[70] Eisenman/Wise, a.a.O., S. 278

- Oder das Gedicht stammt aus späterer Zeit, etwa aus der zweiten Besiedelungsperiode, und wäre dann aus zeitlichem Abstand von über 100 Jahren ein romantisierender Rückblick auf die „gute, alte Zeit" der Makkabäer, die sich - mindestens im verklärenden Zeitabstand - wohltuend von der gegenwärtigen Zeit nationaler Unselbständigkeit abhebt. Das judäische Gebiet war ja nach der Absetzung des Herodessohns Archälaos nicht einmal mehr ein abhängiges Königtum unter römischer Besatzung, sondern in eine römische Präfektur umgewandelt worden.

Nur wenn man diese Huldigung auf König Jonathan auf dem Hintergrund dieser entstehungsgeschichtlichen Vorüberlegungen liest, kann man ihr möglicherweise verläßliche historische Aussagen entnehmen.

Ein uneinheitlicher Text ...

Das Gedicht ist in Spalte I unversehrt erhalten, in Spalte II leider nur lückenhaft. Auffällig ist auch die deutlich unterschiedliche Zeilenlänge in beiden Spalten. So erweckt es den Eindruck, als sei Spalte I ein Versatzstück, das verschiedenen Gedichten vorgeschaltet werden konnte, oder eine nachträgliche Widmung an König Jonathan.[71] Die nachfolgende Wiedergabe folgt nur teilweise der deutschen Übersetzung in Eisenmans Buch.[72]

Heiliges Lied
auf Jonathan, den König,
und die ganze Gemeinde deines Volkes
Israel,
welche in allen vier
Winden *(Geistern?)* des Himmels.
Es sei Friede ihnen allen,

---

[71] H. Stegemann, a.a.O., S. 187 f., geht davon aus, daß ein Psalm, dessen Reste noch auf dem oberen Teil des Leder-Fragments zu sehen sind, nach seinem Sieg über Demetrius auf Alexander Jannai bezogen, diese Gratulation aber nie abgesandt wurde. Krupp, a.a.O., gibt ohne Angabe von Gründen nur Sp. I wieder. Vielleicht hat auch er die Uneinheitlichkeit beider empfunden. Dabei kann es sich allerdings nicht um eine fehlerhafte Rekonstruktion handeln. Dies geht eindeutig aus dem Fragment hervor.
[72] Eisenman/Wise, a.a.O., S 284 f.

befriedet vor dir,
und Gemeinschaft in deinem Namen.
Durch deine Liebe (*bin ich beständig?*[73]) [...]
am Tag und am Abend von Wein (*von Griechenland?*) [...]
heranzukommen, um zu sein [...]
Suche sie zum Segen, zu [...]
auf deinen Namen, der ausgerufen wird [...]
Ein Königreich für deine Gemeinschaft [...]
die teilnehmen am Krieg[74] [...]
zum Gedächtnis deines Namens [...]
[...]

... und seine zeitgeschichtliche Einordnung

Auch wer im Umgang mit solchen Texten nicht geübt ist, wird leicht erkennen, daß ein Text dieser Art so viele Deutungsmöglichkeiten wie Lücken aufweist.

- Es ist nicht bekannt, wie der Text weitergeht, und wie umfangreich er war.
- Die Sprache von Spalte II läßt eher daran denken, daß Gott angeredet wird, nicht ein irdischer König (dies gilt vor allem im Blick auf die zweimalige Wendung *dein Name*, die mindestens zu der Überlegung nötigt, ob nicht *Gottes* Name ausgerufen und das Gedächtnis *seines* Namens wachgehalten werden soll).
- Dabei muß man sich - gerade angesichts der völlig unterschiedlichen Zeilenlängen - fragen, ob man ohne Spalte I jemals auf den Gedanken gekommen wäre, daß es sich in Spalte II um die Lobpreisung eines Königs handelt, oder ob man nicht selbstverständlich davon ausgegangen wäre, daß es sich um einen Hymnus auf Gott handelt.
- Damit legt sich die Überlegung nahe, ob hier nachträglich eine ursprüngliche Gottespreisung später auf Jonathan übertragen

---

[73] Dieses Wort wird von Eisenman/Wise nicht übersetzt
[74] Aus dem Endbuchstaben ist zu erkennen, daß hier noch ein Wort folgte, das einen bestimmten Krieg bezeichnete. Leider ist diese Näherbestimmung nicht erhalten, so daß sich auch nicht entscheiden läßt, ob es sich um einen historischen oder endzeitlichen Kampf handelt.

wurde, weil man in seinen politischen und kriegerischen Maßnahmen den Kampf Gottes gegen seine Feinde erblickte. In jedem Fall müßte nach einem Ereignis in der langen Regierungszeit Alexander Jannais gesucht werden, auf das diese Lobpreisung bezogen werden kann, wenn man daraus Schlüsse für die Entstehungsgeschichte der Qumran-Gemeinschaft ziehen will.
Dies fällt nicht leicht; denn es gelang Alexander zwar, sich lange an der Macht zu halten; aber seine kriegerischen Unternehmen waren oft von sehr zweifelhaftem Erfolg. Einige Schlachten verlor er, andere gewann er, häufig jedoch nur mit hohen Verlusten. „Die Regierung Alexanders, dessen Charakterbild wie das kaum eines anderen Hasmonäers in der jüdischen Geschichte schwankt, ist durch zahlreiche Kriege nach außen und bis zum Bürgerkrieg gesteigerte Konflikte mit den Pharisäern im Inneren gekennzeichnet."[75]

Alexander Jannai, ein umstrittener Hasmonäerfürst

Den Schilderungen der Regierungszeit Alexander Jannais, die Flavius Josephus in seinen „Jüdischen Altertümern" bietet, läßt sich allerdings eine Situation entnehmen, die möglicherweise zu der des Jonathan-Gedichts paßt.
Auslöser des Konflikts war die Frage, wer berechtigt ist, im Jerusalemer Tempel priesterliche Dienste wahrzunehmen und hohepriesterliche Funktionen auszuüben. Alexander nahm dieses Recht ganz selbstverständlich für sich in Anspruch, war doch schon sein Großvater Simon vom Volk als Hoherpriester und Herrscher bestätigt worden. Die entsprechende Ernennungsurkunde war in Bronze gegossen an der Tempelmauer angebracht worden, stellte also ein öffentliches Denkmal dar. Eine Abschrift befand sich offensichtlich im Besitz der Nachkommen. Sie war eine Art Verfassung und wurde im Staatstresor aufbewahrt.[76] Eine solche Bemerkung zeigt, daß der Volksentscheid nicht unumstritten war. Der Verschmelzung von politischer und religiöser Macht begegnete man in Israel immer zurückhaltend.

---

[75] Peter Schäfer, Geschichte der Juden in der Antike, Stuttgart 1983, S. 89
[76] Vgl. 1.Makk 14,46-49

Die Abschrift der Urkunde war sicher eine Vorsichtsmaßnahme für den Fall, daß die Tafel bei Veränderung des politischen Klimas oder der Volksstimmung abgenommen werden könnte.
Eine solche Situation scheint einige Zeit nach der erfolgreichen Unterwerfung Gazas durch die Truppen Alexanders eingetreten zu sein. Alexander wollte bei einem Laubhüttenfest das Opfer darbringen, wurde aber von der Bevölkerung daran gehindert, indem diese ihn mit den Etrogfrüchten[77] ihres Feststraußes bewarfen und beschimpften, er sei der Sohn einer Gefangenen. Ein solcher Vorwurf zog die Legitimität seiner Herkunft in Zweifel. Damit wäre er des Hohenpriesteramtes nicht würdig. Er ließ daraufhin angeblich 6000 empörte Menschen niedermetzeln und baute eine Holzverschanzung um den Tempelplatz. Daraufhin zelebrierte er die Opfer unter Ausschluß der Bevölkerung. Als er einige Zeit später nach einer verlorenen Schlacht im Ostjordanland nach Jerusalem flüchtete, verlangte die Bevölkerung seinen Tod und rief den syrischen König Demetrius um Hilfe an.[78]
Demetrius und Alexander lieferten sich zunächst einen Nervenkrieg, indem jeder versuchte, dem anderen einen Teil seiner Truppen abspenstig zu machen. Als dies zu nichts führte, kam es zur Schlacht mit vielen Gefallenen auf beiden Seiten, in der aber Demetrius siegte. „Alexander floh nun ins Gebirge, wo er 6000 Juden, die das Mitleid um sein Geschick zu ihm trieb, um sich versammelte. Demetrius zog sich darauf aus Furcht vor diesem Anhange Alexanders zurück; die übrigen Juden aber griffen den Alexander an. Doch sie wurden geschlagen und es kamen viele von ihnen im Kampfe ums Leben."[79]

---

[77] Jüdisches Lexikon, Bd II, Sp. 538 f.: „ETROG, eine zitronenartige Frucht, deren Holz ein starkes, lieblich duftendes Öl enthält. Die Frucht selbst ist von gelber, ins Grünliche schimmernder Farbe und von einer dicken, tiefgenarbten Schale umgeben. Sie ist eine von den vier Pflanzen, die zu dem am Sukkotfest vorgeschriebenen Feststrauß gehören (die anderen 3 Pflanzen sind: Lulaw, Palmzweig; Hadassim, Myrtenzweige; Arawot, Bachweiden)."
[78] Vgl. Josephus, Altertümer, XIII,13,5
[79] Josephus, Altertümer, XIII,14,2

Alexander Jannai, ein national-jüdischer Hoffnungsträger?

Einige Gesichtspunkte könnten dafür sprechen, daß das Jonathan-Lied aus Höhle 4 die Situation vor dieser Schlacht im Blick hat.
- Alexander war ins Gebirge geflohen. Damit könnten die Berge der judäischen Wüste gemeint sein.
- Die Anhänger, die sich zu ihm gesellten, könnten der Verfasser- oder Trägerkreis dieses Liedes sein.
- Ihnen ist am ehesten zuzutrauen, daß sie einen Kampf „Jonathans" gegen Volksangehörige, die einen syrischen König gegen den Hasmonäer Alexander um Hilfe bitten, als Krieg zur Ehre des Namens Gottes ansehen. [80]
- Da Alexander Jannai nach dem Sieg in dieser Schlacht bei einem Siegesgelage mit Dirnen, gewissermaßen als Machtdemonstration und Festbelustigung, 800 jüdische Gefangene kreuzigen und ihre Frauen und Kinder vor ihren Augen umbringen ließ,[81] ist kaum vorstellbar, daß das Gedicht im Zusammenhang mit dem anschließenden siegreichen Feldzug gegen Demetrius entstanden sein kann.[82]

Das Gedicht könnte demnach, wenn man seine Einheitlichkeit voraussetzt, eine frühe Huldigung aus dem Kreis jener national gesinnten Juden sein, die mit Alexander in die Berge geflohen waren.

Enttäuschte Idealisten?

Sollten diese Beobachtungen und Überlegungen zutreffen, dann wäre dieses Jonathan-Gedicht ein erster konkreter Hinweis auf die Entstehung der Qumran-Gruppe. Es handelte sich dann um Leute aus der Schar der Alexandertreuen, die sich allerdings später enttäuscht von ihm abwandten. So würde sich auch die eigenartige Mischung aus Distanz und Nähe zum Jerusalemer Tempel erklären lassen, die in vielen Qumran-Texten spürbar ist. Die Distan-

---

[80] Dabei ist vorausgesetzt, daß in Sp.II, Z. 2 „Griechenland" statt „Wein" zu lesen ist, was im hebräischen Wortlaut sehr ähnlich aussieht.
[81] Vgl. Josephus, Altertümer, XIII,14,2
[82] H. Stegemann, a.a.O., S. 188, sieht in diesem Ereignis den Grund für die Nichtabsendung.

zierung von den Tempelpriestern würde sich dann auf die Zeit nach Alexander beziehen.

Wir hätten es also bei den Kreisen, denen die Qumran-Schriften entstammen, mit einer kämpferischen Gruppe von nationalistischen Hasmonäer-Anhängern zu tun. Sie sind zwar nicht mit den aus ganz anderen Gründen entstandenen Zeloten gleichzusetzen, stellen aber wie diese eine Bewegung dar, die um jüdische Identität besorgt war.

Das Bild der friedlichen Essener, das Josephus zeichnet, mag sehr wohl auf die zweite Besiedelungsphase oder auf die Zeit nach der Tempelzerstörung zutreffen, nicht aber für die Erstbesiedler. Für die ursprüngliche Gruppe von Alexander-Treuen wäre auch einigermaßen einsichtig, warum sie sich in einer hasmonäischen Grenzfestung ansiedelte.[83]

Alexander Jannai und die Tempelrolle

Der soeben vermutete Zusammenhang der Qumran-Bewegung mit Alexander Jannai läßt sich möglicherweise durch eine Stelle aus der *Tempelrolle* erhärten, die nicht so leicht in das übliche Bild von Qumran paßt, wenn man dieses von den antiken Essener-Berichten herleitet.

In seiner Inhaltsangabe führt J. Maier als § 47 auf: „Kreuzigung (»Ans Holz hängen«) für Verbrechen gegen das Volk".[84] Der Text aus Kol. 64 macht deutlich, daß die biblische Weisung vom „störrischen und aufrührerischen Sohn"[85] hier nicht wie in der rabbinischen Tradition so eingegrenzt wird, daß es gar keinen denkbaren Anwendungsfall mehr geben kann,[86] sondern daß der biblische Sachverhalt sogar noch ergänzt wird: „Wenn ein Mann Nachrichten über sein Volk weitergibt und er verrät sein Volk an ein fremdes Volk und fügt seinem Volk Böses zu, dann sollt ihr ihn ans Holz hängen, so daß er stirbt. Auf Grund von zwei Zeugen und auf Grund von drei Zeugen soll er getötet werden, und (zwar)

---

[83] Vgl. Keel/Küchler, a.a.O., S. 458
[84] Johann Maier, Die Tempelrolle vom Toten Meer (UTB 829), München 1978, S. 23
[85] Dtn 21,18-21
[86] Vgl. dazu Yehuda T. Radday/Magdalena Schultz, Ein Stück Tora, Arbeitsmappe 3, Frankfurt/M 1992, S. 82 ff. (Vgl. Dazu Sanh. 71 a)

hängt man ihn ans Holz. ---- Wenn ein Mann ein Kapitalverbrechen begangen hat und er flieht zu den Völkern und verflucht sein Volk, die Israeliten, dann sollt ihr ihn ebenfalls an das Holz hängen, so daß er stirbt. Aber man lasse ihre Leichname nicht am Holz hängen, sondern begrabe sie bestimmt noch am selben Tag, denn Verfluchte Gottes und der Menschen sind ans Holz Gehängte, und du sollst die Erde nicht verunreinigen, die ich dir zum Erbbesitz gebe."[87]

Solche detaillierten Anweisungen entstehen nicht ohne konkreten Anlaß und historischen Hintergrund. Yigael Yadin hält diesen Abschnitt für „eine der wenigen Passagen in der Tempelrolle ..., die offenbar die Zeitumstände widerspiegelt."[88] Er weist darauf hin, daß die Rabbinen bemüht waren, diesen Vers als Anweisung zu einer möglichst humanen Vollstreckung der Todesstrafe zu verstehen; deshalb heiße es zuerst, „und wird getötet" und dann „man hängt ihn an ein Holz". Die Rabbinen kennen also keine Hinrichtung durch Erhängen, sondern aufgehängt wird der bereits Tote. Dann stellt Yadin jedoch fest, daß die Tempelrolle für politische Verbrechen den genau umgekehrten Ablauf voraussetzt und in diesem Zusammenhang sogar den biblischen Wortlaut umstellt, „ihr sollt ihn ans Holz hängen, und er soll sterben."[89] Yadin sieht darin einen Beweis, daß die alte Tradition Erhängen als Todesstrafe kannte und führt als weiteren Beleg für diese vorrabbinische Praxis den Nahum-Kommentar aus Höhle 4 an.[90]

Man sollte jedoch erwägen, ob der Tempelrolle und dem Nahum-Kommentar über die rechtsgeschichtliche Bedeutung[91] hinaus

---

[87] Kol 64,7-13; zitiert nach J. Maier, Tempelrolle, S.64. Die Bestimmungen über das Begräbnis Gehenkter macht deutlich, daß es sich bei Kol. 64, 2-13 um eine Auslegung des Zusammenhangs Dtn 21,18-23 handelt. Dabei sind die Zeilen 7 bis 11a Interpretation zu Dtn 21,23. Dieser Vers wird in 12 und 13a zitiert; darauf folgt in 13b wie in der Bibel Dtn 22,1.

[88] Y. Yadin, Tempelrolle, S. 227. H. Stegemann, a.a.O., S. 137, hält die Tempelrolle für eine Schrift aus der ersten Hälfte des 4. Jh. v. Chr.

[89] Y. Yadin, Tempelrolle, S. 229

[90] Y. Yadin, Tempelrolle, S. 229-237

[91] Es ist immerhin auffällig, daß Yadin für seine These nur Qumran-Texte heranziehen kann. Dies belegt zwar, daß *dort* diese Vorstellung vorkommt, aber nicht, daß es sich dabei tatsächlich um die ältere israelitische Rechtsauffassung handelt. Diese könnte durchaus bei den Rabbinen bewahrt sein; denn immerhin legt die Formulierung in Dtn

auch noch andere zeitgeschichtliche Erkenntnisse zu entnehmen sind, zumal der Nahum-Kommentar mit „Demetrius" und „Antiochus" Namen nennt, die nicht nur generell in den Auseinandersetzungen der Makkabäer mit der seleukidischen Herrschaft eine Rolle spielen, sondern auch von Personen getragen werden, die bei Josephus in unmittelbarem Zusammenhang mit Alexander Jannai vorkommen.[92]

Die Ausführungen der Tempelrolle über die Todesstrafe durch „Aufhängen am Holz" könnten durchaus als Legitimation Alexanders für die Hinrichtung jener jüdischen Bürger verstanden werden, die Demetrius gegen Alexander Jannai um Hilfe angerufen haben.[93] Die Art allerdings, wie diese Bestrafung geschah, nämlich als öffentliche Lustbarkeit, dürfte jedoch zumindest bei den Frommen unter Alexanders Anhängern auf Ablehnung gestoßen sein.

Königskritik im Nahum-Kommentar

Dann wäre der Nahum-Kommentar ein Niederschlag dieser Kritik aus den Reihen Alexanders. Hier ist von Demetrius die Rede, der nach Jerusalem kommen wollte, von Leuten, die das Schlüpfrige suchen, also von Schmeichlern und Intriganten.[94] Daß damit die hasmonäerfeindlich eingestellten Pharisäer gemeint sein könnten, ließe sich sogar an dem hebräischen Wort für „schlüpfrig", *chalaqot* ablesen, das zwar anders geschrieben wird, aber fast gleich klingt wie *halachot* (= pharisäische Torainterpretationen).

Da es sich um eine orakelhaft-allegorische Auslegung des Nahum-Textes auf zeitgeschichtliche Ereignisse handelt, hängt viel von richtigen Identifikationen ab. In der Deutung des Propheten-

---

21,22 nahe, daß bereits damals eine Praxis herrschte, die der späteren rabbinischen Auslegung entspricht. Außerdem darf aus der Tempelrolle und dem Nahum-Kommentar nicht geschlossen werden, daß die Qumran-Gemeinschaft tatsächlich Todesurteile gefällt und vollstreckt hat. Eher ist an eine Billigung bzw. theologische Legitimation der Praxis Alexander Jannais zu denken.

[92] Josephus, Altertümer, XIII,13,4; vgl. Clementz a.a.O., S. 191
[93] Josephus, Altertümer, XIII,14,1, vgl. Clementz, a.a.O., S. 192
[94] 4 QpNah I,2

wortes kommt die geheimnisvolle Gestalt des „zornglühenden Löwen" vor. Wer ist damit gemeint?
Sicher ist Yadin zuzustimmen, wenn er in diesem „zornglühenden Löwen das Instrument Gottes für ein Strafgericht" sieht.[95] Dies muß man schon deshalb annehmen, weil das hebräische Wort *chason* („Zornglut") in der Hebräischen Bibel immer nur in Bezug auf Gott gebraucht wird. Dies schließt aber nicht aus, daß in diesem Qumran-Text als historische Person Alexander Jannai gemeint ist, der zunächst als dieses „Instrument Gottes" die Gefahr abwendete, daß Jerusalem durch das Hilfeersuchen der Bevölkerungsmehrheit an Demetrius wieder unter hellenistischen Einfluß geraten konnte. Die Maßlosigkeit und Menschenverächtlichkeit seines grausamen Strafgerichts trägt ihm aber das Urteil ein, er sei mit dem Löwen beim Propheten Nahum gemeint, der Beute für seine Jungen macht, dafür jedoch bestraft wird. Denn nach allem, was wir wissen, kann man nur Alexander als den bezeichnen, „welcher lebende Männer aufhängte".[96]
Geschrieben wurde dieser Kommentar allerdings aus der Sicht späterer Zeit; denn die Römerherrschaft wird bereits vorausgesetzt[97] und möglicherweise als Strafe für die hasmonäischen Grausamkeiten angesehen. Wenn dies zutrifft, wären die Tempelrolle und der Nahum-Kommentar Belege für einen aktuell bedingten Entwicklungsprozeß innerhalb der qumranischen Auffassungen.
Ergebnis: Was ist mit einer solchen Rekonstruktion gewonnen? Sie bietet die Möglichkeit, das Verhältnis unterschiedlicher Vorstellungen, die in den Texten ihren Niederschlag gefunden haben, sowie historische Notizen in den Makkabäerbüchern und bei Josephus und Plinius präziser zu bestimmen. Man muß sie weder gegeneinander ausspielen noch miteinander harmonisieren oder gar literarisch, d. h. als Sammlung heterogenen Schrifttums erklären. Vielmehr lassen sie sich als Spiegelung einer historischen

---

[95] Y. Yadin, Tempelrolle, S. 235
[96] 4 QpNah I,7
[97] 4 QpNah I,3 u. ö.; ob man allerdings mit H. Stegemann, a.a.O., S. 184, in 4 QpNh 4,3 f. einen direkten Hinweis auf die Deportation Aristobuls II. durch die Römer im Jahr 63 v. Chr. sehen darf, ist eine andere Frage.

Entwicklung der Gemeinschaft erklären. Dadurch wird nicht nur diese oft sehr statisch, geradezu dogmatisch gezeichnete Gruppierung lebendig und lebensecht; sondern diese Sicht ist auch historisch viel wahrscheinlicher als die Annahme, in einer derart bewegten Zeit sei eine Gruppe über etwa 200 Jahre hinweg - dazu noch bei einer Siedlungspause von ungefähr 30 Jahren - keinerlei Wandlungen in ihren theologischen Auffassungen unterworfen gewesen.

Es gibt nichts Neues unter der Sonne

Häufig fällt eine eindeutige historische Zuordnung so schwer, weil die Bezugnahme religiöser Texte auf aktuelle Ereignisse in vielen Fällen von so grundsätzlicher Art ist, daß - bezogen auf einen längeren Zeitraum - verschiedene Aktualisierungen möglich sind. Dies ist vielleicht so beabsichtigt, um bei aller aktuellen, zeitgeschichtlichen Bedingtheit dennoch die grundsätzliche Gültigkeit der Aussagen herauszustellen und den Texten in einer neuen Situation Trost, Verheißung oder Warnung entnehmen zu können.

Eine Klage von bleibender Aktualität

Ein aufschlußreiches *biblisches* Beispiel dafür bietet Ps 74. Dort heißt es u. a. (V. 3-8):

„Alles hat der Feind verwüstet im Heiligtum. Es brüllten deine Widersacher an deinem Festort, stellten auf ihre Zeichen in seiner Mitte. Sie schlugen nieder wie einer, der sich Laub holt im dichten Gehölz mit seinem Beil. Deine Schnitzereien zerschlugen sie allesamt, zerstörten sie mit Beil und Hacke. An dein Heiligtum legten sie Feuer, entweihten bis auf den Grund deines Namens Wohnsitz. Sie sprachen bei sich: Vertilgen wollen wir ihre Stätte, verbrennen alle Gottestempel auf Erden."[98]

In seiner Erörterung des Entstehungshintergrundes dieses Psalms bezeichnet Kraus als heftig diskutierte Frage unter den Auslegern: „In welche Zeit ist der Psalm anzusetzen? Welche Zerstörung des

---

[98] Übersetzung: Hans-Joachim Kraus, Psalmen I (BK XV/I), Neukirchen 1960, S. 512

Zionsheiligtums setzt das Lied voraus?"[99] Nachdem er die beiden Hauptthesen mit ihren jeweiligen Argumenten vorgetragen hat (Makkabäerzeit oder Zerstörung durch die Babylonier), schließt er den Abschnitt mit der Feststellung, „der unsichere Textzustand läßt es nicht zu, daß ein endgültiges Urteil abgegeben werden kann."[100]

Man kann aber noch einen Schritt weiter gehen. Wäre der Psalm nicht schon in vorchristlicher Zeit belegt, könnte man ihn auch auf die Zerstörung Jerusalems unter Titus (70) oder unter Kaiser Hadrian (135) beziehen - oder auf die Synagogenbrände in der Pogromnacht des 9. November 1938. Dies hat nichts mit „Textunsicherheit" zu tun, sondern mit der Eigenart religiöser Texte, aktuelle Ereignisse so zu reflektieren, daß bei aller zeitbezogenen Konkretheit das zeitübergreifend Gültige transparent wird, ohne daß damit die Aussage zu einer zeitlosen, allgemeingültigen Allerweltsweisheit werden würde. Dies gilt grundsätzlich auch für die aktuellen Bezugnahmen in den Schriften aus Qumran.

Von heimlich gehegten Hoffnungen

Bereits 1966/67 hat H.H. Rowley versucht, Zusammenhänge zwischen späten Schriften der hebräischen und griechischen Bibel und den Texten von Qumran zu untersuchen. Dabei stellte er auffallende Übereinstimmungen zwischen der Vorstellungswelt des Danielbuchs und Kriegsabläufen im 1. Makkabäerbuch einerseits und der Kriegsrolle aus Höhle 1 andererseits fest.[101]

Daraus schloß er auf folgende Entwicklungsgeschichte, die noch hinter Alexander Jannai zurückreicht und die Asidäer einbezieht: „Wenn die Sekte zur Zeit Antiochus' bestand, hat sie wahrscheinlich an dem Aufstand gegen den König und seine Verfolgungsgesetze teilgenommen, und die Kriegsrolle zeigt den Geist und die Hoffnungen dieser Zeit eher als irgendeiner anderen, bis wir ins erste Jahrhundert n. Chr. kommen, in die Zeit der Ausein-

---

[99] Kraus, a.a.O., S. 514
[100] Kraus, a.a.O., S. 515
[101] H. H. Rowley, Die Geschichte der Qumransekte, in: [Hrsg.] Karl Erich Grözinger, Qumran, Darmstadt 1981, S. 46

andersetzung mit Rom. Als jedoch die Unabhängigkeit gesichert war und der Kampf gegen die Seleukiden zu Ende ging, mußte die Sekte unvermeidlich in Frieden leben, auch wenn sie die Kriegsrolle noch aufhob und von dem Tag träumte, an dem ihre Hoffnungen Wirklichkeit würden. Es ist unwahrscheinlich, daß sie mit dem Priestertum Jonathans und Simons zufrieden war, aber sie konnte kaum Grund haben, ihre Waffen gegen sie zu erheben, da das Äußerste, was sie erreichen konnte, deren Schwächung in ihren Händeln mit seleukidischen Herrschern ... und die Gefährdung der Unabhängigkeit gewesen wäre, die den Sektenmitgliedern so teuer sein mußte wie ihren Landsleuten. Daher mußten sie eine Dissidentengruppe werden, die Hasmonäer weder aktiv unterstützend noch sie militärisch bekämpfend, und dies würde ihren Auszug in die Wüste erklären. Und da sie die Kriegsrolle aufhoben, ist es verständlich, daß sie, als ein neuer Makkabäeraufstand ausbrach, diesmal gegen Rom und unter Führung der Zeloten, ihr Schicksal mit auf die Karte der Aufständischen setzten",[102] auch wenn diesem weniger Erfolg als unter den Makkabäern beschieden war.

Auch wenn man heute zurückhaltender ist, diese Gemeinschaft als Sekte zu bezeichnen, und das Jonathan-Gedicht aus Höhle 4 eine differenzierte Sicht des Verhältnisses zu den Hasmonäern nahelegt, so spricht vieles für diese entwicklungsgeschichtlich differenzierte Betrachtung Rowleys. Sie erlaubt es vor allem, einzelne Schriften verschiedenen Zeitabschnitten und damit unterschiedlichen historischen Ereignissen und Verhältnissen zuzuweisen, und eröffnet überdies die Möglichkeit, einerseits eine unterschiedliche Bedeutung desselben Textes in verschiedenen Phasen der Geschichte der Gemeinschaft anzunehmen und andererseits die Sammlung dieser Fülle von Schriften zu erklären.

Eine faßbare Apokalyptikergruppe

Auch wenn der Begriff „*letzte Tage*" nicht in den Qumran-Texten belegt wäre, müßte man das Schrifttum insgesamt der Apokalyp-

---

[102] Rowley, a.a.O., S. 46 f.

tik zurechnen, und zwar deshalb, weil Texte unterschiedlichster Art und Funktion von apokalyptischem Denken geprägt sind.

Was ist Apokalyptik?

Über die Herkunft der jüdischen Apokalyptik ist man sich in der Wissenschaft nicht einig. Fest steht, daß sie auch von außerjüdischem Gedankengut beeinflußt ist. Unterschiedliche Auffassungen bestehen hinsichtlich ihrer Einordnung innerhalb der jüdischen Religions- und Geistesgeschichte. Helmer Ringgren[103] sieht den Zusammenhang mit der Prophetie und deren Zurücktreten in schwieriger Lage. Sehr entschieden wendet sich Gerhard von Rad gegen den Versuch, „die Apokalyptik als ein Kind der Prophetie zu verstehen. Aber das ist u. E. schlechterdings ausgeschlossen ... entscheidend ist u. E. die Unvereinbarkeit des Geschichtsverständnisses der Apokalyptik mit dem der Propheten."[104] Er hat das „Pathos des Erkennens als den Nerv erkannt, der die ganze Apokalyptik durchzieht," und meint, es dürfte „nicht schwer sein, den eigentlichen Mutterboden zu bestimmen, dem die Apokalyptik entstammt: Es ist die Weisheit, von der wir schon anderwärts gerade diese Charakteristika notiert haben."[105] Er hält die Apokalyptiker sogar für „Wissenschaftler und Forscher".[106]

Wahrscheinlich sind beide Positionen zu einseitig und überzogen. Richtig ist hingegen die andere Feststellung v. Rads, daß die Apokalyptik „zu einer bestimmten Stunde der Geschichte mit einem Verkündigungsauftrag nach außen trat, daß sie sich in den Dienst eines Trostamtes stellte. Denn das zeigt die Apokalyptik: Wo immer ihre Träger zu suchen sind ... , bei ihnen wurden schwerste theologische Probleme ausgetragen. Sie haben es unternommen, aus ihrem geistigen Raum heraus ... den großen Anfechtungen in der Öffentlichkeit zu begegnen."[107]

---

[103] Religion in Geschichte und Gegenwart (RGG) 3. Aufl. Band I, Tübingen 1957, Sp. 464 ff.
[104] Gerhard von Rad, Theologie des Alten Testaments, Band 2, München 1960, S. 316
[105] v. Rad, a.a.O., S. 319
[106] ebd.
[107] v. Rad, a.a.O., S. 320 f.

Dieses ist wohl das eigentliche Pathos der Apokalyptik, Stärkung der Angefochtenen in ihrer - wodurch auch immer - bedrängten Situation. Diesem Anliegen dienen Zukunftsvisionen vom Sieg Gottes und der Gerechten über die Gottlosen ebenso wie Regelungen zur Absonderung der Frommen von den Sündern, allegorisch-orakelhafte Schriftauslegungen ebenso wie Kalenderberechnungen und Beschreibungen von meteorologischen und kosmologischen Naturerscheinungen.

Apokalyptisches Denken in Qumran

All dies kommt in Qumran-Texten vor, die inhaltlich und formal recht unterschiedlich sind.

Die *Kriegsrolle* verheißt das Aufstrahlen der Größe und Erhabenheit Gottes zu Frieden und Segen, Ehre und Freude für alle Söhne des Lichts. Ein gewaltiger Kampf findet vor dem Gott Israels statt; „denn dies ist der Tag, der von ihm seit ehedem bestimmt wurde für den Vernichtungskrieg gegen die Söhne der Finsternis."[108] Auf diesem Hintergrund wird dann auch verständlich, wieso die Aufstellung des Heeres der Söhne des Lichts keineswegs militärisch, sondern wie die Anweisung für eine feierliche, gottesdienstliche Prozession wirkt, selbst wenn man bedenkt, daß in der Antike nach ganz anderen strategischen Gesichtspunkten gekämpft wurde als heute.[109]

Auch wo anscheinend von konkreten Kampfhandlungen gegen die Kittäer (=Römer?) die Rede ist, bleibt die Schilderung blaß und formelhaft im Vergleich zu der sehr viel umfangreicheren Beschreibung des priesterlichen und levitischen Trompetenblasens.[110] Lohse meint zwar: „Für Ausrüstung, Aufstellung und Kampfesweise der Truppen werden recht genaue Anweisungen er-

---

[108] 1 QM I,10; [Übers.] Eduard Lohse, Die Texte aus Qumran, Darmstadt 1964, S. 181

[109] Lohse, a.a.O., S. 178, nimmt an: „Da die in der Kriegsrolle vorausgesetzte Waffentechnik der des römischen Heeres entspricht, wird man die endgültige Redaktion des Buches nicht zu früh, vielleicht erst in den Anfang des ersten Jahrh. n. Chr. anzusetzen haben." - H. Stegemann, a.a.O., S. 145 f., nimmt eine „vor-essenische Grundschrift" für die Zeit um 170 v. Chr. an. Dann würde sich der Begriff „Kittäer" zunächst nicht auf die Römer, sondern auf die Seleukiden beziehen.

[110] 1 QM XVI,5 ff.; XVII,12 ff. - H. Stegemann, a.a.O., S. 146, sieht in der Schilderung dagegen „mehr ein kultisches Geschehen als einen regelrechten Krieg".

teilt, aus denen hervorgeht, daß der Krieg als ein wirklicher Kampf dargestellt werden soll",[111] doch muß man den Ton auf das Wörtchen „soll" legen und darf nicht „Ausführlichkeit der Darstellung" mit Genauigkeit verwechseln. Außerdem wird das Wesen dieses Kampfes richtiger erfaßt, wenn Lohse unmittelbar daran anschließend fortfährt: „Dessen Ausmaße sind jedoch in den Rahmen des apokalyptischen Endgeschehens eingespannt: Belial und sein Heer stehen auf der einen Seite, Michael und seine Engel auf der anderen, der Sieg aber wird allein Gottes Tat sein."

Daß es sich dabei nicht nur um vage Zukunftsbilder, sondern um reale Erwartungen handelt, macht etwa die Vergewisserung deutlich: „Heute ist seine Zeit, um zu demütigen und zu erniedrigen den Fürsten der Herrschaft des Frevels."[112]

Auch die *Gemeinderegel*, die über weite Strecken wie eine Vereinssatzung Aussagen über das von den Mitgliedern erwartete Verhalten sowie Bestimmungen über Sanktionen bei einem Verstoß gegen die Gruppennorm enthält, ist geprägt von dem dualistischen Weltbild, das die Menschheit in Gute und Böse, Söhne des Lichts und der Finsternis einteilt. Wie festgelegt diese Zweiteilung der Menschheit angesehen wurde, zeigt ein Abschnitt aus der Gemeinderegel, in dem es darum geht, daß die Angehörigen dieser beiden Gruppen in allem, was sie tun, bis zum Ende der Zeit entsprechend dem Wesen ihrer Gruppe handeln müssen, die einen weniger, die anderen mehr.[113]

Dieser Dualismus ist in ein endzeitliches Schema eingefügt, das auf der Vorstellung beruht, daß alte biblische Aussagen sich auf die „letzten Tage" als besondere Zeit Gottes beziehen.[114] So wird auch die Aussonderung aus der Wohngemeinschaft[115] der Männer

---

[111] Lohse, a.a.O., S. 177
[112] 1 QM XVII,5; Lohse, a.a.O., S. 219
[113] 1 QS IV,15-17; vgl. unten, 4. Kap 3 a
[114] Die sog. Gemeinschaftsregel, die H. Stegemann, a.a.O., S. 159, als „älteste wirkliche Gemeindeordnung der Essener" ansieht, beginnt mit den Worten: „Und dies ist die Ordnung für die ganze Gemeinde Israels am Ende der Tage." (1 QSa I,1). Das sog. „Florilegium" bezieht eine ganze Reihe biblischer Aussagen auf das „Ende der Tage" (4 Qflor I,2.12.19). Dasselbe gilt für den Habakukkommentar (1 QpHab II,6; IX,6) u.a.
[115] 1 QS VIII,13 verwendet das Wort *moschav*, das heute in Israel als Bezeichnung für eine bestimmte bäuerliche Siedlungsform verwendet wird.

des Frevels in der Gemeinderegel mit dem Hinweis auf Jes 40,3 begründet, wonach in der Wüste dem HERRN der Weg bereitet werden soll. Dies wird als Aufforderung zum abgesonderten Schriftstudium in der Wüste interpretiert. In dem großen Schlußgebet, das eine Art Gelöbnis darstellt, ist allerdings nichts von einer Naherwartung zu spüren; es ist vielmehr auf die Zeit bis zum Eintritt der Endereignisse ausgerichtet.

Allegorische Schriftdeutung auf gegenwärtige oder bereits eingetretene Ereignisse findet sich außer in den *Kommentaren* zu den Propheten *Habakuk* und *Nahum* in vielen anderen Schriften, kalendarische Berechnungen in dem Text, der angeblich „alle Kirchen zum Nach- und Umdenken zwingen wird",[116] den Dokumenten, die unter der Kennziffer 4 Q 394-399 registriert sind, sowie u.a. in einem Genesis-Florilegium (4 Q 252), einer Umrechnung von Schöpfungsdaten auf priesterliche Dienstordnungen (4 Q 319 A) usw.

Die Gemeinde der *Damaskusschrift* versteht sich als den Rest Israels, der nicht der Vernichtung preisgegeben wird, als eine Gemeinschaft von Menschen, die zwar ebenfalls „schuldig" geworden waren, aber ihr Unrecht einsahen und Gott mit vollkommenem Herzen suchten.[117] Die Weltgeschichte wird als Abfolge verschiedener Epochen gesehen, in denen es jeweils von Gott vorherbestimmte Fromme gibt, die für andere Rettung bewirken.[118] Man rechnet durchaus mit einer langen Dauer der Geschichte; von tausend Geschlechtern ist unter Berufung auf Dtn 7,9 die Rede.[119] Auch wenn dies nicht wörtlich, sondern symbolisch verstanden worden sein dürfte, ist dennoch auffällig, daß man sich auf ein solches Wort bezog und nicht auf eine Aussage, die von einer plötzlichen Rettung der Gerechten handelt. So atmet auch die Verheißung der Rettung „zur Zeit der Heimsuchung" nicht den Geist der Naherwartung.[120] Hier wird also apokalyp-

---

[116] So die Verlagsankündigung zu Eisenman/Wise, Jesus und die Urchristen
[117] CD I,4-10
[118] CD II,11 ff.
[119] CD XIX,1 f.
[120] CD XIX,10; vgl. auch XX,19 f.

tisches Denken verarbeitet, aber die Gegenwart oder nahe Zukunft nicht als Zeit des Heils und der Gerechtigkeit angesehen.
Sollten diese Hinweise noch nicht genügen, um das Vorhandensein apokalyptischen Gedankenguts in dieser Gemeinschaft zu belegen, so wird dies wohl endgültig durch die Tatsache untermauert, daß sich in Qumran „nachweisbar neun Exemplare" des „Jubiläenbuchs" fanden.[121] Auch Fragmente von Henoch-Apokalypsen wurden entdeckt (z.B. 4 Q 227; 4 Q 213-214).

Pflegestätte apokalyptischen Denkens

Trotz des umfangreichen apokalyptischen Materials, das man nicht erst seit Qumran kennt, sondern das erste Niederschläge schon in der Hebräischen Bibel gefunden hat,[122] und trotz der Annahme, es könne sich bei diesen Apokalyptikern sogar um richtiggehende Forscher und Wissenschaftler handeln, hat man sich bisher noch keine Gedanken gemacht, wo und wie diese Schriften entstanden und vervielfältigt worden sein könnten.
Qumran könnte ein Beispiel für einen solchen Ort der Entstehung, Sammlung und Pflege solcher Literatur sein. Die räumlichen Voraussetzungen und das geistige Klima dafür waren vorhanden. Wohnräume für eine größere Zahl von Menschen konnten nicht nachgewiesen werden. So hat man eben vermutet, „die 200 - 500 Leute von Qumran wohnten selbst außerhalb dieses Gebäudes in Hütten, Zelten oder den zahlreichen Grotten."[123] Aber wer sagt denn, daß Qumran von so vielen Menschen bewohnt war? Könnte es nicht das Domizil jener zwölf bzw. fünfzehn Männer gewesen sein, die nach der Gemeinderegel ausgesondert werden sollen, um sich in der Wüste dem Studium der Schrift zu widmen?[124]
Schreibtische und Tintenfässer, die man fand, weisen darauf hin, daß sich hier zumindest zeitweise eine Schreibwerkstatt befunden

---

[121] Berger, a.a.O., S. 48
[122] Z. B. Jes 24-27; Hes 37-48; Dan 7-12; Sach 9-14
[123] Keel/Küchler, a.a.O., S. 459. - H. Stegemann, a.a.O., S. 89 ff., stellt im Zusammenhang mit einer spannend klingenden Rekonstruktion der Abläufe beim Verstecken der Schriftrollen dar, welche Höhlen Wohnhöhlen waren.
[124] 1 QS VIII,1

haben muß.¹²⁵ Geschirrtrümmer lassen auf größere gemeinsame Mahlzeiten schließen. Eine Töpferwerkstatt läßt zwar vermuten, daß hier die Tonkrüge hergestellt wurden, in denen man die Schriftrollen aufbewahrte. Ob sie darüber hinaus noch einem anderen Zweck diente, gehört ebenso zu den ungeklärten Fragen wie die Existenz einer Schmiede und die Spuren militärischer Befestigungseinrichtungen. Sie lassen sich als Folge unterschiedlicher Nutzung durch verschiedene Gruppen zu verschiedenen Zeiten deuten.

Die Annahme, daß die Verfasser der Kriegsrolle selbst kriegerisch gesonnen und militärisch gerüstet waren, widerspricht jedenfalls dem Charakter dieser Schrift.[126] Sie wird auch nicht durch das Vorhandensein einer kleinen Schmiede untermauert.

Qumran und Damaskus

Ausgefallene Behauptungen wirken umso glaubhafter, je mehr Einzelhinweise man dafür zusammentragen kann. Dabei genügen bei Sensationsdarstellungen oft schon Andeutungen, ohne daß den tatsächlichen Hintergründen und Zusammenhängen nachgegangen wird. Dies machen sich auch Baigent und Leigh ohne Beachtung methodischer Fragen schamlos zunutze.

Eine phantastische Gleichsetzung

Ausgehend von der Tatsache, daß Damaskus in Syrien einer anderen römischen Provinz angehörte als Jerusalem, folgern sie, daß die Hohenpriester über Damaskus keine Vollmacht hatten.[127] Die Nachricht aus Apostelgeschichte 9 über den hohenpriesterlichen Auftrag des Saulus, „die in Damaskus lebende Gemeinde häretischer Juden", d. h. „flüchtige Mitglieder der nun dort ansässigen Urkirche aufzuspüren", kann sich ihrer Auffassung nach daher nicht auf Damaskus in Syrien beziehen.

---

[125] H. Stegemann, a.a.O., S. 84, nimmt an, daß nach dem Erdbeben „eine kleinere Anzahl von Essenern als zuvor" in Qumran lebte und mit dem Anfertigen von neuen „Musterhandschriften" und dem Ersetzen abgenutzter Exemplare beschäftigt war.
[126] Vgl. oben, „Apokalyptisches Denken in Qumran"
[127] Baigent/Leigh, a.a.O., S.. 188

„Sollte mit Damaskus an dieser Stelle aber Qumran gemeint sein, bekommt das Unternehmen von Saulus plötzlich einen historisch völlig einsichtigen Sinn. Anders als Syrien lag Qumran nämlich durchaus innerhalb des Territoriums, in dem die Vollmacht des Hohenpriesters Gültigkeit besaß. Es wäre dem Hohenpriester in Jerusalem durchaus möglich gewesen, seine Bevollmächtigten zur Ausrottung häretischer Juden nach Qumran zu entsenden, das nur etwa fünfunddreißig Kilometer entfernt in der Nähe von Jericho lag."[128]

Sie sehen darin einen weiteren Hinweis auf die Zusammenhänge zwischen Qumran und der Urgemeinde und eine Infragestellung der christlichen Tradition. „Entweder hatten nämlich die Mitglieder der Urkirche in der Qumrangemeinde Unterschlupf gesucht, oder aber die Urkirche und die Gemeinde von Qumran waren ein und dasselbe."[129]

Einzige Grundlage für diese Erwägung ist die Damaskusschrift, die ihren Namen der Tatsache verdankt, daß in ihr siebenmal der Name (Land) Damaskus vorkommt, und zwar innerhalb der Bezeichnung einer Gruppe, die zur richtigen Erkenntnis gekommen zu sein glaubt.[130]

Baigent und Leigh kennzeichnen den Inhalt dieser Schrift folgendermaßen: „Die Damaskusschrift erwähnt als erste eine Gruppe von Juden, die im Unterschied zu ihren Glaubensgenossen treu zum Gesetz standen. Unter ihnen tritt ein »Lehrer der Gerechtigkeit« in Erscheinung. Wie Moses führte er die Glaubensbrüder in die Wildnis, an einen »Damaskus« genannten Ort, wo sie einen »neuen Bund« mit Gott schlossen. Aus zahlreichen Textstellen geht klar hervor, daß es sich bei diesem Bund um denselben handelt, von dem die Gemeinderegel in Qumran spricht. ... Aus dem Kontext geht allerdings klar hervor, daß der darin Damaskus genannte Ort in der Wüste unmöglich die romanisierte Stadt in Syrien sein kann."[131]

---

[128] Baigent/Leigh, a.a.O., S.. 189
[129] Baigent/Leigh, a.a.O., S.. 190
[130] H. Stegemann, a.a.O., S. 206 ff., geht davon aus, daß der „Lehrer der Gerechtigkeit" von seinem Exilsort in Syrien aus die „essenische Union" gründete.
[131] Baigent/Leigh, a.a.O., S.. 186

Angesichts dieser Ausführungen fragt man sich, ob Baigent und Leigh jemals selbst die Damaskusschrift gelesen haben oder eine Wiedergabe mißverstandener Inhaltsangaben bieten! Nur so lassen sich die unglaublichen Behauptungen erklären.

Die Damaskusschrift[132] ist als apokalyptische Mahnrede konzipiert. Dies machen bereits die Eröffnungsworte deutlich: „*we'atta schim'u kol jod'e zädäq*", „Und nun hört, alle die ihr um Gerechtigkeit wißt". Dann folgt ein Hinweis auf die Zeit der Verirrung Israels seit dem Babylonischen Exil und auf das Aufkeimen einer neuen „Pflanzung" aus der Wurzel nach 390 Jahren und die Erweckung des „Lehrers der Gerechtigkeit" nach weiteren 20 Jahren.[133]

Von einem Hinausführen in die Wüste ist dabei ebensowenig die Rede wie von der Erneuerung des Mosebundes. Vielmehr führt der „Lehrer der Gerechtigkeit" die Gottestreuen auf dem „Weg seines (d. h. Gottes) Herzens". Damit sind eindeutig die Vorschriften gemeint, die sich hauptsächlich im zweiten Teil der Schrift finden. Zunächst folgt aber eine Beschreibung der Abtrünnigkeit Israels und der Treue Gottes durch alle Generationen hindurch mit Bezugnahmen auf Ereignisse und Verhältnisse der Gegenwart.

In Kolumne VI ist erstmals vom „Lande Damaskus" die Rede, aber weder von der Wüste noch von einer konkreten Stadt, sondern im Rahmen einer allegorischen Deutung eines alten Brunnenliedes.

Auch an allen anderen Stellen kommt (das Land) Damaskus meist im Zusammenhang mit allegorischer oder metaphorischer Rede vor, so daß man von einer übertragenen, nicht unmittelbar geographischen Bedeutung des Begriffs ausgehen muß.

---

[132] Lohse, a.a.O., S. 63: „Die Blätter der Damaskusschrift wurden von S. Schechter 1896 in der Geniza der Esra-Synagoge in Alt-Kairo entdeckt und 1910 von ihm veröffentlicht. ... In den Höhlen 4, 5 und 6 fanden sich eine Reihe von Fragmenten der Damaskusschrift."
[133] CD I,1-11

Methodische Schritte

Wilden, interessegeleiteten Spekulationen ist nur mit unvoreingenommenen Beobachtungen zu begegnen. Dabei ergibt sich:

1. Mit „Damaskus" ist die Erinnerung an einen Bundesschluß verbunden. Dies geht aus der geradezu formelhaften Verbindung dieser beiden Begriffe hervor.[134]
2. „Damaskus" scheint mit einer Exilssituation verbunden zu sein. Dies geht einerseits aus der Erwähnung eines Auszugs aus dem Lande Juda[135] hervor, was auf Qumran nicht zutreffen würde, da es zu jeder Zeit der israelischen Geschichte zum Territorium Judas gehörte.
3. Der „Lehrer der Gerechtigkeit" scheint aus dieser „Exilsgruppe" hervorgegangen zu sein, allerdings erst nach 20 Jahren.[136] Dieses Auftreten wurde von der Gemeinschaft offensichtlich als „Ende der Tage" verstanden.[137]
4. Diese Absonderung betrifft vor allem das Fernbleiben vom Tempeldienst.[138] Dies wird mit einem Zitat aus Maleachi 1 begründet. Allerdings tritt an seine Stelle nicht etwa ein neuer Tempeldienst in „Damaskus".
5. Im „Land Damaskus" wurde offensichtlich die (Wieder-) Entdeckung des (Sonnen-)Kalenders gemacht.[139]
6. Da ein Gerichtswort des Propheten Amos in Verbindung mit einer Heilsverheißung[140] allegorisch auf die Gegenwart gedeutet wird und in diesem Zusammenhang von der Rettung der Standhaften in das „Land des Nordens" die Rede ist,[141] kann kein Zweifel sein, daß in der Damaskusschrift von einer Situation die Rede ist, die sich im Norden, im „Land Damaskus",

---

[134] CD VI,19; VIII,21; XIX,33 f.; XX,12
[135] CD VI,5
[136] CD I,10; VI,11 (an dieser Stelle begegnet allerdings nicht das Substantiv *morä* = Lehrer, sondern das Partizip *jorä* = der Lehrende).
[137] CD VI,11
[138] CD VI,12 ff.
[139] CD VI,18 f. - H. Stegemann, a.a.O., S. 235, setzt voraus, daß der Sonnenkalender „dem palästinischen Judentum seit der Exilszeit im 6. Jh. v. Chr. als kultisch-religiöse Grundorientierung gedient hat."
[140] Am 5,26 und 9,1
[141] CD VII,13 ff.

abspielt. Es ist somit nicht südlich von Jerusalem zu suchen, wenn es sich überhaupt um einen realen geographischen Ort handelt. Qumran scheidet in jedem Fall aus dem Kreis der Möglichkeiten aus.[142]

Paulus in Qumran?

Weder Widersprüche innerhalb des Neuen Testaments noch sonstige sachliche Gegebenheiten legen es nahe, Paulus direkt mit Qumran in Verbindung zu bringen. Auch die in Gal 1,17 enthaltene Aussage, daß Paulus nach seiner Berufung zunächst nach Arabien ging, um dann wieder nach Damaskus zurückzukehren, wird durch die Annahme, mit Damaskus sei Qumran gemeint, nicht klarer; denn die Fragen, warum, wo und wielange er dort war, bleiben damit weiterhin unbeantwortet, wenn man nicht unterstellen will, es habe sich dabei um ein dreijähriges Noviziat gehandelt.[143]

Pinchas Lapide ist sogar davon überzeugt, daß nicht nur Qumran mit „Damaskus" identisch sei, sondern auch „Arabia" in Gal 1,17 mit der „Arava", jener sich vom Toten Meer in südlicher Richtung erstreckenden Senke. Diese Umdeutung gehört in den Rahmen seiner sattsam bekannten Hypothese, ein Großteil christlicher Mißverständnisse jüdischen Denkens beruhe auf Übersetzungsfehlern, die teilweise schon mit der Übersetzung der Hebräischen Bibel ins Griechische, der Septuaginta, ihren Anfang genommen hätten. Dabei kam es „zu wesentlichen Sinnveränderungen, Zerrbildern und Fehlübersetzungen ... . Denn die Denkstrukturen, die Mentalität und der Sprachgeist von Athen und Jerusalem sind so verschieden voneinander, daß sie, rein semantisch, kaum zu überbrücken sind."[144]

Ganz so einfach kann es sich Lapide allerdings mit der Gleichsetzung Arabia/Arava nicht machen, da ja der Galaterbrief von Pau-

---

[142] Vgl. auch Berger, a.a.O., S. 27, der sich allerdings mit der Feststellung begnügt, daß die Identifizierung mit Qumran „durch nichts erwiesen" sei.
[143] Vgl. Baigent/Leigh, a.a.O., S. 228. Sie sind sich allerdings dessen bewußt, daß ein dreijähriges Noviziat nicht ohne weiteres 1 QS VI,14 ff. zu entnehmen ist. Man müßte dazu das erste Probejahr auf zwei verlängern.
[144] Pinchas Lapide, Ist die Bibel richtig übersetzt? 2. Aufl.., Gütersloh 1986, S.42

lus selbst stammt und nicht von einem ahnungslosen Übersetzer. So nimmt Lapide an, Paulus habe selbst die Landschafts-Bezeichnung Arava in die politische Bezeichnung Arabia „gräzisiert".[145] Haltlose Hypothesen werden durch solche Konstruktionen ohne jeglichen Anhaltspunkt nicht überzeugungskräftiger. Betz und Riesner gehen daher mit verdientem Sarkasmus auf Lapides Methodik ein.[146]

Welchen Ort Paulus selbst meint, wenn er in seinen Briefen von Damaskus schreibt,[147] läßt sich glücklicherweise einer der beiden Stellen eindeutig entnehmen. In einer fast nebensächlich erscheinenden biographischen Notiz innerhalb einer Verteidigungsrede gegen „Superapostel" erwähnt er: „In Damaskus bewachte der Statthalter des Königs Aretas die Stadt der Damaszener und wollte mich gefangennehmen, und ich wurde in einem Korb durch ein Fenster die Mauer hinuntergelassen und entrann seinen Händen."[148] Dieses Ereignis läßt sich exakt datieren. Es gehört in die kriegerischen Auseinandersetzungen zwischen dem Nabatäerkönig Aretas IV. und Herodes Antipas.

Die Verstimmung zwischen beiden Herrschern hatte damit begonnen, daß Herodes Antipas seine erste Frau, die Tochter des nabatäischen Königs Aretas verstieß. Nach dem Tod des Herodes Philippus (34 n. Chr.) und der Übernahme seines Territoriums durch Herodes Antipas kam es 35/36 zum offenen Krieg, bei dem Aretas bis nach dem syrischen Damaskus vorstieß.[149]

Möglicherweise war diese erzwungene Flucht aus Damaskus der Grund, warum Paulus, wie er in Gal 1,18 schreibt, drei Jahre nach seiner Berufung erstmals mit der Gemeinde in Jerusalem Kontakt aufnahm.

Diese muß sich zu diesem Zeitpunkt in Jerusalem befunden haben und nicht im Exil. Selbst wenn man aus der Bemerkung, daß Paulus nur Kephas (Petrus) und Jakobus sah, schließen wollte, daß die

---

[145] Pinchas Lapide, Paulus zwischen Damaskus und Qumran, 2. Aufl., Gütersloh 1993, S. 112
[146] Betz/Riesner, a.a.O., S. 86 f.
[147] 2.Kor 11,32; Gal 1,17
[148] 1.Kor 11,32 f.
[149] Vgl. Gerd Theißen, Lokalkolorit und Zeitgeschichte in den Evangelien, Fribourg (Schw.)/Göttingen 1989, S. 86; Josephus, Altertümer, XVIII,5,1

anderen sich nach Qumran=Damaskus zurückgezogen hätten, wäre man eine Erklärung schuldig, wieso Paulus von der einst vor ihm geflüchteten Urgemeinde ausgerechnet zu den in Jerusalem untergetauchten Führern gegangen und zwei Wochen mit ihnen konferiert haben sollte.[150] Man kann also die Hypothese, das Damaskus des Paulus sei mit Qumran identisch, von jeder beliebigen Seite anpacken, sie zerbröselt in der Hand wie das Mergelgestein von Qumran.

Die Idee, daß Paulus aufgrund persönlicher Anwesenheit in Qumran von der Lehre der Qumran-Gemeinschaft abhängig sein könnte, ist ebenso ins Reich der Phantasie zu verweisen wie die angeblich essenische Lehrzeit Jesu.

Paulinische Gedanken aus Qumran?

Die Versuche von Eisenman und Wise, die Grundgedanken der paulinischen Theologie in Qumran zu verankern, sind ebenso abwegig und aus den dazu angeführten Texten nicht im entferntesten ableitbar.

Als Beispiel für das Vorgehen beider soll ihr Umgang mit dem Text 4 Q 266 „Die Fundamente der Gerechtigkeit" dienen. Es handelt sich um einen Exkommunikationstext, in dem es zunächst heißt: „Und jeder, der diese Urteile zurückweist, die im Einklang mit allen Gesetzen, die man in der *Thora* Moses findet, stehen, wird nicht gerechnet werden unter alle Söhne Seiner Wahrheit, denn seine Seele hat die Fundamente der Gerechtigkeit zurückgewiesen. Für Widerspenstigkeit laßt ihn von der Gegenwart der Vielen ausgeschlossen sein."[151] Es folgt ein Lobpreis Gottes für die Erwählung der Väter und die Gabe der Gesetze. Dieser endet mit den Worten: „Diejenigen, die sie überschreiten, verfluchst Du. Wir (aber) sind deine Erlösten[152] und »die Schafe deiner Weide«. Du verfluchst ihre Übertreter, während wir (das Gesetz) aufrichten. Dann muß der, der ausgestoßen ist, weggehen ...".[153]

---

[150] Gal 1,18 f.
[151] 4 Q 266,5-8; Eisenman/Wise, a.a.O., S. 224
[152] Bei dieser vereinfachten Übersetzung wird nicht deutlich, daß auch der Satzanfang Paraphrase von Ps 100,3 ist.
[153] 4 Q 266,13 f.

Wie stellen es Eisenman und Wise an, aus diesem eindeutigen Strafritual einer Gemeinschaft einen Basistext zum Verständnis der paulinischen Theologie machen? Indem sie behaupten, „Bestimmte theologische »Ableitungen« des Paulus ... und die Bedeutung der Kreuzigung Christi (,) werden nun ins rechte Licht gerückt".[154] Diese Meinung begründen sie folgendermaßen:
„Nach Paulus (Gal 3,11-13) »erlöste uns Christus vom Fluch des Gesetzes«, indem er selbst »zu einem Fluch« oder einem »Verfluchten« (durch das Gesetz) wurde. ... Paulus kehrt, wenn man so kühn formulieren darf, das »Fluch«-Vokabular seiner Gegner um, die, so können wir annehmen, auch ihn »verflucht« haben; er wirft dazu die schlimmste Beleidigung auf sie, die man sich vorstellen kann, nämlich daß ihr Messias, der (wie wir zum Zweck unseres Argumentes annehmen wollen) »an einem Baum aufgehängt« wurde, sozusagen »verflucht« war nach demselben Gesetz, mit dem sie ihn verflucht hatten. Daher hat dieser Messias, indem er diesen »Fluch« auf sich nahm, Paulus versöhnt und für ihn und die Christenheit, die ihm folgte, sogar die ganze Menschheit."[155]
Wie kompliziert! Wie sollten die armen Galater, die diese „biographischen" Hintergründe nicht kannten, jemals begreifen können, was ihnen Paulus schrieb? Oder sollte er es vielleicht doch so einfach und ohne Umweg über Qumran gemeint haben, wie es bisher verstanden wurde?

---

[154] Eisenman/Wise, a.a.O., S. 16
[155] Eisenman/Wise, a.a.O., S. 221

III. Jesus und Qumran

1. DER UNBEKANNTE JESUS - RAUM FÜR PHANTASIE?

Immer wieder weckt die Frage Interesse, was Jesus wohl in der Zeit getan hat, über die die Evangelien schweigen. Wenn Lukas nicht die Erzählung vom zwölfjährigen Jesus im Tempel erzählt hätte, wären es etwa 30 „schreckliche" Jahre, für die wir nichts über Jesus wissen; so sind es immerhin noch 18 Jahre, Zeit genug für eine blühende Phantasie. Die Annahme, daß Jesus als einfacher Handwerker im väterlichen Betrieb zu Nazaret arbeitete, befriedigt anscheinend nicht, obwohl das Markusevangelium offensichtlich davon ausgeht. Worin bestünde sonst der Sinn der unwilligen Frage seiner Mitbürger: „Ist er nicht der Zimmermann, der Sohn der Maria und der Bruder des Jakobus und Joses und Judas und Simon?" (Mk 6,3).

Auf die von Zeit zu Zeit immer wieder neue Aufmerksamkeit erregende Behauptung, Jesus sei ab seinem 14. Lebensjahr in Indien gewesen und nach seiner Kreuzigung, die er mit Hilfe besonderer Heilkenntnisse der Essener überlebte, einige Jahre später in Kaschmir gestorben, sei hier nur hingewiesen. Über die Entstehung dieser Auffassung und ihre Ungereimtheiten informiert Günter Grönbold anschaulich.[1]

Jesus, Werkzeug eines Essener-Komplotts?

Die Idee, Jesus mit den Essenern in Verbindung zu bringen, ist nicht neu. Etwa zur gleichen Zeit, als Mozart in seiner „Zauberflöte" der Licht-Finsternis-Symbolik in der bezaubernden Königin der Nacht und dem integren Priester Zarastro, dessen Name an

---

[1] Günter Grönbold, Jesus in Indien. Das Ende einer Legende, München 1985

Zarathustra erinnern soll, ein Denkmal setzt, und den Sieg des reinen Lichts über die verführerische Finsternis verherrlicht, verfaßt ein umstrittener akademischer Theologe, dem zeitweise die Lehrerlaubnis entzogen war, eine romanhafte Darstellung der Lebensgeschichte Jesu, die einen Ausgleich zwischen Aussagen des Neuen Testaments und menschlicher Vernunfteinsicht schaffen will, ob es sich um die natürliche Erklärung von Wundern oder die „Enttarnung" einzelner Personen handelt, die ohne nähere Angaben in den Evangelien genannt sind. Das aufklärerische Interesse an einer ethisch hochstehenden Vernunftreligion ist auf Schritt und Tritt ebenso spürbar wie die in dieser Zeit beliebte Schäferidylle. All dies mutet gelegentlich recht banal an.

Ein rationalistisch-romantisches Jesusbild

Karl Friedrich Bahrdt kamen dabei die Essener, über die man nicht mehr wußte, als den antiken Schriftstellern zu entnehmen war, als willkommene Erklärungshilfe gelegen; denn die Lücken in den Berichten eines Josephus oder Philo waren der ideale Tummelplatz für eine ungebremste Phantasie. Albert Schweitzer hat den Hauptinhalt der 11 Bände mit 3000 Seiten, die Bahrdt unter dem Tiel „Ausführung des Plans und Zwecks Jesu. In Briefen an Wahrheit suchende Leser" 1784 - 1792 herausgab, so treffend zusammengefaßt,[2] daß er hier in Auszügen wiedergegeben werden soll:

„Den Schlüssel zur Erklärung des Lebens Jesu findet Bahrdt in dem Auftreten des Nikodemus und Joseph von Arimathia. Sie sind nicht Jesu Jünger, sondern gehören den vornehmen Kreisen an. Welche Rolle haben sie im Leben Jesu gespielt und wie kamen sie dazu, sich für ihn zu interessieren? Sie waren Essener. Dieser Orden hatte seine geheimen Mitglieder in allen Gesellschaftskreisen, auch im Hohen Rat. Er hatte sich zur Aufgabe gesetzt, das Volk von seinen sinnlichen messianischen Hoffnungen loszureißen und es zu einer höheren geistigen Erkenntnis zu führen. Seine Verbindungen reichten bis nach

---

[2] Albert Schweitzer, Geschichte der Leben-Jesu-Forschung, 6. Aufl., Tübingen 1951, S. 38 ff.

Babel und Ägypten. Um das Volk aus dem national beschränkten Glauben, der nur Aufruhr und Empörung hervorbrachte, zu befreien, mußte man einen Messias finden, der die falsche messianische Erwartung vernichtete. Darum fahndeten sie nach einem Messiasprätendenten, den sie ihren Zwecken dienstbar machen konnten."[3]

Daß für derartige Spekulationen weder das Neue Testament noch die antiken Essener-Berichte einen Anhaltspunkt bieten, störte Bahrdt offensichtlich nicht. Wie er mit den spärlichen Notizen der Evangelien über Jesu Jugendzeit umgeht, stellt Albert Schweitzer recht anschaulich dar:

„Auf Jesum wurde der Orden gleich nach seiner Geburt aufmerksam. ... Das Kind wurde von den Brüdern auf Schritt und Tritt überwacht. Auf den Festen zu Jerusalem machen sich alexandrinische Juden, geheime Essener, an ihn heran, klären ihn über den Priesterbetrug auf, flößen ihm Abscheu vor der Schlächterei im Tempel ein und machen ihn mit Sokrates und Plato bekannt. ... Bei der Erzählung vom Tod des Sokrates bricht der Knabe in Schluchzen aus, das die Freunde nicht zu stillen vermögen ... er ist eifersüchtig auf des großen Atheners Märtyrerkrone.

Ein geheimnisvoller Perser gibt ihm auf dem Markt von Nazareth zwei Geheimmittel: eines für böse Augen, das andere, um Nervenkranke zu heilen.

Sein Vater tut das Beste für ihn. Er belehrt ihn, zugleich mit seinem Vetter Johannes, dem späteren Täufer, über Tugend und Unsterblichkeit. Ein Priester aus dem Essenerorden, der sich als Hirt zu ihnen gesellt und in ihr Zwiegespräch eingreift, führt die Knaben tiefer in die Weisheit ein. Mit zwölf Jahren ist Jesus schon so weit, daß er im Tempel mit den Schriftgelehrten über die Wunder disputiert und die Behauptung ihrer Unmöglichkeit aufstellt.

Als sie sich zum öffentlichen Auftreten reif fühlen, beraten die beiden Vettern, wie dem Volk am besten zu helfen wäre. Sie kommen darin überein, ihm die Augen über Priestertyrannei und Priesterbetrug zu öffnen. Durch Haram, ein hervorragendes Mit-

---

[3] Schweitzer, a.a.O., S. 39

glied der essenischen Gesellschaft, wird Lukas der Arzt bei Jesus eingeführt und stellt ihm sein ganzes Wissen zur Verfügung."[4]
Allerdings muß Jesus wegen des Volksaberglaubens so tun, als wären seine Heilungstaten Wunder, um die Menge so allmählich zum wahren Glauben zu führen. Die Essener verpflichten sich dabei, die entsprechenden Wunder zu inszenieren. So griff Jesus bei der Speisung der Fünftausend selbstverständlich auf Brotvorräte zurück, die der Orden in einer Höhle hatte aufstapeln lassen. Heilungen gehen auf die Kunst des Lukas zurück; Engel sind selbstverständlich weißgekleidete Essener. Dies durchschauten weder die Jünger, geschweige denn das Volk. So ist es zu erklären, daß die Evangelien noch ganz unbefangen im Wunder- und Engelglauben verharren.
Bleibt noch die Frage nach Jesu Tod und Auferstehung. Über Bahrdts Versuch, diese mit seiner Essenerkonzeption zu verbinden, berichtet Schweitzer:
„Bei der Aufnahme Jesu in die Zahl der Brüder des ersten Grades wird ihm eröffnet, daß diese gehalten sind, für die Sache des Ordens in den Tod zu gehen, wobei der Orden aber verspricht, seine Maschinerien und Einflüsse so spielen zu lassen, daß das Äußerste jedesmal abgewandt wird und sie auf geheimnisvolle Weise dem Tode entrissen werden. ...
Der Judenmessias muß sterben und auferstehen, damit die falsche populäre Messiasvorstellung erfüllt und zugleich vernichtet, d. h. vergeistigt wird. Nikodemus, Haram und Lukas haben sich in einer Höhle zusammengefunden, um zu beratschlagen, wie man das Ende Jesu planmäßig herbeiführen könne. Lukas garantiert, daß der Herr, auf Grund von Arzneien, die er ihm gibt, die äußersten Schmerzen und Leiden aushalten kann und doch dem Tod einen langen Widerstand entgegenzusetzen imstande ist. Nikodemus macht sich anheischig, im Hohen Rate alles so zu führen, daß die Verurteilung und die Hinrichtung Schlag auf Schlag folgen und der Gekreuzigte nur kurze Zeit am Kreuz bleibt. ... Die Schwierigkeit besteht darin, daß man den Hohen Rat zwingt, ihn demnächst gefangen zu nehmen und zu verurteilen. ...

---

[4] Schweitzer, a.a.O., S. 40

Zuletzt gelingt es, alles richtig zu inszenieren. Jesus provoziert die Behörden durch den messianischen Einzug. Die geheimen Essener im Hohen Rat betreiben seine Verhaftung und setzen seine Verurteilung durch. Fast hätte Pilatus alles vereitelt und ihn freigegeben. Jesus bekundet durch Aufschreien und alsbaldiges Sinkenlassen des Kopfes einen raschen Tod. Der Hauptmann war bestochen, daß er ihm kein Bein brechen ließ. Dann kommt Joseph von Ramath, so heißt Joseph von Arimathia bei Bahrdt, nimmt den Leichnam und stellt in der Essenerhöhle Wiederbelebungsversuche an. Da Lukas den Körper des Messias »durch stärkende Mittel vorbereitet hatte, um die entsetzlichen Mißhandlungen, Umherschleppungen, Prügel und endlich die Kreuzigung selbst aushalten zu können«, waren die Wiederbelebungsversuche von Erfolg gekrönt. In der Höhle wurde er kräftig genährt. ...

Am Morgen des dritten Tages drängten sie den Stein, der das Grab schloß, von innen heraus weg. Als er über den Felsen des Berges herabstürzte, erwachte die Wache und ergriff die Flucht. Einer der Essener tritt als Engel zu den Weibern und kündigt ihnen die Auferstehung Jesu an. Kurz darauf erscheint der Herr der Maria. Als sie seine Stimme hört, erkennt sie ihn. ...

Aus dieser Verborgenheit [»im Zirkel seiner Vertrauten«] heraus erschien er den Jüngern mehrmals. Zuletzt beschied er sie auf den Ölberg bei Bethanien, wo er von ihnen Abschied nahm. Nachdem er sie vermahnt und jedem um den Hals gefallen, riß er sich auf einmal los und wandelte den Berg hinan. »Da stunden die armen Leute - betäubt - vor Schmerz außer sich - sahen ihm nach, solange sie konnten. Aber je höher er stieg, desto tiefer kam er in die Wolken hinein, die auf dem Berge lagen. Und endlich war er gar nicht mehr zu sehen. Die Wolke nahm ihn weg vor ihren Augen.

Vom Berge kehrte er in die Mutterloge zurück. Nur selten griff er noch in die Ereignisse ein, so, als er dem Paulus auf dem Wege nach Damaskus entgegentrat. Aber unsichtbar leitete er die Geschicke der Gemeinde bis zu seinem Ende."[5]

---

[5] Schweitzer, a.a.O., S. 40 - 44

Bahrdt hat sich bei seinem dramatischen Schluß wohl eher von mittelalterlichen Buchmalereien zur Himmelfahrt Jesu[6] leiten lassen als von den örtlichen Gegebenheiten. Denn wäre er nur einmal auf dem Ölberg gewesen, so hätte er entweder seine wunderlich-wunderfeindliche Deutung der Himmelfahrtserzählung aufgeben oder den Ort des Geschehens auf den Sinai, den Olymp oder den Kilimandscharo verlegen müssen; auch der Hermon hätte es getan, aber nicht der Ölberg.

Ein Auferstehungsthriller

Noch dramatischer gestaltete *Karl Heinrich Venturini* seine Deutung der Auferstehung Jesu mit Hilfe der Essener. Nachdem Joseph von Arimathia Pilatus um die Freigabe der Leiche Jesu gebeten hatte, eilte er zu dem dort wartenden Nikodemus nach Golgatha. Albert Schweitzer faßt die Darstellung der Szene folgendermaßen zusammen:

„Dort erhielt er den Leichnam, wusch ihn, rieb ihn mit Spezereien ein und legte ihn auf ein Mooslager in dem Steingrab. Aus dem noch immer aus der Seitenwunde rinnenden Blute schöpfte er einige Hoffnung und teilte sie den Essenerbrüdern mit. Diese hatten eine Niederlassung ganz nahe und versprachen über ihn zu wachen. In den ersten vierundzwanzig Stunden zeigte sich keine Lebensregung. Dann kam das Erdbeben. Mitten im grausigsten Tumult ging ein Erlöserbruder in der weißen Ordenstracht auf einem geheimen Pfad zum Grabe. Als er, von Blitzen erleuchtet, plötzlich über der Gruft erschien und die Erde wankte, faßte die Wächter wildes Entsetzen. Sie flohen. Am Morgen hört der Bruder aus dem Grab einen Laut. Jesus regt sich. Der ganze Orden kommt herbei. Der Herr wird ins Ordenshaus gebracht. Zwei Brüder bleiben am Grabe. Das sind die Engel, welche die Frauen nachher sehen."[7]

---

[6] Vgl. etwa die Darstellung in einem Kölner Sakramentar aus dem 10. Jh.; in: Albert Boeckler, Deutsche Buchmalerei vorgotischer Zeit (Die Blauen Bücher), Königstein/Ts 1953, S. 36

[7] Schweitzer, a.a.O., S. 47. Wiedergabe von: Karl Heinrich Venturini, Natürliche Geschichte des großen Propheten von Nazareth, 2. Aufl. 1906, 4 Bände

Bahrdts Werk ist ziemlich genau 200 Jahre alt. So alt ist also bereits der Gedanke an eine Beziehung Jesu zu den Essenern. Die Motive liegen auf der Hand: Man wollte Besonderheiten im Leben Jesu rationalistisch erklären. Dazu bediente man sich der Essener - auch ohne aufregende Textfunde.

Jesus, ein Klosterschüler aus Qumran?

Neuen Auftrieb erhielten diese alten Spekulationen durch die Funde von Qumran. Sind sie dadurch glaubhafter geworden und besser untermauert?

Allegorese[8] macht's möglich

Die australische Theologin Barbara Thiering hat bereits 1983 die Meinung vertreten, mit der Veröffentlichung der Tempelrolle von Qumran könne man auf neue Materialien zurückgreifen, die sich auf die Anfänge der christlichen Kirche beziehen.[9] Auf dem Hintergrund dieser These und mit Hilfe einer eigentümlichen Interpretationsmethode neutestamentlicher Texte, die sie für eine typisch qumranische Schriftauslegung hält, kommt sie zu völlig unkonventionellen Ergebnissen hinsichtlich des Lebens Jesu und seiner Jünger und deren Beziehungen zu anderen jüdischen Gruppen jener Zeit.

Ihre Interpretationsmethode ist durch zwei Merkmale gekennzeichnet, die sie teilweise im qumranischen Umgang mit Bibelworten begründet sieht:
- Das Prinzip der *zwei Ebenen*. Sie geht davon aus: „Die Qumran-Pescharisten[10] dachten, daß das Gesetz, die Propheten und

---

[8] Als Allegorese bezeichnet man eine Auslegungsmethode, die einen Text wie eine verschlüsselte Botschaft behandelt, bei der man die einzelnen Worte auf ihre hintergründige Bedeutung befragen muß.

[9] B. E. Thiering, The Qumran Origins of The Christian Church, Sydney 1983 (Reprint 1990), S. 5. In ihrem neuesten Buch, Jesus von Qumran, Gütersloh 1993, werden grundsätzlich dieselben Ansichten vertreten. Die minutiösen Zeittabellen und schematischen Übersichten verstärken eher die Skepsis, als daß sie ihr entgegenwirken könnten.

[10] Pescher bezeichnet im rabbinischen Sprachgebrauch die Auslegung. Pescharisten sind demnach die Kommentatoren eines Bibeltextes.

die Psalmen zwei Ebenen hätten: eine äußere, auf der die Worte nicht festgelegte oder allgemeine Bedeutung hatten, ... aber auch eine innere, sehr spezifische, die nur denen bekannt war, die eine besondere Erfahrung hatten."[11]

Von dieser Voraussetzung her interpretiert sie nun Begriffe aus Gleichnissen und Ereignissen wechselseitig und kommt dabei auf die merkwürdigsten Kombinationen.

So verknüpft sie beispielsweise den Feigenbaum, unter dem Nathanael saß, mit dem Feigenbaum, den Jesus verfluchte, und dem, für den er im Gleichnis um eine Bewährungsfrist bittet, und kommt zu der Folgerung, es müsse sich beim Bild des Feigenbaums um eine der anderen asketischen Bewegungen handeln, die es schon vor dem Auftreten Jesu gab.[12]

Fische und Steine im Gleichnis vom bittenden Sohn sind für sie lebende Personen und hängen mit den Fischen und Broten in der Speisungsgeschichte ebenso zusammen wie mit den Steinen, aus denen Gott dem Abraham Kinder erwecken kann und den Edelsteinen, die nach 1. Kor 3,12 auf das Fundament gebaut werden, das Paulus gelegt hat.[13]

- Ebenso verfährt sie mit *chronologischen Angaben,* indem sie Unstimmigkeiten zwischen einzelnen Evangelisten symbolisch interpretiert.

Wenn es etwa Lk 2,42 heißt, „als *er* zwölf Jahre alt war", läßt sie dies zwar als vordergründig richtige Übersetzung gelten, hält aber auf der tieferen Bedeutungsebene die grammatikalisch ebenfalls mögliche Übersetzung, „als *es* zwölf Jahre wurden", für die eigentlich gemeinte, bezieht diese zwölf Jahre auf den Zeitpunkt der Entstehung der Zelotenbewegung und kommt damit etwa in das Jahr 17; damals war Jesus dreiundzwanzig[14] Jahre alt. „Mit dreiundzwanzig trat ein Mann aus

---

[11] Thiering, a.a.O., S. 6 (Eigene Übersetzung)
[12] Thiering, a.a.O., S. 8 ff.
[13] Thiering, a.a.O., S. 10 f.; vgl. Jesus von Qumran, S. 496
[14] 1 QSa I,8 f. ist davon die Rede, daß man mit 20 Jahren in den Kreis der „Gemusterten" (*pekudim*) aufgenommen werden kann. Zählt man hierzu eine dreijährige Novizenzeit, kommt man auf 23 Jahre. Allerdings wird in Zeile 12 ein Alter von 25 Jahren für die Vollmitgliedschaft angegeben. Vgl. zu diesen Altersangaben auch „Jesus von Qumran", S. 243.291

dem Stamm Levi oder Juda in das Kloster ein, indem er allem Besitz absagt und sich der Ehelosigkeits-Regel seines Ordens unterwirft."[15]

- Es wäre verwunderlich, wenn nicht auch *Kreuz und Auferstehung* Jesu nach dieser Methode gedeutet würden. Alte Vorstellungen, wie wir sie schon von Bahrdt kennen, werden aufgewärmt und nach bekannter Auslegungsmethode mit einigen Neuheiten gewürzt. So weiß sie, wer die beiden Mitgekreuzigten Jesu waren, Judas von Gamla, der Zelotenführer, und Simon der Magier aus Apg 8. Außerdem gibt ihr die Joh 19,39 erwähnte Unmenge einer Salbenmischung aus Myrrhe und Aloe Anlaß zu detaillierten medizinischen Erwägungen über die Wirkung dieser beiden Pflanzenextrakte. Sogar der Magier Simon aus Apg 8 darf hier mitwirken. Er wird mit gebrochenen Beinen ebenfalls in das Grab Jesu gelegt. Selbst die genaue Richtung, in der die Toten lagen, kennt Frau Thiering. Simon träufelt nun unter Mißachtung seiner gebrochenen Beine Jesus Aloesaft und Myrrhe in die Wunden. Das Schlangengift, mit dem Jesus vor der Kreuzigung präpariert worden war, um seinen Tod vorzutäuschen, wird damit ausgespült; um drei Uhr morgens steht fest, daß er überleben würde.[16] Hier kann die Darstellung abgebrochen werden; denn die „Methode" ist bereits zur Genüge deutlich geworden.

Eine phantastische Biographie

Betz/Riesner fassen die Thesen ironisch zusammen: „Die wichtigsten Daten des Lebens Jesu, das sich großenteils in der Wüste am Toten Meer abspielte und nicht etwa im freundlichen Galiläa, hat Frau Thiering in staunenswerter Weise exakt festgelegt: Geboren wurde er im März des Jahres 7 v. Chr. unweit von Qumran. Zwölfjährig erhielt er seine erste Weihe in einem von allerlei Zeremonien und Riten erfüllten Leben: Er wurde als Novize bei den Essenern aufgenommen und 17 n. Chr. ganz in den Orden einge-

---

[15] Thiering, a.a.O., S. 157 (eig. Übers.)
[16] Thiering, a.a.O., S. 217 ff. In „Jesus von Qumran" enthalten die Kapitel 23 bis 26 (S. 135 ff.) die entsprechenden phantastischen Ausführungen.

gliedert. Sein Vater Josef starb im Jahr 23 n. Chr. Die Taufe Jesu durch Johannes, den damaligen Leiter (»Pope«, also Papst) der Essener, erfolgte im Jahre 29 n. Chr. Diese löste aber auch das Schisma aus, auf Grund dessen sich Jesus zusammen mit dem Zwölferrat der Apostel von Johannes trennte. Im September des Jahres 30 n. Chr. heiratete er Maria Magdalena zunächst für eine dreijährige Probe-Ehe essenischer Art; als Davidide war er dazu verpflichtet, für einen leiblichen Sohn als Thronfolger zu sorgen. Am Großen Versöhnungstag 32 n. Chr., den man als Zeitenwende erwartet hatte, erschien Jesus den Seinen im Ornat des Hohenpriesters. Frau Thiering entnimmt dies der Verklärungsgeschichte (Markusevangelium 9,2 ff.). Aber der Anspruch, als Davidide zugleich ein »Sohn Zadoqs« zu sein, sei für alle ein unerhörter, untragbarer Bruch mit der Tradition gewesen.

Als Jesus sich dann am Ende dieses Jahres auf die Seite der Zeloten geschlagen habe, sei er im März 33 n. Chr. auf einem Maultier reitend in Qumran (!) eingezogen. Weil er dabei wieder vergeblich ein wunderbares Eingreifen Gottes erhofft habe, verriet ihn der enttäuschte Judas Iskariot an Pilatus. Dieser sei in Qumran erschienen, um Jesus dort zusammen mit Simon Magus und dem Zeloten Judas aus Galiläa zu verhaften, sie zum Tode zu verurteilen und außerhalb der Siedlung kreuzigen zu lassen. ... Jesus habe man, durch einen Gifttrank betäubt und in schwerer Bewußtlosigkeit, vom Kreuz abnehmen können; in einer der umliegenden Höhlen - und zwar in 7 Q (!) - sei er durch heilende Kräuter zum Leben erweckt worden."[17]

Da ihre Methode im Umgang mit Texten bereits charakterisiert wurde und die Darstellung fast bis ins Detail der 200 Jahre alten Story Bahrdts gleicht, ohne daß Texte aus Qumran auch nur einen einzigen bestätigenden oder ergänzenden Gesichtspunkt erbracht hätten, erübrigt sich wohl jede weitere Beschäftigung mit dieser Theorie.

---

[17] Betz/Riesner, a.a.O., S. 131

Jesus, der „Lehrer der Gerechtigkeit"?

Eine Zentralgestalt?

Es gibt wohl keine Gesamtdarstellung über Qumran, in der nicht auf den „Lehrer der Gerechtigkeit" eingegangen würde. Er gilt als Gründer und anfänglicher Leiter der Gemeinschaft. Es fehlt auch nicht an Versuchen, seine historische Identität zu lüften. War er der von dem Hasmonäer Jonathan abgesetzte Hohepriester?[18] War er Jakobus der Gerechte, der Bruder Jesu? War er gar Jesus selbst, so daß die Schilderung seiner Verfolgung durch den „Frevelpriester" Niederschlag der Verurteilung und Kreuzigung Jesu wäre?

War er überhaupt eine historische Figur, oder ist er eine endzeitliche Heilsgestalt, die erst noch erwartet wird?

Einige Auffälligkeiten werden meist nicht beobachtet oder zu wenig beachtet:

- Diese Gestalt wird nie mit ihrem Namen, sondern immer nur mit ihrer Funktion bezeichnet. Was steckt hinter dieser Anonymität?
- Diese Gestalt kommt nur in einigen Auslegungen zu biblischen Schriften vor, außerdem in der Damaskusschrift, dort aber mit einer etwas abweichenden Bezeichnung. Wie ist dies zu erklären?
- Diese Gestalt wird in den Texten nicht so vollmundig bezeichnet, wie es die deutsche Übersetzung „Gerechtigkeit" vermuten läßt. Das Wort *zädäq* bedeutet im Unterschied zu *zedaqa* (Gerechtigkeit) eher „das Richtige" „Rechtschaffenheit", „Rechtmäßigkeit".[19] Sagt dies etwas über seine Rolle innerhalb der Gemeinschaft aus?

Nimmt man die wenigen Stellen ernst, die überhaupt etwas einigermaßen Konkretes über diese Gestalt aussagen, so ergibt sich:

- Der Habakuk-Kommentar (1 QpHab) blickt auf zurückliegende Ereignisse, die Damaskusschrift (CD) sogar auf eine zu-

---

[18] H. Stegemann, a.a.O., S. 205
[19] H. Stegemann, a.a.O., S. 206, deutet den Begriff: „Der (einzige gemäß der Tora) Richtiges Lehrende".

rückliegende Zeit.[20] Beim Psalmen-Kommentar zu Ps. 37 (4 QpPs 37) läßt sich die Zeitfrage nicht entscheiden.
- Dieser Lehrer hat die Bewegung vielleicht nicht gegründet, aber entscheidend geformt. Dies geht daraus hervor, daß die Gruppe offensichtlich in den ersten 20 Jahren ihres Bestehens wie Blinde einen falschen Weg einschlug, ehe Gott den gerechten Lehrer erstehen ließ, der sie auf den Weg nach seinem Herzen brachte.[21]
- Zu irgendeiner Zeit gab es eine Spaltung. Die Damaskusschrift weiß von Leuten, die „eingetreten sind in den neuen Bund im Lande Damaskus und sich wieder abwandten und treulos wurden".[22] Aber auch der Vorwurf an das „Haus Absalom" (sicher ein symbolischer Name in Erinnerung an Absaloms Erhebung gegen seinen Vater), man habe dem „Lehrer der Gerechtigkeit" nicht beigestanden gegen den Frevelpriester, läßt Spannungen, vielleicht sogar Spaltungen innerhalb der Bewegung erkennen.[23] Vielleicht ist damit auch ein Ereignis am Anfang der Gemeinschaftsgeschichte gemeint, als nach 20 Jahren der Unklarheit der Lehrer zur Entscheidung aufrief und für Klarheit sorgte.
- Für seine Anhängerschaft hat sein Wort autoritative Bedeutung. Er weiß, wie die Gottesoffenbarungen an die Propheten wirklich gemeint sind,[24] seine Worte kommen aus dem Munde Gottes.[25] Deshalb kann sich die Gemeinschaft auch als diejenigen bezeichnen, die auf die Stimme des Lehrers hören.[26] Man müßte also fast vom *Lehrer der Rechtgläubigkeit* sprechen, wenn dies nicht wohl doch ein zu moderner Begriff wäre. So

---

[20] In CD I,11 ist von seiner Belehrung für die kommenden Generationen die Rede, damit man weiß, was dem letzten gottlosen Geschlecht zustoßen wird; wahrscheinlich hielt man diese letzte Zeit jetzt für gekommen. Sie liegt aber lange nach der Zeit des „Lehrers der Gerechtigkeit".
CD XX,1 unterscheidet zwischen dem Tag, an dem der „Lehrer der Gemeinschaft" (!) weggenommen wurde, und dem Auftreten des „Messias aus Aaron und aus Israel".
[21] CD I,8-13. Anders H. Stegemann, a.a.O., S. 206 ff.
[22] CD XIX,33 f.
[23] 1 QpHab V,10
[24] 1 QpHab VII,4
[25] 1 QpHab II,2
[26] CD XX,28.32

soll der eingebürgerte Begriff beibehalten, aber jener andere nicht aus dem Blick verloren werden.
- Daß er Priester ist, wird nur einmal in einem nicht sehr gut erhaltenen Abschnitt erwähnt.[27] Außerdem wird er wohl auch mit dem Priester gemeint sein, dessen Worte die Abtrünnigen am Ende der Tage nicht hören.[28]
- Deutlich wird im Habakuk-Kommentar, daß ihm Widerstand geleistet wird. Er wird in einer Auseindersetzung zurechtgewiesen und kann sich offensichtlich nicht durchsetzen.[29] Der Frevelpriester verfolgt ihn, um ihn in seiner Zornesglut zu verschlingen;[30] über dessen Erfolg wissen wir nichts, wohl aber, daß der Frevelpriester wegen dieser Schuld von Gott in die Hand seiner Feinde fiel und gedemütigt wurde.[31] Die Damaskusschrift blickt auf eine längst vergangene Zeit zurück. Ihr ist nicht zu entnehmen, ob es sich bei dem Ausdruck, „er wurde hinweggenommen", um einen gewaltsamen oder natürlichen Tod handelt.

Parallelen zu Jesus?

Bereits 1950, als nur die zuerst gefundenen Texte aus Höhle 1 bekannt waren, hat der französische Qumran-Forscher André Dupont-Sommer in der Zeitung „Le Monde" über den Habakuk-Kommentar berichtet und erklärt, darin sei „eine selbsternannte »Sekte des Neuen Bundes« beschrieben, deren Führer als »Lehrer der Gerechtigkeit« bekannt sei und als Messias gelte, verfolgt, gefoltert und als Märtyrer hingerichtet worden sei." ... Dupont-Sommer zog, wenn auch vorsichtig, daraus den naheliegenden Schluß, daß der »Lehrer der Gerechtigkeit« in vieler Hinsicht »einem genauen Prototyp von Jesus« entspreche.[32]

---

[27] 4 QpPs 37,15; Stegemann, a.a.O., S. 205, hält ihn für den durch Jonatan vertriebenen Nachfolger des Alkimos.
[28] 1 QpHab II,5-8
[29] 1 QpHab V,10
[30] 1 QpHab XI,5
[31] 1 QpHab IX,9 ff.
[32] Baigent/Leigh, a.a.O., S. 69 f.

Mit dieser Mitteilung wollen Baigent und Leigh ihre These erhärten, daß es von Anfang an kirchliches Interesse an der Unterdrückung unliebsamer Texte gegeben habe. Was aber sollte an einem Text, der wie der Habakuk-Kommentar von einer verfolgten Führergestalt spricht, dem kirchlichen Bekenntnis unliebsam sein? In Israel gab es immer wieder Märtyrer; die Apokalyptik hat sogar eine Reihe von Märtyrerbüchern hervorgebracht. Die Christenheit ist nie davon ausgegangen, daß Jesus der einzige ist, der seine Überzeugung mit dem Leben bezahlen mußte.

Außerdem läßt die spärliche Bezeugung dieser Gestalt in nur ganz wenigen Qumran-Texten an ihrer angeblich zentralen Bedeutung zweifeln. Auch die von Eisenman und Wise mit sensationeller Ankündigung neu veröffentlichten Texte schweigen über diesen „Lehrer der Gerechtigkeit". Um ihn dennoch zu entdecken, erklären sie etwa den *maskil* (Lehrer), der in der Damaskusschrift *neben* dem „Lehrer der Gerechtigkeit" vorkommt, mit diesem für identisch,[33] obwohl es sich dabei um ein *Amt* innerhalb der Gemeinde handelt und nicht um jene Einzelgestalt. Oder sie schließen aus der Tatsache, daß einerseits im Habakuk-Kommentar vom Verschlingen des „Lehrers der Gerechtigkeit" durch den Frevelpriester die Rede ist, und andererseits in einem Fragment aus Höhle 4 eine Zeile lautet, „verfolge sie und frage nach ihr und besitze sie, um sie zu verschlingen",[34] daß es dabei um denselben gedanklichen Zusammenhang geht.[35]

Die Zahl der Belege für den „Lehrer der Gerechtigkeit" ist also zu gering und seine Charakterisierungen zu unprofiliert, um daraus Rückschlüsse auf einen Zusammenhang mit Jesus ziehen zu können, die über das allgemeine Schicksal von Gottesboten hinausgehen. Dies wird auch nicht anders, wenn man annimmt, daß wenigstens ein Teil der Lobgesänge, die man gefunden hat, von ihm verfaßt wurde.[36]

---

[33] Eisenman/Wise, a.a.O., S. 168
[34] 4 Q 541 Sp 2,8; Eisenman/Wise, a.a.O., S. 149
[35] Eisenman/Wise, a.a.O., S. 148
[36] Vgl. Karl Georg Kuhn, Qumran; in: RGG, 3.Aufl., Band V, Sp. 746

Jakobus in den Qumran-Texten?

Man hat deshalb neuerdings einer anderen Gleichsetzung den Vorzug gegeben und vermutet Jakobus, den Bruder Jesu, hinter dieser angesehenen Persönlichkeit. Denn in der Tat wird in den Qumran-Texten von diesem „Lehrer der Gerechtigkeit" in charakteristischer Weise anders geredet als bereits in der frühesten Christenheit über den gekreuzigten und auferstandenen Jesus.

Leiden ohne Heilsbedeutung

Aus keiner Stelle, die vom „Lehrer der Gerechtigkeit" spricht, geht eindeutig hervor, ob er „nicht nur verfolgt, sondern auch hingerichtet wurde. Trotz gegenteiliger Ansichten erfahren wir auch darüber nichts, daß seine Gemeinde ihn als eine endzeitliche, messianische Heilsgestalt angesehen habe."[37]
Paulus hat allerdings wohl schon bei seiner Bekehrung vom Verfolger der Jesus-Anhänger zum Verkündiger der Jesusbotschaft ein Bekenntnis übernommen, das Jesu Kreuzigung als Heilstod und seine Auferstehung als Bestätigung biblischer Verheißungen ansah:
„*daß Christus gestorben ist für unsere Sünden nach der Schrift,
und daß er begraben wurde,
und daß er auferweckt wurde am dritten Tag nach der Schrift,
und daß er gesehen wurde von Kephas, dann von den Zwölf*".[38]
Dieses Bekenntnis stellt mit Sicherheit nicht die älteste Form der Auseinandersetzung der Jesusanhänger mit dessen Tod dar. Es läßt sich im Neuen Testament eine Reihe von Aussagen feststellen, bei denen der Tod Jesu (noch) nicht als Heilsereignis für die Gläubigen, sondern eher als Durchgangsstadium zur himmlischen Herrlichkeit Jesu verstanden wird.[39] In jedem Fall bildet der Glaube an seine Auferweckung von Anfang an den Kristallisationspunkt für die Beziehung der Gemeinde zu ihm. „Ob sich die theologische Interpretation des Todes Jesu bereits in der Jerusalemer Gemeinde ausgebildet hat, läßt sich nicht mehr feststel-

---

[37] Kuhn, a.a.O., Sp. 746; H. Stegemann, a.a.O., S. 152
[38] 1. Kor 15,3-5
[39] Z.B. Apg 3,15 f.; 4,10; 5,30 ff.; 10,39 ff.; 13,29 ff., aber auch 2,22-34;

len."⁴⁰ Aber man „sieht die Auferstehung am besten als einen Katalysator, durch den Reaktionen ausgelöst wurden, die zur Mission und zu Gemeindegründungen führten, durch den die Kristallisierung der Tradition über Jesus ermöglicht wurde und durch den Leid und Trauer, Haß und Ablehnung in Gewißheit und Glauben verwandelt wurden."⁴¹

Vergleichbare Vorstellungen oder gar parallele Aussagen findet man *in den Qumran-Texten nicht.* Weder hat der Tod des „Lehrers der Gerechtigkeit" Heilsbedeutung für seine Anhänger, indem ihnen dadurch künftiges Heil garantiert würde, noch wird er als erster Schritt seiner eigenen Verherrlichung verstanden. Ja, die spärliche Bezeugung dieser Gestalt erweckt sogar den Eindruck, daß ihr Wirken nur episodenhaft war, aber keine konstitutive Bedeutung für die Theologie der Gemeinschaft besaß. Ähnlich wie die Urgemeinde entnahm auch die Qumran-Gemeinschaft biblischen Texten Deutungsmöglichkeiten für das Schicksal ihres Meisters. Aber beide Bewegungen unterschieden sich hinsichtlich der Bedeutung, die sie dem Schicksal ihres Meisters beimaßen.

Jakobus, der Bruder Jesu, im Neuen Testament

Gibt Jesu Bruder Jakobus eine geeignetere Identifikationsfigur ab? Und was würde sich für die Kirche ändern, wenn der Nachweis gelänge, daß sich tatsächlich dieser Führer der Jerusalemer Gemeinde hinter dem geheimnisvollen „Lehrer der Gerechtigkeit" verbirgt?

Von Jakobus wissen wir aus dem Neuen Testament wenig. Er wird wohl, wie die Evangelien andeuten, wie alle Verwandten Jesu, dessen Auftreten zunächst zurückhaltend gegenübergestanden haben.⁴² Mit Sicherheit war er nicht der erste Leiter der Jerusalemer Gemeinde. Paulus erwähnt ihn im Zusammenhang mit seiner ersten Reise nach Jerusalem nur beiläufig; erst bei seinem zweiten Besuch nennt Paulus Jakobus an erster Stelle der drei

---

[40] Helmut Köster, Einführung in das Neue Testament, Berlin 1980, S. 522
[41] Köster, a.a.O., S. 518
[42] Vgl. z. B. Mk 3,31 ff.; Joh 7,5

„Säulen" der Gemeinde.[43] Dem entspricht auch die Tatsache, daß bei der Aufzählung der Personen, die eine Erscheinung des Auferstandenen erlebt hatten, Jakobus erst nach den über 500 Menschen erwähnt wird.[44] Er scheint also deutlich später zur Gemeinde gestoßen zu sein.

Ein Konflikt zwischen Paulus und ihm ist uns nirgends berichtet. Den *Konflikt* hatte *Paulus* mit *Petrus*, als Jakobusleute von Jerusalem nach Antiochien kamen und Petrus sich nicht mehr getraute, wie bisher mit den Heidenchristen zu essen. Diese Unaufrichtigkeit bezeichnet Paulus als Heuchelei, nicht die Haltung des Jakobus.[45] Im Gegenteil, im Römer- und im ersten Korintherbrief mahnt Paulus sogar zur Rücksicht auf die Empfindungen der „Schwachen".[46] Der Gegensatz zwischen Paulus und Jakobus war vermutlich gar nicht so schroff, jedenfalls nicht so ausschließlich, wie häufig angenommen wird.

So fällt dem Jakobusbrief mit seiner Erörterung über Glaube und Werke (2,14 ff.) die ganze Beweislast für eine unversöhnliche Gegenerschaft zwischen Jakobus und Paulus zu. Meldet sich in diesem Brief tatsächlich der „historische" Bruder Jesu zu Wort? „Daß die hier angerufene Autorität der Herrenbruder Jakobus ist, ... kann nicht bezweifelt werden. Denn kein anderer Träger dieses Namens hat eine vergleichbare Autoritätsstellung innegehabt. Allerdings darf man nicht den Herrenbruder Jakobus selbst als Verfasser ansehen. Dagegen spricht nicht nur der flüssige griechische Stil des Schreibens, sondern auch die Polemik gegen die paulinische Rechtfertigungslehre Jak. 2,14-26, die in dieser Form erst die Verhältnisse nach dem Tode des Herrenbruders im Jahre 62 nChr widerspiegelt. Aber für das Weiterleben der judenchristlichen Tradition der Jerusalemer Gemeinde im griechisch sprechenden Raum ist der Jakobusbrief ein wichtiges Zeugnis."[47] Insofern darf man diesen Brief durchaus als Beleg für das Glau-

---

[43] Vgl. Gal 1,19 mit 2,9
[44] 1.Kor 15,7
[45] Gal 2,11 ff.
[46] Röm 14,1-15,6; 1.Kor 8,1-13;10,32-11,1. Vgl. dazu: Hans Maaß, Den Glauben und den Menschen ernst nehmen - ein paulinisches Anliegen; in: Beiträge Pädagogischer Arbeit, 34. JG., II/1991, S. 14 ff.
[47] Köster, a.a.O., S. 591 f.

bensverständnis in der Tradition des Jakobus ansehen, als mehr jedoch nicht.

Jakobus, ein Märtyrer des römischen Agenten Paulus?

Mit derart wissenschaftlich wohlabgewogenen Erkenntnissen erzielt man allerdings keinen Verkaufserfolg. Eine von der Sensationspresse verwöhnte Gesellschaft braucht aufregendere Enthüllungen, um sich aus ihren behaglichen Fernsehsesseln aufschrekken zu lassen.
Unter Berufung auf Eisenmans 1986 erschienene Veröffentlichung „James the Just in the Habakuk Pesher" identifizieren Baigent und Leigh daher den Lügenmann aus den Qumran-Texten[48] mit Paulus und den Frevelpriester[49] mit dem Hohenpriester Ananas (Hananias).[50] Schade, daß sie die angeblich „erdrückende Last der Beweise" nicht vortragen, sondern lediglich behaupten, „der daraus folgende Schluß ist zwingend: Der Habakuk-Kommentar und einige andere Texte in den Schriftrollen vom Toten Meer beziehen sich auf ein und dieselben Ereignisse, die auch in der Apostelgeschichte, in den Schriften des Josephus und in den Werken der frühen Kirchenhistoriker beschrieben werden."[51] Auf welche? - kann man da nur fragen!
Baigent und Leigh haben mit dieser Frage keine Probleme. Sie siedeln ihre Theorien in den logischen Lücken der Apostelgeschichte und den „dunklen Stellen" der Paulusbriefe an. Nachdem sie auf verschiedene Namen des römischen und jüdischen Establishments verwiesen haben, die in der Apostelgeschichte als paulusfreundlich dargestellt werden, kommen sie zu dem Schluß: „So verblüffend sich das auch anhören mag, so ist doch die Möglichkeit, daß Paulus ein römischer »Agent« gewesen ist, nicht auszuschließen. Verbindet und vergleicht man das in Qumran gefundene Material mit dem Inhalt der Apostelgeschichte, und auch mit einigen dunklen Stellen in Paulus' Briefen, so wird ein

---

48 Z. B. 1 QpHab II,1 f.; V,11; (X,9; XI,1); CD XX,15
49 Z. B. 1 QpHab VIII,8; IX,9; XI,4.12; XII,2.8;
50 Baigent/Leigh, a.a.O., S. 248 f.
51 Baigent/Leigh, a.a.O., S. 249

solcher Schluß zu einer durchaus plausiblen Möglichkeit. Aber es gibt auch noch eine andere mögliche Schlußfolgerung, und sie ist nicht weniger verblüffend. Jene letzten wirren und rätselhaften Ereignisse in Jerusalem, das blitzschnelle Eingreifen der Römer, daß Paulus aus der Stadt in Begleitung einer aufwendigen Eskorte weggeführt wird, sein luxuriöser Aufenthalt in Cäsarea, sein mysteriöses, spurloses Verschwinden von der historischen Bildfläche - all dies findet höchst interessante Parallelen in der heutigen Zeit: Es erinnert zum Beispiel an Vergünstigungen, die Kronzeugen in manchen Staaten erhalten".[52]

Daß in der Apostelgeschichte die Vorsichtsmaßnahmen der römischen Besatzungsmacht mit dem römischen Bürgerrecht des Paulus begründet werden, interessiert diese Journalisten ebensowenig wie der Unterschied zwischen einem „luxuriösen Aufenthalt in Cäsarea" und einem „leichten Gewahrsam";[53] vielleicht klassifizieren sie auch heutige Praktiken der Untersuchungshaft als „luxuriösen Aufenthalt". Was aber das „spurlose Verschwinden" des Paulus „von der historischen Bildfläche" betrifft, so wäre dieses Urteil nach der Darstellung der Apostelgeschichte noch eher auf Petrus zutreffend; denn er verschwindet tatsächlich mit dem Apostelkonvent Apg 15 spurlos von der Bildfläche und taucht danach nur in der Legende als Bischof von Rom auf. Von Paulus wird immerhin noch berichtet, wie er nach vielen Zwischenfällen in Rom ankommt und dort als Gefangener Gelegenheit zur Verkündigung hat.[54]

Angesichts dieser journalistisch-dichterischen Phantasie kann man nur gespannt sein, wann dieser Stoff verfilmt wird, etwa als Fernsehserie: „Der Mann, der aus dem Dunkel kam."

Qumran-Kombinationen

Das Dokument 4 Q 471, das sie „Diener der Finsternis" nennen, halten Eisenman und Wise für einen Text von größter Bedeutung.

---

[52] Baigent/Leigh, a.a.O., S. 278
[53] Apg 24,23 nach der Luther-Übersetzung;. Gemeint sind gemilderte Haftbedingungen, wie dies bei Untersuchungshaft üblich ist.
[54] Apg 28,30 f.

„Gewalttätigkeit, Fremdenfeindlichkeit, leidenschaftlicher Nationalismus und ein Interesse an Gerechtigkeit und den Urteilen Gottes fallen im gesamten Text auf."[55] Dies erscheint bei unbefangenem Lesen des äußerst lückenhaften Fragments als maßlose Übertreibung. Von Fremden ist überhaupt nicht die Rede und selbst das Wort „Feinde" ist in der Übersetzung ergänzt. Im erhaltenen Text steht nur, „eure ... sollen niedrig sein und nicht wissen".

Wer die Bruchstücke unvoreingenommen liest, könnte eher denken, daß es sich um eine Schrift handelt, in der Menschen, gegen die ein Krieg angeblich im Namen Gottes geführt wird, ermutigt werden, sich diesem Kampf zu stellen und dabei den zu fragen, „der richtig urteilt". Da eine entsprechende Aussage in Fragment 3 auf Gott bezogen wird, kann man den Text nur als Aufmunterung zur Standhaftigkeit und Glaubensfestigkeit in der Verfolgung verstehen, weil Gott denen beisteht, die „die Zeugnisse unseres Bundes bewahren."[56]

Eisenman und Wise meinen jedoch: „Die Parallelen zum Thema »Werke« im Jakobus-Brief sind ebenso unstrittig wie die paulinische Charakterisierung der hebräischen »Überapostel« in 2.Kor 11-12 (Jakobus vermutlich eingeschlossen), die sich selbst als »Diener der Gerechtigkeit« ... und als »Apostel Christi« verkleiden, obgleich sie in Wirklichkeit »betrügerische Arbeiter und falsche Apostel« sind. Paulus bedient sich ebenfalls der »Licht«-Terminologie an dieser Stelle, nicht zu vergessen eine Anspielung auf den »Satan«. ... Indem er die »Wahrheit« (das Gegenteil von »Lügen«) betont und gleichzeitig den Standpunkt des »jeder gemäß seinen Werken« parodiert, insistiert Paulus in 2.Kor 11,31 aufschlußreich darauf, »daß er nicht lüge«. Denn damit zeigt er an, daß ihm die Geläufigkeit dieser Art von Anschuldigungen damals wohl bewußt war. Daß er eine derartige »Lügen«-Terminologie - wie sie in den Qumran-Schriften so weit verbreitet ist - sogar auf sich selbst bezieht, wenn auch vielleicht ungewollt, ist auf jeden Fall bemerkenswert."[57]

---

[55] Eisenman/Wise, a.a.O., S. 36
[56] 4 Q 471, Fr. 2,2
[57] Eisenman/Wise, a.a.O., S. 37

Dieses Zitat soll als Beleg für die Art, wie hier geschichtliche Zusammenhänge konstruiert, nicht rekonstruiert werden, genügen; denn die Methode wird daran überdeutlich:
- Man stürzt und stützt sich auf Stichworte, und wenn sie nicht vorhanden sind, so ergänzt oder unterstellt man sie einfach.

Der Begriff „*Werke*" spielt in beiden Texten höchstens am Rande eine Rolle, *bei Paulus*, indem er seinem Ärger über die „Superapostel" Luft macht: „Ihr Ende wird ihren Werken entsprechen."[58] Wenn dieser Ausruf etwas mit dem theologischen Thema „Werkgerechtigkeit" zu tun hätte, würde hier Paulus gerade im Sinne eines Gerichts nach Werken sprechen, nicht im Gefälle seiner sonstigen theologischen Auffassung. Im „*Diener der Finsternis*" kommt das Wort „Werke" überhaupt nicht vor, es sei denn, daß man es an einer schlecht erhaltenen Stelle ergänzt![59]

Die *Diener der Finsternis* (Fragm. 2,5) lassen sich nur mit dem Paulustext in Verbindung bringen, wenn man sie mit den „Dienern des Satans" (2.Kor 11,15) gleichsetzt.

Der Begriff *Licht* kommt bei Paulus nur in einer Analogie vor (2.Kor 11,14), im „Diener der Finsternis" überhaupt nicht, sondern lediglich der Gegenbegriff „Finsternis"! Die Terminologie ist also völlig verschieden. Sie wird nur durch Gleichsetzungen und Ergänzungen für identisch erklärt!

- Man beachtet weder den Charakter noch den sachlichen Zusammenhang der jeweiligen Texte. Paulus *verteidigt* sein Verhalten gegenüber Vorwürfen aus der Gemeinde, der „Diener der Finsternis" *ermutigt* Angefochtene zum Hoffen und Harren angesichts schwerer Nachstellungen. Begriffliche Anklänge können daher höchstens deutlich machen, daß beide in einer ähnlichen Vorstellungswelt leben und sich einer verwandten religiösen Sprache bedienen; aber schon genaueres Hinsehen zeigt, daß mit dem Vokabular völlig verschieden umgegangen wird. Eine Beziehung beider Texte im Sinne eines historischen Zusammenhangs läßt sich daraus nicht ableiten.

---

58 2.Kor 11,15
59 4 Q 471, Fragm. 2,4

- Man bleibt in Andeutungen und Unterstellungen, ohne sich festzulegen. Man hält es für bemerkenswert, daß Paulus, „eine derartige »Lügen«-Terminologie - wie sie in den Qumran-Schriften so weit verbreitet ist - sogar auf sich bezieht, wenn auch vielleicht ungewollt".[60] Was nun? Sind die Anklänge ungewollt, oder bezieht Paulus diese Terminologie auf sich? Beides kann doch nicht zutreffen! Wenn er sich gegen Angriffe aus Jakobuskreisen, die mit Qumran identisch sein sollen, verteidigt, dann geschieht das nicht ungewollt. Wenn die Anklänge ungewollt sind, dann verteidigt er sich gegen andere Angriffe, aber nicht gegen solche aus „Qumran".
- Man geht sehr großzügig mit der Feststellung angeblich typisch qumranischer Begrifflichkeit um. Weder interessiert man sich dafür, daß zur Bezeichnung des „Lügenmanns" immer der Begriff *kasav* verwendet wird, sonst aber Lüge mit *schäqär* wiedergegeben ist, noch fragt man danach, ob es etwas zu bedeuten hat, daß bestimmte angebliche Schlüsselbegriffe nicht in der gesamten Qumran-Literatur oder wenigstens in einem größeren Teil von Schriften vorkommen, sondern immer nur in ganz wenigen, häufig sogar allegorisch-orakelhaft deutenden Schriftauslegungen. Fällt ihnen daher die behauptete Schlüsselrolle tatsächlich zu?

Auch die übrigen Beziehungen, die Eisenman und Wise zu Ereignissen und Gestalten der frühesten Christenheit herstellen, werden nach der gleichen Methode erschlossen. Sie beweisen daher nur, daß die Christenheit in einem geistigen Raum entstanden ist, in dem auch Gedankengut lebendig war, wie es in Qumran nachweisbar ist; aber das ist nichts Aufregendes, die Verkündigung der Kirche Erschütterndes. Im Gegenteil!

Jesus im Rahmen der geistigen Strömungen seiner Zeit

Wenn Jesus und seine ersten Anhänger als Juden unter Juden lebten, dann *muß* es sogar Beziehungen zu den geistigen Strömungen jener Zeit geben, sowohl Übereinstimmungen als auch Auseinandersetzungen. Dabei spielt das Gedankengut von Qumran grund-

---

[60] Eisenman/Wise, a.a.O., S. 37

sätzlich keine andere Rolle als pharisäisch-rabbinische Tradition. Entscheidend ist nicht die Herkunft der einzelnen Vorstellungen, sondern ihre Integration und Stellung im Gesamtgefüge der Glaubensauffassungen einer Gruppe. Dabei können neue Entdeckungen immer nur bereichernd wirken, indem sie unser lückenhaftes Bild von der Vergangenheit mit einigen neuen Mosaiksteinchen ausstatten. „Umwerfendes" wäre von solchen Entdeckungen nur dann zu befürchten, wenn man an der Vorstellung einer völlig unabhängigen Eigenständigkeit Jesu und seiner Anhänger gegenüber ihrer geistig-religiösen Umwelt festhalten wollte. Dann wäre allerdings jede neu entdeckte Parallele ein Angriff auf Fundamente des Glaubens.

Anrüchig und ehrenrührig wäre eine Beziehung Jesu und seiner Anhänger zu Gruppen des damaligen Judentums nur dann, wenn es sich dabei um illegitime Gruppierungen innerhalb der jüdischen Gemeinschaft handeln würde. Aber wer gibt uns heute das Recht, über solche Bewegungen und Strömungen im antiken Judentum irgendwelche Werturteile zu fällen? Die anfänglich übliche Bezeichnung dieser Gemeinschaft als „Sekte vom Toten Meer" oder „Qumran-Sekte" enthielt unterschwellig ein solches Werturteil. Man „setzte dabei sowohl Schisma (Trennung) als auch Häresie (Irrlehre) im Verhältnis zum zeitgenössischen Judentum voraus."[61]

Dies wäre jedoch nur gerechtfertigt, wenn man in Qumran Tendenzen entdecken könnte, die mit dem Judentum nicht vereinbar sind. Dies ist jedoch nicht der Fall. Eher trifft dies für die christliche Kirche in ihrer späteren Dogmenentwicklung zu, die sich gegen Ende des ersten Jahrhunderts vom Judentum nicht nur organisatorisch, sondern auch theologisch distanzierte. Dies gilt vor allem für die Christologie, die mehr und mehr hellenistische Züge annahm.

2. MAHLZEIT

„Die Gemeinde läutert sich außerdem durch ein »Mahl der Versammelten«, ein Mahl, das auch nach dem Zeugnis anderer Rollen

---

[61] Berger, a.a.O., S. 41

dem Letzten Abendmahl der sogenannten Urkirche sehr ähnlich ist."[62] In einer Anmerkung weisen die Übersetzer von Baigent und Leigh darauf hin, daß der Ausdruck „Mahl der Versöhnung" die Übersetzung von Geza Vermes sei, während die deutschen Übersetzungen der Gemeinderegel[63] von der Reinheit der Vielen sprächen. Sei's, wie es wolle, das hebräische Wort *tahera* heißt nun einmal „kultische Reinheit"; und was auch immer damit bezeichnet ist, in jedem Fall ist unbestreitbar, daß man in Qumran gemeinsam gegessen hat. Dies fordert die Gemeinderegel ausdrücklich: „Gemeinsam sollen sie essen, gemeinsam den Segensspruch sprechen, gemeinsam beraten."[64] Was haben diese Mahlzeiten mit dem christlichen Abendmahl zu tun?

Bedeutung des gemeinsamen Essens im Judentum

Es ist viel zuwenig bewußt, daß gemeinsame Mahlzeiten schon in alter biblischer Zeit religiöse Bedeutung besaßen. Der Begriff „*Opfer*" ist bei uns in aller Regel mit dem Gedanken an abstoßende, blutige Riten verbunden. Daß solche Opfer auch mit Mahlzeiten verbunden waren oder sogar hauptsächlich in einer Mahlzeit bestehen konnten, ist selbst bibelkundigen Christen oft nicht bekannt.

Lediglich beim „Brandopfer"[65] wurde das Opfertier ganz verbrannt. Es gab aber auch Tieropfer, bei denen nur die Fetteile verbrannt wurden.[66] „Was mit den Fleischteilen geschieht, verschweigt das Ritual deshalb, weil das außerhalb des Rituals liegt: es wird von der Gemeinschaft der Opfernden verzehrt. Dieses Mahl ... war nun aber die Hauptsache und der Höhepunkt dieser kultischen Begehung. Es war es jedenfalls in der älteren ... Zeit Israels. Damals ist das Mahlopfer zweifellos das Opfer schlechthin

---

[62] Baigent/Leigh, a.a.O., S. 180
[63] 1 QS VI,16 ff. u.a.
[64] 1 QS VI,2 f.; eigene Übersetzung.
[65] Die einzelnen Opferarten werden im Buch Leviticus (3.Mose) beschrieben. Das Brandopfer wird als erstes genannt (Lev 1).
[66] Lev 3-7

gewesen".[67] Außerdem gab es noch das Speisopfer,[68] ein rein vegetarisches Opfer, das ebenfalls nur zum Teil verbrannt, zum größeren Teil aber von den Priestern gegessen wurde.

Seit der Zerstörung des Zweiten Tempels kennt Israel keine Opfer mehr, aber Mahlzeiten. Das große *Pessach*-Fest zur Vergegenwärtigung der Befreiung aus Ägypten wird mit einer mehrere Stunden dauernden, liturgisch gestalteten, reichhaltigen Festmahlzeit, dem *Sederabend*, begonnen. Jeder *Sabbat* beginnt nach dem Gottesdienst in der Synagoge zuhause mit einer festlichen Mahlzeit.

Die Pessachfeier enthält neben der Erinnerung an die Befreiung aus Ägypten auch Elemente, die auf die Zukunft bezogen sind. Einen emotionalen Höhepunkt stellt dabei der Ruf gegen Ende der Feier dar, der häufig auch gesungen wird: „Nächstes Jahr in Jerusalem".[69] Diese Tradition stammt wohl aus der Diaspora. Der Ruf wird jedoch auch von Juden in Jerusalem mit der gleichen Begeisterung und Wehmut gesprochen als Bitte, daß man im nächsten Jahr wieder hier zusammenkommen kann.[70] Er wird aber bereits im Anfangsteil der Feier (im Zusammenhang mit dem Hinweis auf das „armselige Brot" und mit der Einladung an alle Hungernden) vorbereitet durch die Gegenüberstellung: „dieses Jahr hier, künftiges Jahr im Lande Israel, dieses Jahr dienstbar, künftiges frei."[71] Auf die Erlösung in der Endzeit schließlich weist das Warten auf die Wiederkunft des Propheten Elia hin, für den ein gesonderter Weinbecher bereitgestellt wird, und mit dem Gebetsruf: „Der Allbarmherzige, er wolle uns beseligen mit den Tagen des Messias und des ewigen Lebens in einer zukünftigen Welt."[72]

Auch wenn nicht alle Teile dieser Ordnung, dies bedeutet das Wort „Seder", schon aus der Zeit Jesu stammen, sondern zu einem Teil von großen rabbinischen Gelehrten vor und nach

---

[67] Gerhard von Rad, Theologie des Alten Testaments, Band I, München 1957, S. 256 f.
[68] Lev 2
[69] Die Pessach-Hagada, [Übers.] W. Heidenheim, Victor Goldschmidt Verlag, Basel, o. J., S.. 57
[70] Nach einer mündlichen Auskunft von Prof. Dr. Eveline Goodman-Thau, Jerusalem, im April 1993.
[71] Pessach-Hagada, a.a.O., S. 7
[72] Pessach-Hagada, a.a.O., S. 39

seiner Zeit, so wird auch an Gleichnissen und Bildworten Jesu, die auf Mahlzeiten bezogen sind, deutlich, daß er die Hoffnung auf eine Festmahlzeit in der Gottesherrschaft, zusammen mit den Frommen früherer Generationen, teilt.[73] Auch seine Mahlzeiten mit Personen, die man in der damaligen jüdischen Gesellschaft mied, könnten als Ausdruck seiner besonderen Vorstellung von der Heilszeit verstanden werden.[74] Schließlich könnte das Wort beim letzten Mahl Jesu mit seinen Jüngern vom Trinken in der Gottesherrschaft[75] Ausdruck einer gesteigerten Naherwartung sein: „Im nächsten Jahr trinken wir den Kelch des Heils in der Gottesherrschaft."

Qumranmahl und Abendmahl

Es ist nicht verwunderlich, daß auch die Gemeinschaft von Qumran gemeinsame Mahlzeiten pflegte. Dies ist kein aus dem Rahmen fallendes religiöses Merkmal, sondern eher Zeichen der Verwurzelung in den religiösen Gebräuchen des Volkes Israel.

Der soziale Charakter gemeinsamer Mahlzeiten

Tägliche gemeinsame Mahlzeiten haben nicht zwangsläufig sakralen Charakter. Sie können durchaus wirtschaftlich bedingt sein und stellen vielleicht die einzige Möglichkeit dar, allen die notwendige Nahrungsgrundlage sicherzustellen. Schon aus der Zeit Elisas sind uns solche am Existenzminimum lebende Prophetengruppen bekannt.[76]
Auch in der frühen Christenheit hat es sich wohl als nötig erwiesen, gemeinsame Mahlzeiten für die Armen, insbesondere die Witwen, anzubieten.[77] Daß es dabei auch zu Mißstimmungen und Unkorrektheiten kam, zeigt nur, wie wenig es dabei um eine rein

---

[73] Z. B. Lk 13,29; 14,16 ff., aber auch V. 15. Möglicherweise gehört in diesen Vorstellungskreis auch das anstoßerregende Bildwort gegenüber der syrophönizischen Frau von dem Brot, das man den Kindern nicht wegnimmt, um es den Hunden zu geben(Mk 7,27).
[74] Mk 2,15 ff.; Lk 15,1 f.; 19,7
[75] Mk 14,25
[76] 2.Kön 4,38-44
[77] Apg 6,1

religiöse Feier, sondern ums nackte Leben ging. Wir müssen uns auch die Vater-Unser-Bitte ums tägliche Brot ganz wörtlich vorstellen: es geht tatsächlich um die Mindestmenge für den jeweiligen Tag, weder um Vorräte noch um Luxuriöses. Auch wenn in der fast katechismusartigen Kurzbeschreibung der Gemeinde[78] ausdrücklich betont wird, daß sie u. a. am Brotbrechen „ausdauernd festhielten", deutet dies auf Schwierigkeiten hin, die wohl auch daraus entstanden, daß es sicher nicht immer leicht war, Nahrung für alle zu beschaffen.

In Qumran wurde das Verteilungsproblem hierarchisch gelöst. In der Gemeinderegel geht es in Kolumne VI um Fragen der inneren Struktur der Gemeinde, und zwar in buntem Wechsel um Anweisungen für die Mahlzeiten und für die Ratsversammlungen. Übereinstimmend ist, daß für beide Anlässe dieselbe festgelegte Rangordnung gilt.[79] So beschreibt auch Josephus die Mahlzeiten der Essener.[80] Das gesittete Verhalten bei Tisch führt er darauf zurück, daß ihnen Speise und Trank nur bis zur Sättigung zugemessen werden.[81] Denkt man außerdem daran, daß in der Gemeinderegel Essensentzug in Höhe eines Viertels der Ration als Disziplinarstrafe vorgesehen ist,[82] so läßt sich vermuten, daß damit bereits die unterste Grenze des Existenzminimums erreicht war. Josephus hat offensichtlich von Ausgeschlossenen gehört, die am Verhungern waren, weil sie durch eidliche Verpflichtung von Fremden kein Essen annehmen durften.[83] Auch wenn ein solcher Eid aus den Qumran-Texten nicht bekannt ist, macht die Nachricht bei Josephus deutlich, daß die Qumran-Mahlzeiten nicht kultischen, sondern lebenserhaltenden Zwecken dienten, als solche aber religiös gestaltet und verstanden wurden.

---

[78] Apg 2,42
[79] 1 QS VI,4 f.
[80] Josephus, Krieg, 2,130: Der Bäcker legt der Ordnung nach die Brote vor.
[81] Josephus, Krieg, 2,133
[82] 1 QS VI,25
[83] Josephus, Krieg, 2,143

Abendmahl und Pessachmahl

Daß das *christliche Abendmahl* seine Wurzeln im Judentum jener Zeit hat, ist heute unbestritten, auch wenn die Meinungen über die genaue Herkunft auseinandergehen.

Kein Zweifel kann daran bestehen, daß die Evangelisten das letzte Mahl Jesu als Pessachmahl schildern. Dies reicht bis in Einzelheiten hinein. So erinnert die Charakterisierung des Verräters als „einer, der mit mir in die Schüssel eintaucht",[84] an den Brauch, beim Sedermahl Petersilie oder eine ähnliche Pflanze zur Erinnerung an die Tränen in der ägyptischen Knechtschaft in ein Schüsselchen mit Salzwasser zu tauchen.

Auch das Wort Jesu, daß er von der Frucht des Weinstocks nicht mehr trinken werde, bis er in der Gottesherrschaft davon erneut trinken kann,[85] könnte sich auf die Zukunftshoffnung der Pessachfeier beziehen und Ausdruck dafür sein, daß Jesus damit rechnete, die Gottesherrschaft werde noch vor Jahresfrist sichtbar anbrechen.

Aber dies alles gehört zum erzählerischen Rahmen.

Die „Deuteworte" selbst besitzen keinen Bezug zur Pessachtradition. Auch Paulus bietet keinen Hinweis, daß es sich bei der „Nacht, in der Jesus verraten wurde", um die Pessachnacht handelte.

Segen über Brot und Wein

Es läßt sich wohl nicht mehr entscheiden, ob man als Ursprung für die Form unserer Abendmahlsfeier den Sabbatkiddusch vor Beginn der feierlichen Abendmahlzeit zum Sabbatbeginn annehmen oder nach einer Stelle im Ablauf der Sederfeier suchen soll, an der Jesus die „Deuteworte" hätte sprechen können.

Wenn man bedenkt, daß Paulus eine Abendmahlsformel überliefert, in der Jesus „nach der Mahlzeit den Kelch nahm", obwohl in Korinth die Sättigungsmahlzeit der gesamten kultischen Feier mit Brot und Wein vorausging,[86] könnte man sich vorstellen, daß die

---

[84] Mk 14,20
[85] Mk 14,25 - vgl. auch Lk 22,15
[86] 1.Kor 11,20-27

christliche Feier an einen Brauch anknüpft, bei dem Brot und Wein durch eine Mahlzeit getrennt sind. Dies wäre der Fall in der Sederfeier vor dem dritten Becher.[87] Sicher ist dies jedoch nicht, zumal sich schon sehr früh, d. h. vor Paulus, die Form durchgesetzt hat, bei der Brot und Wein unmittelbar hintereinander gesegnet wurden.

Da aber Paulus anscheinend auch eine Tradition kennt, nach der beim Abendmahl zuerst der Kelch und dann das Brot gesegnet wird (1.Kor 10,16), legt sich die Überlegung nahe, ob die Form des christlichen Abendmahls nicht doch ihren Ursprung im jüdischen Sabbatkiddusch haben könnte. Dort segnet der Hausherr zuerst den Becher und reicht ihn herum, dann segnet er die Challa, das Sabbatbrot, und verteilt es stückchenweise an die Tischgemeinschaft.[88] Dies könnte auch eine Erklärung dafür bieten, warum es im Lukasevangelium eine doppelte Kelchszene gibt, vor und nach dem Brotwort.[89] Sie könnte durch das Zusammenwachsen zweier unterschiedlicher Traditionen entstanden sein.

Jeder entsprechend seiner Rangstufe?

Auch Qumran hat seine Mahlzeiten wohl nach allgemein-jüdischer Sitte mit dem Segen über Brot und Wein eröffnet. Dies geht vor allem aus der Gemeinschaftsregel hervor, die ausführlicher als die Gemeinderegel davon spricht, in welcher Reihenfolge man beim Essen zugreifen darf.[90] Die Gemeinschaftsregel beschreibt das messianische Mahl und erwähnt dabei wie die Gemeinderegel die Segnung von Brot und Wein *vor* dem Essen.[91]

Was bedeutet dies? Jesus und seine Anhänger haben mit Qumran und allen anderen Juden ihrer Zeit die Vorstellung gemeinsam, daß Mahlzeiten Zeichen der Gemeinschaft untereinander, aber

---

[87] Pessach-Hagada, a.a.O., S. 33
[88] Vgl. S. Ph. De Vries, Jüdische Riten und Symbole, Wiesbaden 1981, S. 60 ff.
[89] Lk 22,17-20
[90] Vgl. 1 QSa II,17-22 mit 1 QS VI,4 f.
[91] In der Gemeinderegel (1 QS X,15 f.) findet sich außerdem die Verpflichtung des Gläubigen, vor jeder Mahlzeit den Herrn zu preisen.

auch der Gegenwart Gottes sind.[92] Selbstverständlich gilt dies erst recht für die messianische Zeit.

Eine besondere Abhängigkeit Jesu von Qumran ist schon vom äußeren Ablauf her unwahrscheinlich. Vor allem die strenge Einhaltung einer Rangordnung widerspricht dem Denken Jesu. Man könnte sogar fragen, ob entsprechende Worte aus der Jesusüberlieferung, etwa in der Szene von den Zebedäussöhnen eine antiqumranische Spitze enthalten, vor allem die abschließende Jüngerbelehrung: „Wer groß sein will unter euch, der sei euer Diener; und wer unter euch will der Erste sein, der sei aller Knecht."[93] Die Parallelfassung in Lk 22,26, „der Größte unter euch werde wie der Jüngste [=Neueste]", kehrt sogar die aus Qumran bekannte Einstufung aufgrund der Reihenfolge des Eintritts um.[94]

3. REINHEIT

Waschungen in Israel

Reinheit ist seit ältester Zeit ein wichtiges religiöses Anliegen in Israel. Ihr dienen sowohl die Meidung von Unreinem in jeder Form als auch Rituale der Scheidung zwischen Rein und Unrein, vor allem die Waschungen.

Die *Waschungen* bezogen sich bereits in biblischer Zeit sowohl auf Menschen als auch auf Gegenstände, d. h. Geräte und Kleider. „Der Grund ist kultischer, nicht sanitärer Art."[95] „Die Vorstellungen über »rein« und »unrein« im religiösen, nicht physischen Sinn sind nicht auf dem Boden der altisraelitischen Religion gewachsen, sie reichen vielmehr in uralte Zeiten zurück und finden sich auch sonst bei semitischen und vielen anderen Völkern."[96]

Sünde und Krankheit gehörten ebenso dem Bereich der Unreinheit an wie Geburt und Tod. Aber auch Sühnehandlungen und Sexualität konnten kultisch verunreinigen. In all diesen Fällen gibt

---

[92] In 1.Kor 10,16 wird dem Verständnis hellenistischer Christen entsprechend sogar von „Gemeinschaft" gesprochen.
[93] Mk 10,43 f.
[94] 1 QS VI,22
[95] Jüdisches Lexikon, Band IV,2, Sp. 1343
[96] Jüdisches Lexikon, Band IV,1, Sp. 1316

die Tora sowohl an, wie lange die Unreinheit dauert, als auch die Riten, die zum Abschluß dieser Zeit der Unreinheit zu vollziehen sind. Immer gehören dazu auch Waschungen, ob es sich um die Verunreinigung des Priesters bei einem Sühneopfer handelt oder um die ganz alltägliche Berührung eines Toten bei einem Sterbefall in der eigenen Familie oder bei einer zufälligen Berührung eines Umgekommenen auf freiem Feld,[97] um Aussatz oder um geschlechtliche Verunreinigungen aller Art.[98]

Unter prophetischem Einfluß wird allerdings ein magisches Verständnis solcher Waschungen abgewehrt. In Jes 1,16 wird die Aufforderung, sich zu waschen, ergänzt durch die Mahnung, von bösen Taten abzulassen. Jeremia hat etwa 150 Jahre später schon dies für zu wenig gehalten und in Kap. 2,22 herausfordernd behauptet, daß noch nicht einmal Waschlauge die Sünde des Volkes abwaschen könne.

Eine besondere Art der Waschung war die *Proselytentaufe*. Sie ist bereits für die Zeit des ersten vorchristlichen Jahrhunderts bezeugt, denn die Mischna lehrt: „Ein Fremder, der am Abend des Pessach übergetreten ist, so sagt das Lehrhaus des Schammai, nehme das Tauchbad und esse sein Pessach am Abend. Aber das Lehrhaus Hillels sagt: Wer sich von seiner Vorhaut getrennt hat, ist wie einer, der sich von einem Grab getrennt hat."[99] Obwohl uns nicht bekannt ist, wie Hillel diese Auffassung begründet, ist ihre Konsequenz eindeutig: Analog zur Waschung nach einer Verunreinigung durch Berührung mit einem Toten, kann auch die Proselytentaufe erst nach Ablauf einer Woche stattfinden, d. h. die volle Aufnahme in die Gemeinde erfolgt nicht mehr rechtzeitig zu Pessach.

Gerade der Unterschied zeigt jedoch, wie wichtig beiden der Vollzug der ersten rituellen Waschung war. Dabei wird wieder einmal deutlich, daß es nicht zutreffend ist, wenn üblicherweise Hillel als der liberalere, Schammai als der strengere Lehrer gilt. Sachgerechter ist es wohl, in Hillel den pädagogischeren, in Schammai dagegen den prinzipieller denkenden Lehrer zu sehen.

---

[97] Num 19,1-22
[98] Lev 13-15
[99] Pessachim VIII,8; eigene Übersetzung

Während Schammai formal korrekt die Zugehörigkeit zum Gottesvolk mit dem Akt der Beschneidung beginnen läßt, möchte Hillel den Anschein eines formalistischen Mißverständnisses der Aufnahme vermeiden und den Schritt zum Judentum als eindeutigen Akt der Trennung vom Bisherigen bewußt machen. Wir haben es hier mit einem der wenigen Fälle zu tun, bei denen Hillels Weisung in ihrer Auswirkung schärfer ist als die Schammais.
Nicht zu vergessen ist das *Händewaschen bei Mahlzeiten*. Dieses wird noch heute praktiziert, allerdings als Abspülen, nicht als Reiben der Hände. Möglicherweise sind die genauen Regelungen erst zur Zeit Jesu oder später entstanden; denn noch im vierten nachchristlichen Jahrhundert gab es darüber kontroverse Diskussionen im rabbinischen Judentum.[100]

Rituelle Waschungen in Qumran

Angesichts dieser umfassenden Bedeutung kultischer Waschungen im Volk Israel, steht auch Qumran trotz aller Besonderheiten in einer breiten jüdischen Tradition. Mit einer Mischung aus Schauder und Bewunderung berichet *Josephus* über die Waschungen der Essener.

Die Aufnahme in die Gemeinschaft

Josephus macht in seiner Schilderung des Aufnahmeritus deutlich, daß er von einem abgestuften Verfahren bis zur Erlangung der Vollmitgliedschaft wußte. Dieses läßt sich auch in der Gemeinderegel entdecken: Nach bestandener Probezeit tritt der Novize „der Gemeinschaft näher und nimmt an den reineren Läuterungsbädern teil; zugelassen zum Gemeinschaftsleben wird er jedoch noch nicht. Nach dem Erweis der Standfestigkeit wird nämlich während zwei weiterer Jahre seine Einstellung[101] geprüft, und wenn er sich würdig erweist, wird er in die Schar aufgenommen. Bevor er je-

---

[100] Zu Einzelheiten mit Talmudbelegen vgl.: Hans Maaß, Rabbi, du hast recht geredet, Jesusgeschichten und ihr jüdischer Hintergrund; in: entwurf, Heft 3/1992, S. 25 ff., insbesondere S. 29 f.
[101] Dem griechischen Wort *ethos* entspricht in der Gemeinderegel das Begriffspaar „*sein Geist und seine Taten*".

doch die gemeinsame Speise berührt, schwört er ihnen die erregenden[102] Eide".[103] Aus dem Vergleich zwischen Josephus und der Gemeinderegel ergibt sich folgender Aufnahmeritus: Beobachtungszeit außerhalb der Gemeinschaft, Zulassung zu den besonderen Waschungen, aber noch keine Teilnahme an den gemeinsamen Mahlzeiten und sonstigen Veranstaltungen, Eid, Vollmitgliedschaft mit Zulassung zur gemeinsamen Mahlzeit und Ratsversammlung.

Die *Gemeinderegel* beschreibt, anscheinend im Rahmen einer Liturgie für eine jährliche Eintrittserinnerungsfeier,[104] zunächst Zweck und Selbstverständnis der Gemeinschaft, gibt Hinweise auf die erwartete Standfestigkeit sowie die Scheidung von allen Gottlosen bis hin zum Haß und schließt diesen Teil ab mit der Segnungsformel für die Gemeinschaftsmitglieder, „die Söhne des Lichts", und den Verfluchungen für die „Söhne Belials", die Teufelskinder der Finsternis.

Da diese Schrift mit der Darstellung einer Erneuerungsfeier beginnt, findet sich die eigentliche Aufnahmeregelung erst sehr viel später: „Jeden, der sich aus Israel willig zeigt, sich dem Rat der Gemeinschaft anzuschließen, soll der Aufseher, der an der Spitze der Vielen steht, prüfen auf sein Verständnis und seine Werke. Und wenn er Zucht annimmt, dann soll er ihn in den Bund bringen, daß er umkehre zur Wahrheit und weiche von allem Frevel, und soll ihn belehren in allen Ordnungen der Gemeinschaft. Danach, wenn er hereinkommt, um vor die Vielen zu treten, sollen sie alle befragt werden über seine Angelegenheiten. Und wie das Los fällt nach dem Rat der Vielen,[105] soll er sich nähern oder entfernen. Wenn er sich dem Rat der Gemeinschaft nähern darf, soll er nicht die Reinheit der Vielen berühren, solange man ihn nicht geprüft hat hinsichtlich seines Geistes und seiner Werke, sobald er

---

102 Das griechische Wort bezeichnet den religiösen Schauer. Das entsprechende hebräische Wort in der Gemeinderegel (1 QS V,8) kommt von „fesseln" und bringt die Unentrinnbarkeit zum Ausdruck.
103 Josephus, Krieg , 2,138 f.; eigene Übersetzung
104 1 QS II,19
105 Es wird sich nicht um ein Losverfahren im eigentlichen Sinn gehandelt haben, sondern um eine Abstimmung mit Lossteinen. Andernfalls wäre das intensive Prüfverfahren nicht sinnvoll.

ein ganzes Jahr vollendet hat. Desgleichen darf er nicht teilhaben am Besitz der Vielen. Und wenn er ein ganzes Jahr inmitten der Gemeinschaft vollendet hat, dann sollen die Vielen über seine Angelegenheiten entsprechend seinem Verständnis und seinen Werken im Gesetz befragt werden. Und wenn ihm dann das Los fällt, daß er sich der Gemeinschaft nähern darf nach Weisung der Priester und der Menge der Männer ihres Bundes, dann soll man auch seinen Besitz und seine Einkünfte[106] übergeben in die Hand des Mannes, der die Aufsicht führt über die Einkünfte, und es durch ihn auf Rechnung anschreiben, aber er darf es nicht für die Vielen ausgeben. Er darf nicht das Getränk der Vielen berühren, bis er ein zweites Jahr inmitten der Männer der Gemeinschaft vollendet hat."[107] Es folgt dann noch eine weitere Überprüfung und schließlich die endgültige Aufnahme in der entsprechenden Rangstufe.

Die Wiederaufnahme

Die Wiederaufnahme eines Zweiflers läuft ähnlich ab, auch wenn die Überprüfungen nicht so ausführlich beschrieben sind: „Der Mann, dessen Geist gegenüber der Grundlage der Gemeinschaft schwankt, so daß er abtrünnig wird von der Wahrheit und in der Verstocktheit seines Herzens wandelt, der soll, wenn er umkehrt, mit zwei Jahren bestraft werden. Im ersten darf er die Reinheit der Vielen nicht berühren, und im zweiten darf er nicht den Trank der Vielen berühren und muß hinter allen Männern der Gemeinschaft sitzen."[108]

Von Wasser und *Waschungen* ist in beiden Abschnitten nicht die Rede, wie wir es von Josephus her erwarten würden. Da er ansonsten die Aufnahmeprozedur wohl im wesentlichen recht gut kennt, ist dies verwunderlich. Allerdings wird im Blick auf einen, der die Einladung zu der Gemeinschaft abgewiesen hat, angeordnet: „Nicht wird er entsühnt durch Sühnungen, und nicht darf er sich reinigen durch Reinigungswasser, und nicht darf er sich hei-

---

[106] wörtlich: Arbeit
[107] 1 QS VI,13-21, Lohse, a.a.O., S. 23-25
[108] 1 QS VII;18-20, Lohse, a.a.O., S. 29

ligen in Meereswasser oder Flüssen, und nicht darf er sich reinigen durch irgendein Wasser der Waschung."[109] Daraus kann man schließen, daß der Aufnahmeakt üblicherweise mit Wasser vollzogen wurde. Ausdrücklich erwähnt wird dies in der Gemeinderegel jedoch nicht.

Die täglichen Waschungen

Ähnlich verhält es sich mit den *täglichen Waschungen*. Von diesen ist bei *Josephus* im Zusammenhang mit den Mahlzeiten die Rede. Nach fünf Stunden Arbeit versammeln sich die Mitglieder, „schürzen ein Leinentuch um und waschen so den Leib mit kaltem Wasser."[110] Anschließend speisen sie in einem für andere nicht zu betretenden Gebäude, gehen nochmals an die Arbeit und wiederholen den Vorgang beim Abendessen.

Von täglichen Waschungen ist allerdings in den gesamten Qumran-Texten nicht die Rede;[111] dies ist auffällig. In der wissenschaftlichen Diskussion wird dieser Gesichtspunkt allerdings, soweit ich sehe, vernachlässigt. Man übernimmt einfach die Darstellung des Josephus, ohne sie an den Texten zu überprüfen.[112]

Vergleicht man jedoch die Beschreibung des Aufnahmeritus bei Josephus mit der Gemeinschaftsregel, so stellt man fest, daß bei Josephus nach einjähriger Bewährungszeit die Zulassung zu den reineren Heiligungsbädern erfolgt, in der Gemeinderegel steht an der entsprechenden Stelle der Begriff *Reinheit der Vielen*.[113] In den verschiedenen Strafvorschriften in 1 QS VI und VII ist von

---

[109] 1QS III,4 f.; Lohse, a.a.O., S. 9
[110] Josephus, Krieg, 2,129 ; a.a.O., S. 207
[111] Auch nicht in dem als 4 Q 512 veröffentlichten Reinigungsritual. Dort ist zwar ausführlich von Wasser die Rede, es handelt sich aber wohl um die Reinigung nach einer akuten Verunreinigung (vgl. Num 19).
[112] So schreibt Lohse, a.a.O., S. XV: „...so hat jedes Gemeindeglied täglich die vorgeschriebenen Waschungen zu vollziehen." Vorsichtiger ist Berger, a.a.O., S. 73: „Auch einige Texte aus Qumran ... kennen Tauchbäder mit religiösem Charakter" Aber die von ihm genannten Texte sprechen von Waschungen allgemein, *nicht* von den täglichen. - H. Stegemann, a.a.O., S. 266, erklärt zwar die täglichen Tauchbäder aus den priesterlichen Vorschriften des Tempelkults, führt aber weder einen Beleg aus den Qumran-Texten an, noch zeigt er sich über das Fehlen eines entsprechenden Begriffs verwundert.
[113] Josephus, Krieg, 2,138 - 1 QS VI, 16 f.

der „Reinheit der Vielen" immer dort die Rede, wo man die Erwähnung des täglichen Tauchbades erwarten könnte. So legt sich die Vermutung nahe, daß der Ausdruck „Reinheit der Vielen" in Qumran stehender Begriff für die täglichen Waschungen war.[114]

„Wer gewaschen ist, ... der ist ganz rein"

Ist dieser in der Fußwaschungsgeschichte, wenn auch erweitert überlieferte Grundsatz[115] eine antiessenische Parole? Eine solche Folgerung ginge sicher zu weit; aber sie würde einen wesentlichen Unterschied zwischen den Essenern und wohl auch der Praxis von Qumran einerseits und dem christlichen Taufverständnis andererseits auf den Punkt bringen.
Dies gilt allerdings auch schon im Blick auf die *Taufe des Johannes*. Bei allen Ähnlichkeiten, die man immer wieder zwischen ihm und Qumran feststellte, vom Auftreten in der Wüste über die apokalyptische Endgerichtsvorstellung, die Bußpredigt und die Wassertaufe - ja, bis hin zu der merkwürdigen Kleidung und Nahrung, die man mit Bezug auf Josephus als Nahrung eines von den Essenern Verstoßenen verstehen könnte,[116] stellt doch die *Einmaligkeit* und *Endgültigkeit* der von ihm vollzogenen Taufe einen auffälli-

---

[114] Der Begriff „Reinheit der Vielen" begegnet etwa 1 QS V,13; VI,16.25; VII,3.19; VIII,17. Vor allem die Regelungen in den Kolumnen VI bis VIII zeigen, daß es sich um den Ausschluß von regelmäßigen Riten handelt. Gerade VIII,17 ff., wo der Begriff „Reinheit der Männer der Heiligkeit" verwendet wird, macht deutlich, daß der Ausschluß davon eine empfindliche Disziplinarstrafe darstellt. VII,18 ff. kennt sogar eine stufenweise Wiedereingliederung, bei der die Wiederaufzunehmenden im ersten Probejahr von allen Gemeinschaftsriten ausgeschlossen sind, nach einem Jahr zur „Reinheit der Vielen", nach einem weiteren Jahr zum „Trank der Vielen" zugelassen werden. Vielleicht erklärt sich auf diese Weise auch das Vorkommen nicht ritueller Badebecken auf Qumran. Möglicherweise waren sie für normale, hygienische Waschungen und zum Waschen derer bestimmt, die von der „Reinheit der Vielen" ausgeschlossen waren.

[115] Joh 13,10

[116] Vgl. Betz/Riesner, a.a.O., S. 174. „es spricht ziemlich viel dafür, daß der Täufer ursprünglich von einem essenischen Hintergrund her kam." Dafür gibt es auch einen Anhaltspunkt in einem der neuen Texte: Im Dokument 4 Q 266 („Die Fundamente der Gerechtigkeit") heißt es Zeile 14-16: „Dann muß der, der ausgestoßen ist, weggehen, und wer auch immer [m]it ihm ißt [oder] nach dem Wohlergehen des Mannes, der exkommuniziert wurde, fragt oder ihm Gesellschaft [le]istet, diese Tatsache soll aufgezeichnet werden". (Eisenman/Wise, a.a.O., S. 224)

gen Unterschied dar. Zwar darf man nicht übersehen, daß es auch in Qumran einen Eintrittsritus gab, der sich von den täglichen Waschungen abhob, aber auch dieser Reinigungsvorgang wurde nach einem Ausschluß bei der Wiederaufnahme wiederholt. Tägliche Waschungen kommen dagegen weder in der Täufer-, noch in der Jesusbewegung vor.

Jesus hat nicht getauft. Diese Bemerkung im Johannesevangelium dürfte eine zutreffende historische Erinnerung darstellen.[117] Auch Paulus maß dem Taufen wohl mehr theologische als praktische Bedeutung bei. Neben hohen Reflexionen über die Gemeinschaft mit dem auferstandenen Christus, die durch die Taufe begründet wurde, steht die Feststellung, er selbst habe - von ein paar Ausnahmen abgesehen - nicht getauft.[118]

Von Wiederholungen der Taufe oder gar täglichen Waschungen weiß das Neue Testament nichts; im Gegenteil: Fast könnte man meinen, der Hebräerbrief wehre eine Einstellung ab, wie sie etwa in Qumran zu finden ist, wenn in Kap. 6 betont wird, man verzichte auf Belehrungen über grundlegende Fragen wie Abwendung von todbringenden Werken, Taufe usw., weil ein Abgefallener nicht nochmals Buße tun könne; damit würde er Jesus zum zweitenmal kreuzigen. Der Unterschied ist deutlich, auch wenn man daraus nicht automatisch schließen darf, es handle sich im Hebräerbrief um eine bewußte Auseinandersetzung mit einer Qumran-Gemeinde. Vielmehr wird man eine innergemeindliche Problemdiskussion annehmen müssen.

Man würde jedoch der Qumran-Gemeinschaft Unrecht tun, wenn man ihr einen geistlosen Ritualismus unterstellen würde; im Gegenteil: Eher könnte man hier die Wurzeln der späteren christlichen Auffassung sehen, außerhalb der Kirche gebe es kein Heil; denn es findet eine völlige Gleichsetzung zwischen göttlichem Willen und Gemeindesatzung statt. Man ist der Überzeugung, einer, der die Grundlage der Gemeinschaft ablehnt, könne sich auch nicht mit irgendeinem anderen Wasser von Flüssen und Meeren

---

[117] Vgl. Joh 4,2. Gerade der nachgeholte Einschub, „obwohl Jesus nicht selbst taufte", der den Erzählfluß unterbricht, macht deutlich, daß es sich um eine wohl historisch bedingte Korrektur handelt.
[118] Vgl. Röm 6,3 ff. mit 1.Kor 1,14 ff.

reinigen, weil der Waschung eine *wahrhaftige Buße vorausgehen muß.* Diese besteht allerdings in der Übernahme der Verpflichtungen der Gemeinschaft; denn „durch den heiligen Geist für die Gemeinschaft in seiner [d. h. Gottes] Wahrheit wird er von allen seinen Sünden gereinigt."[119]

Ergebnis: Jüdische Reinigungsriten haben sowohl in Qumran als auch in der Christenheit ihren Niederschlag gefunden. Beide Bewegungen praktizieren wie auch Johannes der Täufer die Praxis einer Waschung (Taufe) als Eintritt in die Heilsgemeinschaft, so unterschiedlich diese im einzelnen auch vorgestellt war.

Daneben hat sich in Qumran aber wohl als Erbe der *priesterlichen Tradition und Grundstruktur* dieser Gemeinschaft eine Praxis von Waschungen herausgebildet, die ihren Ursprung in Reinigungsvorschriften für die Priester in Israel im Zusammenhang mit den Opfern hat und in den rabbinischen Vorschriften über das Händewaschen beim Essen eine Parallele besitzt.

4. MESSIAS - GOTTES SOHN - GOTTES REICH

„Gott wird seinem Volk seinen Propheten schicken und zwei Gesalbte, den Messias Aarons und den Messias Israels. Nebeneinander werden also der Priester und der weltliche Herrscher stehen, um das erlöste Gottesvolk zu leiten."[120]

Wer Lohses Einführung in die Qumran-Texte weiterliest, erkennt bald das Motiv für das Interesse an dieser Messiasvorstellung von Qumran. „Hatte man in Qumran den Propheten, den messianischen König und den messianischen Hohenpriester erwartet ..., so gibt es für die Christen nur den einen Gesalbten Gottes, der nicht nur der Messiaskönig, sondern auch der Prophet Gottes und der Priester seines Volkes ist."[121]

Man befaßt sich also mit Stichworten und Themen, die Qumran und Christen gemeinsam sind, um festzustellen, wo die entscheidenden und unverwechselbaren Unterschiede liegen. Dies ist eine

---

[119] 1 QS III,7
[120] Lohse, a.a.O., S. XVI
[121] Lohse, a.a.O., S. XVIII

äußerst defensive, apologetische Haltung, eher ängstlich bewahrend als freudig entdeckend und verkündigend.[122]
Kein Wunder, daß Publizisten, die sich zum Ziel gesetzt haben, grundlegende christliche Auffassungen ins Wanken zu bringen, an dieser Stelle ansetzen und nachzuweisen versuchen, daß die von Theologen behaupteten Unterschiede gar nicht vorhanden sind. So stellen Eisenman und Wise im Blick auf einige von ihnen neu veröffentlichte Texte fest: „Interessanterweise spiegelt sich hier die Lehre von den zwei Messias-Gestalten ... nicht wider; statt dessen stoßen wir auf den »normativeren«,[123] einen Messias, der Christen und Juden eher vertraut vorkommt."[124]
Wir kommen in der Frage, inwieweit Jesus und seine ersten Anhänger hinsichtlich einer Messiasvorstellung von Qumran abhängig waren, und ob deshalb gar Aussagen im Neuen Testament von den Qumran-Schriften her neu verstanden werden müssen, nur weiter, wenn wir uns zunächst deutlich machen, welche Rolle der *Messiasbegriff* im Judentum jener Zeit und in der Jesusbewegung tatsächlich spielte, um dann zu prüfen, welche inhaltlichen Aussagen die Qumran-Texte, altbekannte und neuveröffentlichte, über einen oder mehrere Messiasse machen.
Dabei geht es im engeren Sinn um den Begriff *Messias*, nicht um alle möglichen anderen Heils- und Herrschergestalten innerhalb der damaligen jüdischen Zukunfts- und Erlösungshoffnungen. Ohne diese strenge begriffliche Unterscheidung bewegt man sich nämlich in einem undurchschaubaren Vorstellungsgemisch, mit dessen Hilfe man alles und nichts beweisen kann.

---

[122] Herbert Braun, Qumran und das Neue Testament Bd. II, Tübingen 1966, S. 75 ff., bildet in dieser Hinsicht keine Ausnahme. Auch er ist sichtlich bemüht, einerseits die Unterschiede zwischen neutestamentlichen Messiasvorstellungen und Qumran herauszustellen, wenn er auch andererseits betont, wie sehr die neutestamentlichen Vorstellungen sich innerhalb des jüdischen Denkens bewegen. Dabei unterlaufen ihm aber die üblichen Ungenauigkeiten, indem er etwa nicht berücksichtigt, daß in 2.Thess 2,8 nicht vom Christus (Messias) die Rede ist, sondern von dem „Herrn Jesus", aus dessen Mund der tödliche Hauch hervorgeht. Ebenso ist es in Lk 1,71 der „Davidssohn", der von den Feinden befreit. Der Begriff „Messias" fehlt hier in beiden Fällen.
[123] Diese Steigerungsform ist sprachlicher und logischer Unsinn. Entweder ist ein Begriff normativ oder nicht, aber nicht „normativer".
[124] Eisenman/Wise, a.a.O., S. 23

Der Messias im Judentum zur Zeit Jesu

Oft wird die Bedeutung einer spezifischen Messiasvorstellung für das Judentum zur Zeit Jesu überschätzt. Es ist seit langem bekannt, daß der Titel nicht zum Sprachgebrauch Jesu gehörte. In der alten Jesustradition spielt eine andere Gestalt jüdischer Endzeithoffnungen eine viel wichtigere Rolle: der Menschensohn. Auch den Begriff Davidssohn darf man nicht einfach mit „Messias" gleichsetzen, weil sich mit der jeweiligen Begrifflichkeit unterschiedliche Vorstellungsgehalte verbinden. So scheint beispielsweise der Begriff „Sohn Davids" in den Evangelien eindeutig in Verbindung mit Erwartungen eines heilend helfenden Erlösers zu stehen,[125] nicht mit nationalen und dynastischen Hoffnungen.

Ob die jüdische Messiasvorstellung zur Zeit Jesu tatsächlich so militant war, wie sie oft dargestellt wird, müßte gründlich untersucht werden. Vermutlich war sie nationalstaatlich geprägt und stand insofern durchaus in Spannung zur Besatzungsmacht.

Fehlanzeige in der alten Jesusüberlieferung

„Vorstellung und Titel des Messias sind in allerältester Zeit auf Jesus nicht angewandt worden. ... Mag das Fehlen des Titels »Messias« in der Logienquelle unter Umständen damit erklärt werden können, daß dort einseitiges Interesse an der Menschensohnchristologie vorherrscht, so erweist doch das sonstige synoptische[126] Überlieferungsgut, daß die Verwendung dieser Prädikation sich nur sporadisch ... durchgesetzt hat. ... Die Messianität Jesu wurde also zunächst gerade nicht im Blick auf seine Auferstehung und Erhöhung bekannt, sondern in bezug auf sein machtvolles Handeln bei der Parusie."[127]

---

[125] Mt 21,15; Mk 10,46-52
[126] Synoptiker nennt man die Evangelien Matthäus, Markus und Lukas. Dabei nimmt man an, daß Matthäus und Lukas sowohl das Markusevangelium kannten und benutzten als auch eine Sammlung von Worten Jesu, die sog. „Logienquelle", die sie gemeinsam benutzten. Zur Benutzung verschiedener christlicher Überlieferungen durch Lukas vgl. Lk 1,1-3.
[127] Ferdinand Hahn, Christologische Hoheitstitel, Göttingen 1963, S. 179 f.

Diese Erkenntnis ist besonders wichtig. Sie widerlegt nicht nur das kaum ausrottbare Vorurteil, die Juden hätten sich schuldig gemacht, indem sie Jesus nicht als ihren Messias anerkannten, sondern sie macht auch deutlich, daß die Besonderheit des irdischen Jesus nicht über den Messiastitel zu erfassen ist.
Hinzu kommt noch die Frage, welche Messiasvorstellung für das Bekenntnis zu Jesu göttlicher Sendung und Vollmacht maßgebend gewesen sein sollte.

Verschiedene jüdische Messiasvorstellungen zur Zeit Jesu

Wir erweisen uns keinen Gefallen, wenn wir alle jüdischen Vorstellungen von endzeitlichen Funktionsträgern Gottes vermischen, weil damit die nötige Trennschärfe verlorengeht. Es sollen daher nur die Texte ins Auge gefaßt werden, in denen tatsächlich der Begriff „Messias" vorkommt und nicht ein anderer.
Häufig wird zur Unterscheidung Jesu von seiner jüdischen Umwelt auf die militante Messiasvorstellung der *Zeloten* hingewiesen. Diese sind jedoch erst für die Zeit des Ausbruchs des Jüdischen Kriegs eindeutig nachweisbar.[128] Außerdem ist uns kein unmittelbar zelotischer Text überliefert,[129] und selbst Flavius Josephus berichtet immer nur von Aufständen und Bürgerkriegen, zwischen rivalisierenden national-religiösen Gruppen, von Räuberhauptleuten und Partisanen, die sich zu Königen erheben;[130] aber der Begriff Messias kommt ebensowenig vor wie eine Be-

---

Parusie heißt eigentlich „Anwesenheit", wird dann aber in christlichen Texten zur Bezeichnung der „Wiederkunft" Christi verwendet.

[128] Helmut Köster, a.a.O., S. 416: „Charakteristisch für die politische Messianologie der Rebellion war auch das Auftreten einer Gruppe, die Josephus als »Zeloten« bezeichnet."

[129] Martin Hengel, Die Zeloten, Leiden/Köln 1961, S. 19, ist der Meinung: „Die einzige uns erhaltene Schrift, die mit einer gewissen Wahrscheinlichkeit den jüdischen Aufständischen zugeschrieben werden kann, ist eine Sammlung jüdischer Sieges- und Gedenktage, die sogenannte »Fastenrolle«." Dafür bietet der Text jedoch kaum Anhaltspunkte, so daß Hugo Mantel, TRE XI, Berlin 1983, S. 60 f., diese Schrift als pharisäisches Dokument ansieht. Aber selbst bei zelotischer Herkunft wäre es für unsere Fragestellung wertlos, weil es nur Kalendarisches enthält, keine theologischen Gedankengänge, auch nicht den Messiastitel oder einen anderen Hinweis auf eine Erlösergestalt.

[130] Josephus, Altertümer, XVII,285

schreibung seiner Funktion und der damit verbundenen Erwartungen.

Bei genauer Betrachtung der Texte aus jener Zeit, die meist als Belege für eine *militante Messiasvorstellung* herangezogen werden, fragt man sich, ob es eine solche überhaupt gegeben hat. Die *syrische Baruchapokalypse* spricht eher von einer Gerichtsverhandlung als von einem Sieg des Messias im Kampf gegen den „letzten Fürsten."[131] Von einem endzeitlichen Kampf weiß das *4. Esrabuch*, ebenfalls eine apokalyptische Schrift; aber der dem Meer entstiegene Mensch eröffnet nicht den Kampf gegen die Feinde, sondern verteidigt sich, und zwar nicht mit Waffen, sondern mit dem Hauch seines Mundes.[132] Von einem Messias ist nicht in diesem Zusammenhang die Rede, vielmehr an einer früheren Stelle, dort aber ohne jede Andeutung einer kämpferischen Komponente.[133] Auch die *Psalmen Salomos* wissen nur davon, daß der Davidssohn die Feinde Israels mit dem Wort seines Mundes verjagt, um Jerusalem von den Heidenvölkern zu reinigen.[134] Alle diese Belege lassen zwar die Vorstellung einer kämpferischen Auseinandersetzung durchschimmern, haben diese aber sehr stark geistig verstanden, so daß es eigentlich keine Belege für einen echten militanten Messianismus gibt.

Das *talmudische Judentum* bestätigt, wie wenig der Hoheitstitel „Messias" allem Anschein nach auch in der Zeit nach der Tempelzerstörung festgelegt war. Der Traktat Sanhedrin gibt eine ganze Reihe messianischer Vorstellungen und Hoffnungen wieder. Er kennt sogar apokalyptische Schriften,[135] gibt aber auf solche Spekulationen nichts.[136]

---

[131] syrBar 40,1 f.; in: Paul Rießler [Übers.], Altjüdisches Schrifttum außerhalb der Bibel, Augsburg 1928, S. 78, wird der letzte Fürst gefesselt zum Zion geführt, dort zur Rede gestellt und dann getötet. Auch Kap. 72 spricht von einem Gericht über die Völker, die früher Israel unterdrückt haben; aber es wird kein Kampf geschildert, so daß das Schwert, von dem die Rede ist, auch das Richterschwert bedeuten könnte. Ist jedoch an einen Kampf gedacht, so fehlt jede Erwähnung eines Kampfgeschehens.

[132] 4. Esra 13,5 ff., Rießler, a.a.O., S. 302

[133] 4. Esra 7,28 ff., Rießler, a.a.O., S. 273

[134] Ps. Sal. 17,23 ff.; Rießler, a.a.O., S. 899

[135] In Sanh 97 b teilt R.Chanan b. Tachlipha mit, er sei einem Mann begegnet, der eine Schriftrolle aus einem römischen Militärarchiv besessen habe. Aus der kurzen Inhaltswiedergabe läßt sich schließen, daß es sich um eine apokalyptische Schrift ge-

Statt dessen werden Bedingungen genannt, die vor dem Kommen des *Sohnes Davids* erfüllt sein müssen. Sie reichen von Buße bis zu vollkommener Tugendhaftigkeit oder Schlechtigkeit, von Leiden bis zur Ausbreitung einer ruchlosen Regierung. Es ist sogar von Abneigung gegen die Zeit des Davidssohns die Rede, und zwar wegen der vorausgehenden Leiden.[137] Viele Aussagen machen jedoch deutlich, daß die *messianischen Tage* nicht als die endgültige Heilszeit angesehen, sondern von der „kommenden Welt" unterschieden werden; denn es wird über die Dauer der messianischen Zeit diskutiert, die zwischen 40 Jahren und 7000 angenommen wird, je nachdem, auf welche Schriftstelle man sich bezieht.[138] R. Chija lehrte: „Alle Propheten zusammen weissagten nur von den messianischen Tagen, von der zukünftigen Welt aber [heißt es:] *es hat außer dir, o Gott, kein Auge geschaut, was er dem tun wird, der auf ihn harrt.*"[139]

Die Art, wie der Messias auftritt, wird nur zweimal reflektiert. Zwischen der Erwartung eines himmlischen „Menschensohns" und dem König der Armen und Schwachen, der auf einem Esel reitet, wird mit folgender Erklärung vermittelt: „Haben sie sich verdient gemacht, mit den Wolken des Himmels, haben sie sich nicht verdient gemacht, demütig und auf einem Esel reitend."[140] Damit wird Glanz oder Bescheidenheit seines Auftretens vom Verhalten Israels abhängig gemacht. Das spöttische herablassende Angebot eines Königs, er wolle ihm ein scheckiges Pferd zur Verfügung stellen, wird mit der Gegenfrage beantwortet, die nichts von Minderwertigkeitsgefühlen erkennen läßt: „Hast du etwa ein

---

handelt hat: „Viertausendzweihunderteinundneunzig Jahre nach der Weltschöpfung wird die Welt verwaist sein; es folgen die Kriege der Seeungeheuer, die Kriege von Gog und Magog, und darauf die messianischen Tage; erst nach siebentausend Jahren wird der Heilige, gepriesen sei er, seine Welt von neuem errichten." (zit. nach [Hrs.g] Lazarus Goldschmidt, Der Babylonische Talmud, Band IX, Berlin 1934, S. 66)

[136] In Sanh 97 b: wird R. Schmuel b. Nachman unter Berufung auf R. Jonathan zitiert: „Es schwinde der Geist derjenigen, die das Ende berechnen wollen".
[137] Sanh 98 a/b; vgl. auch das o.g. Zitat aus Sanh 97b
[138] Sanh 99 a
[139] Sanh 99 a, Goldschmidt, a.a.O., S. 75
[140] Sanh. 98 a, Goldschmidt, a.a.O., S. 70

tausendfarbiges?"¹⁴¹ Denn nur ein solches wäre der Würde des Messias angemessen.

Unmittelbar anschließend wird R. Jehoschua b. Levi auf seine Frage nach dem Zeitpunkt für das Kommen des Messias geantwortet, er solle ihn selbst fragen; denn er sitze vor den Toren Roms unter den mit allerlei Krankheiten behafteten Armen. Von den anderen sei er dadurch zu unterscheiden, daß er sich seine Wunden einzeln verbinde, um jederzeit bereit zu sein, wenn er benötigt werde.¹⁴² Hier begegnet uns das Motiv des mit den Ärmsten mitleidenden Messias, der ihre Krankheiten auf sich nimmt. Weder der Gedanke an einen stellvertretenden Sühnetod noch das Bild eines siegreichen Bezwingers der Feinde Gottes oder des Volkes findet sich hier.¹⁴³

Gesalbte in den Qumran-Schriften

Israel hat viele Gesalbte

„Und er belehrte sie durch die Gesalbten seines heiligen Geistes und die Seher der Wahrheit", heißt es in der Damaskusschrift von Gott.¹⁴⁴ Und der Herausgeber erklärt in einer Anmerkung zu dem Wort „Gesalbten" richtig, kurz und bündig: „Das heißt: Die Propheten".

In diesem unspezifischen Sinn, d. h. von Gesalbten als göttlichen Beauftragten außerhalb des Endzeitgeschehens, ist noch öfter in den Qumran-Texten die Rede. In der Kriegsrolle werden die Gesalbten ausdrücklich als Ankündiger, nicht als die Handelnden im Endzeitgeschehen dargestellt.¹⁴⁵

Selbst die Verheißung eines Sterns, der aus Juda aufgehen und das Zepter führen wird,¹⁴⁶ die Rabbi Aqiba um 132 bei dem zweiten

---

[141] ebd.
[142] Sanh 99 a
[143] Vgl. auch: Alain Goldmann, Die messianische Vision im rabbinischen Judentum; in: [Hrsg.] Ekkehard Stegemann, Messiasvorstellungen bei Juden und Christen, Stuttgart 1993, s. 57 ff.
[144] CD II,12 f., Lohse, a.a.O., S. 69; ähnlich auch CD VI,1
[145] 1 QM XI,5.8
[146] Num 24,17-19

großen jüdischen Aufstand gegen die Römer auf den Widerstandskämpfer Simon ben Kosiba bezog und ihn deshalb „Bar Kochba", d. h. „Sternensohn" nannte, wird ausdrücklich als Hinweis auf das alleinige Handeln Gottes in dem großen Endkampf Gottes gegen die Völker verstanden; die Bezeichnung „Gesalbte" aber den Propheten vorbehalten: „Und durch deine Gesalbten, die Seher der Bezeugungen, hast du uns verkündigt die Zei[ten] der Kriege deiner Hände, um dich zu verherrlichen an unseren Feinden."[147]

Die Kriegsrolle kennt offensichtlich gar keinen Beauftragten Gottes, der diesen Endkampf führt.[148] Sie liest sich viel eher wie eine Liturgie für den Endkampf in einer seltsamen Mischung aus Lobpreis Gottes und Anweisungen für die Aufstellung der Gemeinde, erbaulicher Auslegung prophetisch verstandener Texte und Beschreibung von Waffen, die eigentlich nicht zum Kampf, sondern zur Siegerparade geeignet sind: „Und alle halten bronzene Schilde, poliert nach Art eines Spiegels. Der Schild ist umgeben von gedrehter Randverzierung und geflochtenem Schmuck, Werk eines Künstlers, Gold und Silber und Erz miteinander verarbeitet, und von Edelsteinen ein buntes Ornament, kunstvolle Handwerksarbeit."[149] Ähnlich kunstvoll verziert werden anschließend Lanze und Schwert geschildert, mit Tüllen, Ringen und Ährenmustern. Es fällt angesichts dieser „Waffenrüstung" schwer, sich die Bewohner von Qumran als rebellische Zeloten vorzustellen. Zumindest kann man sich für diese These nicht auf die Kriegsrolle berufen. Die Vorstellung eines kriegerischen Messias ist aus dieser Rolle ebenfalls nicht abzuleiten.

Messias Aarons und Israels

Mit größter Selbstverständlichkeit wird in angesehenen wissenschaftlichen Darstellungen davon ausgegangen, daß die Qumran-Gemeinschaft zwei Messiasgestalten erwartete, den Messias Aa-

---

[147] 1 QM XI,7 f.; Lohse, a.a.O., S. 205
[148] So auch Herman Lichtenberger, Messianische Erwartungen und messianische Gestalten in der Zeit des Zweiten Tempels; in: E. Stegemann, Messiasvorstellungen, S. 13
[149] 1 QM V, 4 ff.

rons und den Messias Israels.[150] In der Tat läßt sich diese Vorstellung nachweisen. Aber ähnlich wie beim „Lehrer der Gerechtigkeit" ist die Bezeugung nicht nur spärlich, sondern äußerst einseitig.

Ein Blick in eine Konkordanz[151] zeigt, daß an insgesamt neun, höchstens elf Stellen das Wort „Messias" als stehender Begriff für eine endzeitliche Gestalt vorkommt.

Davon entfallen drei Stellen auf die sog. *Gemeinschaftsregel,* eine Beschreibung des endzeitlichen Israel, derer, die sich vom Weg des Volkes abgewandt haben, um gemäß den Vorstellungen der Qumran-Gemeinschaft zu leben. Hier ist allerdings nur von *einem* Messias die Rede, der in dieser Gemeinde geboren wird, und in der Rangordnung und beim Essen eindeutig dem Priester nachgeordnet ist.[152] Ob man den Priester in dieser Schrift mit dem Messias Aarons gleichsetzen darf, um die Zwei-Messias-Lehre bestätigt zu finden,[153] ist zumindest fraglich. Diese Überlegung entspringt wohl eher einer Vereinheitlichungstendenz, die innerhalb der Qumran-Texte keine unterschiedlichen Vorstellungen zulassen möchte.

Die übrigen eindeutigen Stellen, die den Begriff „Messias" als Bezeichnung einer endzeitlichen Gestalt enthalten, verteilen sich auf die Damaskusschrift (4 mal), einen Segenstext und die Gemeinderegel (je 1 mal). Dabei ist nicht jedesmal von zwei Messiasgestalten die Rede.

Schon dieser *statistische Überblick* zeigt, daß die Erwartung einer oder mehrerer Messsiasgestalten keine zentrale Rolle in der Vorstellungswelt von Qumran gespielt haben kann. Dies wird noch deutlicher, wenn man sich vergegenwärtigt, was an den einzelen Stellen *inhaltlich* über den Messias ausgesagt ist.

Dabei ergibt sich folgendes überraschende Bild:
- Der Messiastitel kommt unter Einbeziehung der angeblich sensationellen „geheimen", erstmals von Eisenman veröffentlichten Texte sechsmal als *reine Terminangabe* vor, z.B. „bis der

---

[150] Z.B. Lohse, a.a.O., S. XVI; Maier/Schubert, a.a.O., S. 99
[151] Charlesworth, a.a.O., S. 414 (143. 224)
[152] 1 QSa II,12.14.20
[153] Vgl. z. B. Maier/Schubert, a.a.O., S. 102

Messias kommt" oder „wenn der Messias kommt" bzw. „aufsteht".[154]

- In der Gemeinschaftsregel wird lediglich die Rangordnung des Messias im Verhältnis zur Priesterschaft festgelegt und dieser eindeutig untergeordnet,[155] darüber hinaus jedoch nichts über die Funktion des Messias mitgeteilt.
- In einer hymnischen Beschreibung der Heilszeit heißt es, daß Himmel und Erde auf den Messias hören werden.[156]
- In der Damaskusschrift findet sich einmal der Gedanke, daß der Messias das Volk entsühnen wird;[157] leider ist ausgerechnet diese Stelle sehr schlecht erhalten, so daß sich nichts Genaueres darüber sagen läßt, wie und wofür diese Sühnung gedacht ist und wodurch diese geschieht. Es wird daher nicht erkennbar, ob möglicherweise ein mit neutestamentlichen Vorstellungen vergleichbarer Gedankengang vorliegt.
- Schließlich wird Gott in einem der neuen, apokalyptischen Texte angeblich dafür gepriesen, daß er den Thron des Messias hoch erhaben gemacht hat;[158] allerdings ist ausgerechnet das Wort „Messias" von den Herausgebern an dieser Stelle ergänzt, also nicht durch einen sicheren Textbestand nachgewiesen.

Ergebnis: Einige wenige Qumran-Texte enthalten Spuren einer endzeitlichen Messiasvorstellung, diese bleibt allerdings blaß und formelhaft. Die Art, wie davon die Rede ist, erweckt eher den Eindruck, daß hier an vorgefundenes Traditionsgut angeknüpft wird, als daß es sich um eine für die Qumran-Gemeinschaft charakteristische Überzeugung handelte.[159]

---

[154] 1 QS IX,11; CD XII,23, wo allerdings statt *maschiach* die sonst nicht geläufige Form *maschuach* steht, CD XIX,10, XX,1 4 QPBl 1,1.3; 4 Q 252 5,3

[155] 1 QSa 2,14.20

[156] 4 Q 521 I,2,1; vgl. Eisenman/Wise, a.a.O., S. 27

[157] CD XIV,19

[158] 4 Q 215 IV,9; vgl. Eisenman/Wise, a.a.O., S. 165

[159] Auch H. Lichtenberger, a.a.O., S. 13 f., kommt selbst unter Einbeziehung einiger anderer Begriffe mit messianischem Charakter zu dem Ergebnis: „Auch eine relativ geschlossene Gruppe wie die Gemeinde von Qumran kannte eine Vielzahl endzeitlicher (Heils-) Gestalten, konnte sich aber die Heilszeit auch ohne Heilsgestalten vorstellen."

Qumran, eine „messianische Bewegung"?

Eisenman und Wise charakterisieren die Qumran-Bewegung folgendermaßen: „Was in der Qumran-Literatur reflektiert wurde, muß scheinbar[160] einer *messianischen* Elite zugeordnet werden, die sich in die Wüste zurückzog oder absetzte, um, wie es Jes 40,3 forderte, »in der Wüste den Weg des Herrn zu bereiten«. Diese Elite wohnte anscheinend in »Wüstenlagern«, in denen sie sich auf den Besuch der Engel, die sie als die »Himmlischen Heerscharen« bezeichneten, und auf einen endgültigen Heiligen Krieg gegen alles Böse dieser Erde vorbereiteten."[161]

Diese zusammenfassende Bewertung stellt einen Versuch dar, verschiedene in den Qumran-Schriften belegte Vorstellungen zu einem Gesamtbild zusammenzufassen. Berger ist gegenüber solchen Versuchen eher skeptisch. Er meint sogar: „Es erscheint unmöglich, daß alle die dort gefundenen Schriften zugleich für diese Gemeinde als direkt verbindliche Normen gegolten haben. Daher ist ein Rückschluß im Sinne wörtlicher Identifizierung versperrt."[162]

Mit diesem Vorbehalt eröffnet sich eine ganze Bandbreite von Deutungsmöglichkeiten. Einige sollen hier angedeutet werden:

- Es könnte sich bei den Verfassern der Schriften zwar um dieselbe Gemeinschaft handeln, die aber im Laufe ihres Bestehens über einen Zeitrum von etwa 200 Jahren einen Wandel in einzelnen Auffassungen durchlaufen hat.
- Es könnte sein, daß die Glaubensauffassungen nur in einzelnen, als zentral angesehenen Fragen festgelegt waren, in anderen dagegen variierten. Dazu könnte durchaus auch die Frage gehört haben, *wie* man sich einerseits den Ablauf der letzten Entscheidung und die Organisationsstruktur der Gemeinschaft in der Zeit danach vorstellte.
- Es könnte sein, daß es sich bei den Schriftrollen um eine Bibliothek handelt, deren Schriften nicht unbedingt die Auffassungen einer einzigen Glaubensrichtung widerspiegeln, son-

---

[160] Gemeint ist wohl „allem Anschein nach"!
[161] Eisenman/Wise, a.a.O., S. 18
[162] Berger, a.a.O., S. 49

dern eine Sammlung unterschiedlichster Herkunft darstellen. Dabei ist die Frage von untergeordneter Bedeutung, ob es sich um eine in Qumran angelegte oder aus dem Jerusalemer Tempel ausgelagerte Bibliothek handelte.[163]

- Es könnte sich auch um Unterschiede handeln, die mit den verschiedenen *Textsorten* zusammenhängen. Je nachdem, ob wir es mit *normativen* Texten wie Gemeindeordnungen u. ä., *hymnischen* Ausdrucksformen der religiösen Empfindungen und Überzeugungen, *exegetischen* Ausführungen zur Deutung aktueller Ereignisse mit Hilfe alter Schriften oder gar mit fiktiven Zukunftsbildern in „*erbaulichen*" Texten zu tun haben, wäre eine gewisse Varianz der Auffassungen denkbar. Die bereits festgestellte unterschiedliche Verteilung bestimmter Vorstellungen und Begriffe auf einzelne Schriften oder Textsorten legt diese Erwägung zumindest nahe.

Die „Eisenman-Weise"

Eisenman und Wise schlagen den umgekehrten Weg ein: Sie verwischen die Unterschiede und vermischen die Begriffe. Sie werfen den bisher mit den Texten befaßten Forschern vor, daß das „messianische Theoretisieren, das diese Texte widerspiegeln ... bisher entweder unterschätzt oder aus irgendeinem Grund bei der Erforschung der Rollen heruntergespielt worden" sei.[164] Dabei stellen sie zwar bezüglich eines ihrer neuen Texte fest: „Interessanterweise spiegelt sich hier die Lehre von den zwei Messias-Gestalten, wie wir sie aus den ersten Tagen der Qumran-Forschung kennen,... nicht wider; statt dessen stoßen wir auf den »normativeren« einen Messias, der Christen und Juden eher vertraut vorkommt."[165] Aber diese Beobachtung weckt bei ihnen weder die Frage, ob es sich dabei tatsächlich um dieselbe Vorstellung wie in anderen Texten handelt, noch die Vorsicht, Texte, in denen der Begriff „Messias" gar nicht vorkommt, als messia-

---

[163] Vgl. etwa K.H. Rengstorf, a.a.O., S. 41
[164] Eisenman/Wise, a.a.O., S. 23
[165] ebd.

nische Texte zu bezeichnen. Dieses Problembewußtsein geht ihnen ab.[166]

1. Es ist naheliegend, daß sie im Sinne ihrer These als ersten Text eine erbauliche Zukunftsvision wiedergeben, die sie *„Der Messias des Himmels und der Erde"* überschreiben.[167] Schon diese Bezeichnung ist irreführend; denn der Text spricht von *„seinem* Gesalbten" (d. h. *Gottes* Gesalbtem), auf den Himmel und Erde hören werden. Und im Fortgang des teilweise sehr lückenhaften Textes ist nicht ganz eindeutig festzustellen, ob dieser Gesalbte oder Gott selbst in Erfüllung und Fortführung von Jes 35 die Kranken heilen und die Toten auferwecken wird.

Dennoch ist dieser Text ein wichtiger Nachweis dafür, daß es zur Zeit Jesu eine Messiashoffnung gegeben hat, die der Anfrage Johannes d. T. und der Antwort Jesu (Mt 11,2-6) entspricht. Ja, sogar der merkwürdige Ausdruck „Werke des Christus" (V. 2) wäre damit verständlich. Ulrich Luz mußte in seinem Kommentar zum Matthäusevangelium noch davon ausgehen, daß der Ausdruck „Werke des Christus" sich hier nicht auf eine jüdische Vorstellung bezieht, sondern bereits im Sinne christlicher Gemeindeterminologie Jesu Worte und Taten bezeichnet; denn: „Bestimmte Vorstellungen über »messianische Taten« gibt es im Judentum nicht; vom Messias erwartete man keine Heilungswunder."[168] Dies läßt sich jetzt so nicht mehr behaupten. Allerdings wird dadurch die Verkündigung der Evangelien nicht umgestoßen, sondern verständlicher.

Zugleich ist dieser Text ein Beleg für ein völlig friedliches Messiasbild. Der Gesalbte tritt als Wiederhersteller der göttlichen Ordnung auf, die den Armen, Kranken und gesellschaftlich Schwachen volle Lebensqualität beschert, indem alles, was im Himmel und auf Erden ist, auf ihn hört. Wenn in diesem Zusammenhang die Überzeugung ausgedrückt wird, „nicht wird er sich

---

[166] Eine Fernsehdiskussion zwischen Eisenman, Berger, Lapide u.a., die vom ZDF am 22. 7. 93 ausgestrahlt wurde, verstärkte diesen Eindruck eher, als daß er ihn hätte entkräften können.
[167] 4 Q 521; Eisenman/Wise, a.a.O., S. 25 ff.
[168] Ulrich Luz, Das Evangelium nach Matthäus, (EKK I/2), Zürich/Neukirchen 1990, S. 167, Anm. 20

abwenden von den Vorschriften der Heiligen",[169] dann könnte dies Ausdruck eines konventikelhaften Denkens sein, indem das Heil nur für die Gruppenmitglieder erwartet wird.

2. Ein solch friedliches Messiasbild paßt jedoch nicht zu der Vorstellung, die sich Eisenman und Wise von den Erwartungen der Qumran-Leute machen. Sie müssen daher den Hebel an einer anderen Stelle ansetzen, um die Identität zwischen Qumran und Urgemeinde nahezulegen. So ziehen sie einen Text heran, den sie für möglicherweise „hochexplosiv" halten; denn sie wollen damit „die Nähe der Schriften, ihrer Verfasser und der Qumran-Gemeinde zum Urchristentum demonstrieren."[170] Es handelt sich um das Dokument *4 Q 285 (Nasi)*. Dies wäre allerdings nicht „hochexplosiv", sondern eher hilfreich und weiterführend in der Erforschung des Neuen Testaments sowie der Entstehungsgeschichte der frühesten christlichen Glaubensvorstellungen, wenn wir hier tatsächlich einen Beleg für die Vorstellung eines „getöteten Messias" in Händen hätten.

Wenn! Eisenman und Wise sind sich wohl bewußt, daß ihre Theorie auf vielen unbewiesenen Voraussetzungen beruht, die erst zusammengenommen zu diesem Bild führen. Dies ist aber methodisch unseriös. *Eine* mit hinreichend wahrscheinlichen Argumenten untermauerte Vermutung wäre noch annehmbar. Aber eine Beweisführung, die sich *nur* auf Annahmen gründet, kann nicht als gelungen angesehen werden. Dabei versuchen sie ständig, kritischen Einwänden zuvorzukommen.

- Sie wissen, daß *keine Zeile des Textes von einem Messias* redet, diesen Titel auch nicht als Bezeichnung des „Führers der Gemeinde" verwendet. Dennoch sprechen sie laufend vom *„messianischen* Führer" und behaupten: „Obwohl in dem Text vom messianischen Führer *(Nasi)* diese Figur nirgends als der eigentliche Messias bezeichnet wird, sondern als ein messianischer oder eschatologischer Führer, verleihen der messianische Unterton der biblischen Anspielungen und die Ereig-

---

[169] 4 Q 521, I,2,2; vgl. Eisenman/Wise, a.a.O., S. 27/29
[170] Eisenman/Wise, a.a.O., S. 30

nisse, die er wiedergibt, ihm deutlich etwas von dieser Stellung.".[171]
- Sie sind sich der *Fragwürdigkeit ihrer Übersetzung* bewußt und gestehen, daß man die Zeile, in der angeblich von einem leidenden und sterbenden Messias die Rede ist, je nach der Zuordnung in den Kontext und nur unter der Voraussetzung einer grammatikalischen Flüchtigkeit und mangelnden Sorgfalt des Schreibers unterschiedlich verstehen kann, so daß der Satz entweder entsprechend dem überlieferten Wortlaut heißt, „der Führer der Gemeinde wird ihn töten" oder bei Annahme eines (Ab-)Schreibfehlers korrigiert werden müßte:„sie werden den Führer der Gemeinde töten".[172]
- Sie wissen, daß ihre *messianische Deutung* abhängig ist von der *Gleichsetzung der Begriffe „Zweig Davids"* und *„Führer der Gemeinde"*.[173] Zur Untermauerung dieser Annahme weisen sie auf die Bedeutung von Jes 11 in Qumran hin. Sie übersehen dabei allerdings, daß bei Jesaja an dieser Stelle der Messiastitel nicht vorkommt. Außerdem ist auch ihre Vermutung, in dem Dokument „Messias des Himmels und der Erde" (4 Q 521) liege eine Anspielung auf Jes 11,2 vor, weder durch den Wortlaut noch durch die sonstigen Vorstellungen in diesem Schriftstück gerechtfertigt. Das Stichwort „Geist" allein reicht für eine solche Annahme nicht aus, weil es innerhalb biblischer und jüdischer Tradition viel zu geläufig und verbreitet ist, um eine solche direkte Beziehung nahezulegen.

Was bleibt? Das Schriftstück, das äußerst fragmentarisch erhalten und in seiner ursprünglichen Anordnung nicht eindeutig rekonstruierbar ist, scheint in apokalyptischen Vorstellungen von einer letzten Entscheidung zu sprechen, bei der einerseits die Leviten, andererseits der Erzengel Michael eine Rolle spielen. Dabei geht es um die Vernichtung der Gottlosigkeit. Diese Erwartung wird durch Bezugnahme auf biblische Verheißungen bestärkt. Dabei

---

[171] Eisenman/Wise, a.a.O., S. 23
[172] Eisenman/Wise, a.a.O., S. 30 ff. - Krupp, a.a.O., S. 118, übersetzt: „Und es wird ihn töten der Fürst der Gemeinde". Auch H. Stegemann, a.a.O., S. 147 f.,tritt energisch für dieses Verständnis ein.
[173] Eisenman/Wise, a.a.O., S. 31

wird auch dem Führer der Gemeinde eine entscheidende Rolle zugedacht, die aber weder eindeutig erkennbar ist, noch als messianisch bezeichnet wird. Sie scheint mit der Wiederherstellung des göttlichen Rechts zu tun zu haben, so daß eher davon auszugehen ist, daß der Führer der Gemeinde die Gegner tötet, als daß er von ihnen getötet wird.

Gefahr für das Christentum?

Muß sich die Christenheit durch solche neu veröffentlichten Texte beunruhigen lassen und diese verheimlichen oder umdeuten? Im Gegenteil. Nichts könnte uns lieber sein, als die Tatsache, daß endlich einmal ein jüdischer Text gefunden wird, der zweifelsfrei den Gedanken an einen leidenden und getöteten Messias enthält; denn nur so ließe sich erklären, wieso die junge Christenheit ausgerechnet auf einen Gekreuzigten den Messiastitel übertragen konnte.
Nach allem, was wir wissen, ist diese Vorstellung im Judentum nicht vorgeprägt. Sie stellt also nicht die Übertragung einer geläufigen oder auch gelegentlichen jüdischen Hoffnung auf Jesus dar, sondern eine Neuschöpfung der Jesusanhänger. Damit ist sie nicht ohne weiteres kommunikationsfähig gegenüber den damaligen jüdischen Zeitgenossen. Man könnte sie allenfalls als Theologie des gläubigen Trotzes gegenüber römischer Macht- und Unterdrückungspolitik verstehen. Die neu veröffentlichten Texte ändern an diesem Sachverhalt nichts. Sie bringen den christlichen Glauben nicht ins Wanken, aber sie helfen an diesem Punkt auch nicht weiter zur Erhellung urchristlicher Glaubensgeschichte.
Auch die seit langem bekannte rabbinische Vorstellung eines Messias ben Joseph, der im Kampf gegen die Heiden getötet wird,[174] kommt nicht als Erklärung in Betracht. Denn diese Vorstellung kommt erst um 150 auf und könnte entweder eine Form der Verarbeitung der Niederschlagung des Bar-Kochba-Aufstandes sein oder sogar auf christlichen Einfluß zurückgehen.[175]

---

[174] Sukka 52 a; vgl. Goldschmidt, a.a.O., Bd III, S. 398 f
[175] So Goldschmidt a.a.O., Bd III, S. 398 Anm. 35

Leider bietet auch das Dokument Nasi, 4 Q 285, keinen ausreichenden Erklärungshintergrund, weil einerseits der Messiastitel nicht vorkommt, andererseits nicht einmal feststeht, ob vom Tod oder vom Töten des Führers der Gemeinde die Rede ist.

Gottes Sohn in Qumran?

Mit dem Begriff „Gottes Sohn" befinden wir uns im Zentrum des christlichen Jesus-Bekenntnisses. Zugleich aber stehen wir damit auch vor der Frage, woher hat die christliche Gemeinde diese Bezeichnung, und was brachte sie damit zum Ausdruck?

Ein vorpaulinisches Bekenntnis?

Paulus faßt Röm 1,3 f. das Christusbekenntnis formelhaft zusammen und kennzeichnet das Evangelium Gottes als Botschaft „von seinem Sohne, geboren aus Davids Samen nach dem Fleische, eingesetzt zum Gottessohne in Macht nach dem Geiste der Heiligkeit, seit der Auferstehung von den Toten, Jesus Christus, unserm Herrn."[176]

Einig ist man sich unter den Exegeten, daß der Text „ein älteres Bekenntnis enthält."[177] Käsemann geht davon aus, „daß wir es hier mit einem liturgischen Fragment aus vorpaulinischer Zeit zu tun haben."[178] Und Conzelmann begründet diese Auffassung kurz und knapp: „Die Formel hebt sich durch Stil und Begrifflichkeit heraus: Partizipialstil, präpositionale Wendungen, Parallelismus; Begriffe und Vorstellung sind unpaulinisch."[179]

Dabei ist man sich einig, daß dieser Hoheitstitel schon in der judenchristlichen Gemeinde für Jesus verwendet wurde. Für Bultmann ist klar, daß dieser Titel in der judenchristlichen Gemeinde nicht „den mythologischen Sinn haben konnte wie später im hellenistischen Christentum".[180] Conzelmann meint: „Die Gottes-

---

[176] Ernst Käsemann, An die Römer (HNT 8a), Tübingen 1973, S. 2
[177] Martin Hengel, Der Sohn Gottes, Tübingen 1975, S. 93
[178] Käsemann, a.a.O., S. 8
[179] Hans Conzelmann, Grundriß der Theologie des Neuen Testaments, 2. Aufl., München 1968, S. 96
[180] Rudolf Bultmann, Theologie des Neuen Testaments, 2. Aufl., Tübingen 1954, S. 51

sohnschaft ist rechtlich verstanden, nicht physisch."[181] Dagegen meint Käsemann, „daß kein nt.licher Schriftsteller die besondere Gottessohnschaft anders als im metaphysischen Sinn verstanden hat."[182] Dies trifft für die Zeit der neutestamentlichen Schriften, die nicht vor dem Jahr 50 geschrieben wurden, sicher zu. Hengel weist aber mit Recht darauf hin, daß nach dem Wortlaut der Formel selbst „die Einsetzung in die Gottessohnschaft erst durch die Auferstehung von den Toten erfolgt ist. Daraus kann man schließen, daß es sich hier wirklich um ein sehr frühes, im eigentlichen Sinne »vorpaulinisches« Bekenntnis handelt, das in einer einfacheren Form vermutlich auf die erste judenchristliche Gemeinde in Jerusalem zurückgehen könnte."[183]

Herkunft des Titels „Gottes Sohn"

Die Frage nach Alter und Herkunft der Bezeichnung Jesu als Gottes Sohn ist deshalb mehr als eine wissenschaftliche Spezialfrage, weil von ihrer Beantwortung sowohl die grundlegende als auch die inhaltliche Bedeutung dieses Titels abhängig ist.
Wäre dieses Bekenntnis erst der heidenchristlichen Gemeinde zuzuweisen, dann würde es an grundlegender Bedeutung verlieren; denn dann wäre deutlich, daß die jüdisch geprägte Jesus-Gemeinde ohne diesen Titel auskam, vielleicht sogar nichts damit anfangen konnte. Kann das Bekenntnis dagegen für die judenchristliche Gemeinde vorausgesetzt werden, muß es inhaltlich folgerichtig aus jüdischen Denkzusammenhängen und Vorstellungen erklärbar sein.
Hengel stellt im Interesse begrifflicher Klarheit fest, „gerade im zeitgenössischen Judentum wird »Gottessohn« für den Messias nicht eigentlich titular gebraucht."[184] Er versucht dann, diese Bezeichnung als Ausdruck des einzigartigen Gottesverhältnisses Jesu zu verstehen und seine Entstehung und Verwendung in der

---

[181] Conzelmann, a.a.O., S. 96
[182] Käsemann a.a.O., S. 8
[183] Hengel, a.a.O., S. 95
[184] Hengel, a.a.O., S. 99

Gemeinde zu erklären. Die Argumentation wirkt stellenweise sehr gekünstelt.

Insgesamt kommen alle Forscher zu einem sehr mageren Ergebnis, was jüdische Belegstellen anbetrifft. Für die scheinbar so aufschlußreichen Belege aus dem 4. Esrabuch, in dem mehrfach der Ausdruck „mein Sohn" vorkommt,[185] muß davon ausgegangen werden, daß im hebräischen oder aramäischen Originaltext nicht „Sohn", sondern „Knecht" stand.[186] So bleibt als einziger Beleg für eine messianische Verwendung des Begriffs „Sohn Gottes" nach wie vor Ps 2,7.

Auf der Suche nach dem Gottessohn

Zu den schon sehr früh veröffentlichten Qumran-Texten gehört eine erbauliche Interpretation verschiedener Bibelstellen auf die Wiederherstellung des rechtmäßigen Tempelgottesdienstes am Ende der jetzigen Zeitepoche unter Führung des „Davidssprosses", „der mit dem Erforscher des Gesetzes auftreten wird".[187] In diesem „Florilegium"[188] wird unter anderem auf die Nathanverheißung (2.Sam 7,11-14) und auf Ps 2 Bezug genommen, aber auch auf andere Schriftstellen. Darin hat man schon bisher einen Beleg für einen messianischen Gottes-Sohn-Titel gesehen.[189] Allerdings kommt in den erhaltenen Textteilen der Begriff „Sohn Gottes" nicht vor. Wir haben es daher mit einem ebenso fragwürdigen wie beliebten Beleg zu tun, von dem Hahn feststellt: „Bedauerlicherweise ist die am Ende von Kolumne I beginnende Auslegung von Ps 2 in 4 Q flor nicht enthalten."[190] Auf reine Vermutungen kann man jedoch keine stichhaltige Argumentation aufbauen.

Welche neuen Gesichtspunkte tragen die von Eisenman und Wise veröffentlichten Texte bei? Das Dokument 4 Q 246 haben die Herausgeber unter dem Namen *„Der Sohn Gottes"* veröffentlicht.

---

[185] 4. Esra 7,28; 13,32.37.52; 14,9
[186] Vgl. F. Hahn, a.a.O., S. 285
[187] 4 Q flor I,11; vgl. Lohse, a.a.O., S. 257
[188] Wörtlich: „Blütenlese" = Zitatensammlung
[189] Vgl. Hahn, a.a.O., S. 284 ff.
[190] Hahn, a.a.O., S. 286

Hält es, was Eisenman und Wise versprechen? „Ein Schlüsselbegriff in diesem Text ist natürlich die Bezeichnung der kommenden königlichen Gestalt ... als »Sohn Gottes« oder »Sohn des Allerhöchsten«, während frühere Königreiche aufgrund ihrer Vergänglichkeit nur mit »Sternschnuppen« verglichen werden."[191]
Unbestreitbar ist, daß in diesem Text in aramäischer Sprache der Begriff „Sohn Gottes" vorkommt und in unmittelbarem Anschluß daran, gewissermaßen als interpretierende Apposition, der Begriff „Sohn des Höchsten".
Unklar ist jedoch, wer damit gemeint ist. Sollte es der Messias sein, dann nähme er im Vergleich zu allen bekannten jüdischen Vorstellungen, so unterschiedlich sie im einzelnen auch sind, eine merkwürdige Rolle wahr. Sein Auftreten würde nämlich Menschen und Völker gegeneinander in Aufruhr bringen, „bis das Volk Gottes aufsteht (sich erhebt) und alle zur Ruhe bringt vom Schwert."[192] Dies würde also bedeuten, daß nicht dieser *Sohn Gottes*, sondern das *Volk Gottes* den Frieden bringt, während die Gestalt, die „Sohn Gottes" genannt wird, Unruhe und Aufruhr stiftet. Klaus Berger kommt daher zu dem Ergebnis: „Legt man den üblichen Aufbau apokalyptischer Texte zugrunde, nach dem die Heils- und Friedenszeit am Ende steht, davor aber Drangsal herrscht, dann steht der »Sohn Gottes« als Messias hier in der falschen Periode und also an falscher Stelle. Es ist daher sehr viel wahrscheinlicher, daß im Qumran-Text damit ein heidnischer Herrscher mit seinem Machtanspruch gemeint ist (etwa: Alexander der Große als Beherrscher der unmittelbar davor genannten Länder Assyrien und Ägypten), als daß es sich um den Messias der Juden handelt."[193] Berger erwägt dies, ohne sich darauf festzulegen. Man muß jedoch nicht so weit gehen.
Selbst wenn es sich in diesem Text um eine Beschreibung der letzten Ereignisse dieser Weltzeit handelt, fehlt der Begriff „Messias" ebenso wie die Bezeichnung dieses „Sohnes des Allerhöchsten" als König. Den einige Zeilen später verwendeten Aus-

---

[191] Eisenman/Wise, a.a.O., S. 74
[192] 4 Q 246, Sp 2,4 (eigene Übersetzung); vgl. Eisenman/Wise, a.a.O., S. 76
[193] Berger, a.a.O., S. 98

druck, „sein Königreich wird ein ewiges Reich sein,"[194] muß man wie im Danielbuch[195] auf Gott selbst beziehen. In der letzten Zeile (Sp. 2,9) wiederholt sich die Formulierung, jedoch mit Begriffen, die nicht vom Wortstamm *mlk* (König), sondern vom Wortstamm *schlt* (Macht) abgeleitet sind, der uns durch das Wort *Sultan* geläufig ist. Sollte in dieser Zeile nicht ebenfalls von Gott, sondern von einem durch ihn beauftragten Herrscher die Rede sein, so läge jedenfalls eine begriffliche Unterscheidung gegenüber Zeile 5 vor.[196]

Gottes Herrschaft

Auf die Frage, was in Qumran fehlt, antwortet Berger: „Das Wichtigste: Es fehlt eine Vorstellung vom Reich Gottes, die der Auffassung Jesu vergleichbar wäre; es gibt kein kommendes oder zu enthüllendes Reich Gottes; es gibt nur ein gegenwärtiges im Himmel oder eines, an dem Hymnenbeter Anteil haben oder dessen Träger Israel unter den Völkern ist."[197]

Gott als König in der Hebräischen Bibel

Ein Blick in die Konkordanz läßt erkennen, was Berger damit meint. Eine Fülle von Texten aus Höhle 4 und 11, die man als Sabbatlieder bezeichnet, preisen Gott als „König über alles", als „Gott, den König", „König der Ehre" usw.
Dies entspricht der normalen jüdischen Gebetssprache, die sich schon in biblischer Zeit findet. So wird Gott etwa in Ps 98,6; 145,1 als König angeredet. Jesaja bekennt bei seiner Berufung, er habe den König, den HERRN Zebaoth, gesehen (Jes 6,5). Ebenso wird Gott von Jeremia bezeichnet, wenn er sich auf einen Gottesspruch bezieht (Jer 46,18; 48,15; 51,57). Jes 43,15 finden sich im Rahmen einer Selbstvorstellung Gottes neben dem *Gottesnamen* eine ganze Reihe von *Gottesbezeichnungen*: „euer Heiliger,

---

[194] 4 Q 246, Sp. 2,5
[195] Dan 4,31; 6,27
[196] Der Wortstamm *schlt* kommt auch in anderen Dokumenten vor, vgl. etwa 4 Q 545-548, F 3,1; 4 Q 252 Sp. 5,1
[197] Berger, a.a.O., S. 129

der Schöpfer Israels, euer König". Als „König der Welt" wird Gott Jer 10,10 bezeichnet, als „König der Ehre" in dem bekannten Psalm 24, um nur einige der vielen Stellen herauszugreifen, an denen in der Hebräischen Bibel von Gott als König die Rede ist. Dabei fällt auf, daß auch schon in der Bibel Gott ausschließlich in hymnischen und prophetischen Zusammenhängen „König" genannt wird, nicht in erzählenden oder rechtlichen Texten.[198]

Gott als König im jüdischen Gebet

Auch heutige jüdische Gebete rufen Gott als König an.
Im *Achtzehnbittengebet* wird Gott mehrfach als König angesprochen. Gleich der erste Segensspruch endet mit der Anrede, „König, Helfer, Retter und Schild! Gelobt seist du, Ewiger, Schild Abrahams!"[199] Im zweiten Segensspruch heißt es, „Wer ist wie du, Herr der Allmacht, und wer gleicht dir, König, der du tötest und belebst und Heil aufsprießen läßt".[200] Im fünften und sechsten Segensspruch wird Gott als „unser Vater" und „unser König" angeredet, im sechzehnten und achtzehnten als „unser König". Im achten steht die Wendung, „Gott, König", im elften „König, der Gerechtigkeit und Recht liebt". Und beim Abendgebet schließt sich dem Achtzehnbittengebet die Friedensbitte an: „Fülle des Friedens lege auf dein Volk Israel ewiglich, denn du bist König und Herr alles Friedens".[201]
Die *Lobsprüche* zum *Sch'ma Jisrael*, „Höre, Israel", preisen Gott als „König der Welt", als „Unser Vater, unser König". „König der Welt" ist die Anrede Gottes in den meisten Segenssprüchen beim Händewaschen oder bei der Segnung der Tischgaben, beim Aufstehen und beim Toralesen. Ein Gebet, das an den zehn Bußtagen zwischen dem jüdischen Neujahrsfest (Rosch Haschana) und dem Versöhnungstag (Jom Kippur) täglich gebetet wird, lautet, „Awinu malkenu", „unser Vater, unser König".

---

[198] Auch 1.Sam 12,12 bildet keine Ausnahme, da Samuel hier in prophetischer Funktion auftritt.
[199] Chajim Halevy Donin, [Übers.] Naftali Bar-Giora-Bamberger, Jüdisches Gebet heute, Jerusalem/Zürich 1986, S. 76
[200] Donin, a.a.O., S. 77
[201] Donin, a.a.O., S. 100

Diese Übersicht macht deutlich, daß mit der Bezeichnung Gottes als „König" seine Größe und Güte gepriesen wird, seine *ständig wirkende*, heilbringende Überlegenheit und *Macht*, aber *nicht* das einmalige, *endgültige Eingreifen* Gottes zur dauernden Befreiung seines Volkes und der Welt von Beschwernissen und Bedrohungen.
Nicht anders verhält es sich in den Texten, die von der „Königsherrschaft Gottes" sprechen. Sie meinen ebenfalls Gottes ständiges Walten, nicht Gottes endzeitliches Wirken als erfahrbares, ewiges Heil. In dieser Hinsicht besteht kein Unterschied zwischen Qumran und dem alten biblischen Sprachgebrauch, wie er in heutigem jüdischem Beten fortwirkt.

„Sein Reich wird ein ewiges Reich sein"

Es wäre allerdings nicht sachgerecht, wollte man Qumran die Vorstellung eines endzeitlichen Königtums Gottes absprechen. Zwar wird in der Kriegsrolle Gott formal ganz traditionell als König gepriesen: „Denn heilig ist unser Herrscher, und der König der Ehre ist mit uns".[202] Aber dies ist ein Hymnus auf den Gott der Gerechtigkeit, der in diesem Endkampf gegen Belial Wunder getan hat, wie sie bisher nie geschehen sind, indem er die Herrschaft des Feindes endgültig besiegt hat.[203] Und die ganze Schrift schließt[204] mit der endzeitlichen Vorstellung von der Wallfahrt der Völker, die ihre Schätze nach Zion bringen.[205]
Dieser Endkampf Gottes richtet sich zwar gegen die Kittäer (=Römer).Dennoch wird deutlich, daß damit nicht das römische Besatzungsheer gemeint ist, sondern daß dieses sinnbildlich für die gesamte gottfeindliche Welt steht. Wenn Gott gebeten wird, das ganze Land mit Herrlichkeit und Segen zu füllen,[206] so handelt es sich dabei um eine Beschreibung der künftigen, endzeitlichen Gottesherrschaft.

---

[202] 1 QM XIX,1; Lohse, a.a.O., S. 223
[203] 1 QM XVIII,9 ff.; vgl. Lohse, a.a.O., S. 223
[204] 1 QM XIX,4 ff.; vgl. Lohse, a.a.O., S. 223; (Parallele 1 QM XII,7 ff., Lohse S. 209)
[205] Jes 60,5 ff.
[206] 1 QM XIX,4; vgl. Lohse, a.a.O., S. 223

Auch wenn das Dokument 4 Q 246 (Der Sohn Gottes) von dem „ewigen Königreich" spricht, das Gerechtigkeit, Frieden und Abschaffung des Schwertes bringt,[207] geht es dabei um die endgültige Heilszeit. Qumran bewegt sich also im Rahmen der jüdischen Apokalyptik, in der die aus Psalmen und anderen biblischen Texten bekannten, allgemeinen Lobpreisungen Gottes als König in konkrete Endzeithoffnungen umgemünzt wurden.

Gottes Herrschaft ist genaht!

„Im Mittelpunkt der Verkündigung Jesu stand die Gottesherrschaft. Daran kann es keinen Zweifel mehr geben, und tatsächlich bezweifelt das heute auch kein Theologe mehr."[208]
Jesu Botschaft von der Herrschaft Gottes benutzt zwar teilweise apokalyptisches Vokabular, trägt aber insgesamt keine apokalyptischen Züge. Man wird ihr auch nicht mit der Unterscheidung zwischen futurischer und präsentischer Eschatologie, d. h. künftiger und gegenwärtiger Endzeithoffnung gerecht. Auch der Begriff Naherwartung erfaßt nicht das Charakteristische der Botschaft Jesu, weil hinter all diesen Begriffen eine statische Heilsvorstellung steht: die Heilszeit als neuer Zustand. Darin stimmen Qumran, die jüdische Apokalyptik und sogar Paulus überein.[209]
Davon hebt sich die Art, wie Jesus von der Gottesherrschaft spricht, deutlich ab. Man kann daher seinen Sprachgebrauch als charakteristisch für seine andere Art der Hoffnung auf Gottes Herrschaft ansehen.
Dies fällt schon an seinen Gleichnissen auf. Sie sind keine apokalyptisch-allegorischen Bilder als verschlüsselte Beschreibung eines dramatischen Endgeschehens, aber auch keine bildhaften Vergleiche, die das Wesen Gottes und seiner Herrschaft charakterisieren sollen. Es handelt sich vielmehr um Erzählungen aus der Alltagswelt, die Vorgänge schildern, in denen strukturell Vergleichbares zu dem abläuft, was sich im Kommen der Gottesherr-

---

[207] 4 Q 246 Sp. 2,5; vgl Eisenman/Wise, a.a.O., S. 76 f.
[208] Norman Perrin, Was lehrte Jesus wirklich? Göttingen 1972, S. 52
[209] Kennzeichnend dafür ist etwa das paulinische Vokabular: In die Gottesherrschaft wird man gerufen (1.Thess 2,12), oder man erbt sie (1.Kor 6,9 f.; 15,50; Gal 5,21).

schaft ereignet: Da trägt auch nicht alles Frucht, wie bei jedem Säen; aber was herauskommt, lohnt sich dennoch. - Der Arzt kommt zu den Kranken und nicht zu den Gesunden, wie auch der Hirte das verirrte Schaf sucht, nicht die im Pferch. Und Beten ist mindestens so erfolgversprechend wie Unermüdlichkeit bei einer Behörde, die nicht tun will, was sie soll. - Wie ein Vater seinen Kindern auch bei größter Armut keine Steine statt Brot und keine giftigen Tiere statt genießbarem Fleisch geben würde, so darf man auch von Gott Gutes erwarten, ohne sich von der Unscheinbarkeit entmutigen zu lassen. Auch ein Senfkorn ist winzig, und wie üppig wird die Staude! Sogar Vögel können darin nisten. Und ist es mit dem Sauerteig anders? Ja, selbst wenn ein Sohn in der Fremde verkommen wäre, würde da nicht jeder richtige Vater ihm entgegeneilen, wenn er sich heimschleicht und nicht hereintraut?
Das alles und einiges mehr ist für Jesus Inhalt seiner Botschaft von der greifbar nahen Gottesherrschaft. Das ist mehr, als der übliche Begriff „Naherwartung" ausdrückt. Das könnte man sachgerechter als *„Näheerlebnis"* bezeichnen.
Dies wird unterstützt durch eine sprachliche Beobachtung. Norman Perrin hat schon vor über einem Vierteljahrhundert auf eine Besonderheit der Verkündigung Jesu hingewiesen, „hier wird regelmäßig vom »Kommen« der Gottesherrschaft gesprochen (vgl. z. B. Mt 12,28 par.; Lk 17,20 f.), niemals aber von deren »Aufrichtung« oder »Offenbarung«."[210] Er weist dann auf den davon unterschiedenen Sprachgebrauch im Judentum jener Zeit hin und stellt fest, daß Jesus nicht nur regelmäßig vom „Kommen" der Gottesherrschaft spreche, sondern auch andere für das damalige Judentum charakteristische Verben meide.
Als Zuverlässigkeitsprobe für seine Beobachtung kommt er dann zu der Feststellung, daß sich in diesem Punkt Jesus nicht nur vom zeitgenössischen Judentum unterscheidet, sondern auch von der Urchristenheit. Denn: „Außerhalb der synoptischen Evangelien treffen wir niemals das Verb »kommen« in Verbindung mit der Gottesherrschaft an".[211]

---

[210] Perrin, a.a.O., S. 57
[211] Perrin, a.a.O., S. 58

Besonders kennzeichnend für diesen Wesenszug der Verkündigung Jesu ist das Wort Lk 11,20, in dem er seine Heilungen deutet: „Wenn ich aber mit Gottes Finger die Dämonen austreibe, dann ist also die Herrschaft Gottes über euch gekommen." Hier wird deutlich, daß Jesus von einer sich ständig neu ereignenden, zu den Menschen kommenden Herrschaft Gottes weiß, die man jetzt herbeirufen und erfahren kann in Gebetserhörungen und Heilungen, in der Fähigkeit zur Feindesliebe und der Freiheit von Sorge ums Überleben.

Gültig zusammengefaßt sind all diese Hoffnungen, Wünsche und Mahnungen in dem Gebet Jesu, das auch die Bitte enthält: „Dein Reich komme!" Vergleichbare Vorstellungen fehlen in Qumran völlig.

IV. „Tun, was gut und rechtschaffen ist vor ihm"

1. „NICHT EIN EINZIGES VON ALLEN WORTEN GOTTES ÜBERTRETEN"

„Amen, ich sage euch nämlich: Bis Himmel und Erde vergehen, wird nicht ein einziges Jota oder nicht ein einziges Häkchen vom Gesetz vergehen, bis alles geschieht. Wer nun eines dieser kleinsten Gebote löst und die Menschen entsprechend lehrt, wird der Kleinste heißen im Himmelreich. Wer sie aber tut und lehrt, der wird groß genannt werden im Himmelreich."[1]
Ulrich Luz stellt in seinem Kommentar die Schwierigkeiten dar, die vor allem evangelische Ausleger mit diesem Wort aus der Bergpredigt haben; denn die Aussage paßt so wenig zu unserem gängigen Jesusbild, daß schon viele Erklärungsversuche unternommen wurden. Luz kommt nach einer kritischen Sichtung der verschiedenen Versuche zu dem Ergebnis: „Das Problem ist m. E. unlösbar, und es bleibt nichts anderes übrig, als den Vers so, wie er dasteht, zu interpretieren."[2]
Steht dieses Wort aus der Bergpredigt nicht in erstaunlicher Nähe zu der qumranischen Selbstverpflichtung, „nicht ein einziges von allen Worten Gottes zu übertreten in ihren Zeiten"?[3]
Bei aller Verwandtschaft gibt es aber auch eindeutige Unterschiede. Auch die Bergpredigt betont die Gültigkeit der Tora und erwartet die Befolgung ihrer Gebote. Die Mitglieder von Qumran

---

[1] Mt 5,18 f.; Übers. Luz, a.a.O., Bd I, S. 228
[2] Luz, a.a.O., Bd I, S. 230
[3] 1 QS I,13 f.; Lohse, a.a.O., S. 5.
 Das Wort „Zeiten" *(qitzehäm)* meint hier den gegenwärtigen Zeitabschnitt, nicht die Kalenderzeit, von der anschließend mit einem anderen Wort *('et)* die Rede ist.

verpflichten sich zur Einhaltung jedes einzelnen Wortes. Sogar die konsequente Haltung läßt sich vergleichen. In der Bergpredigt heißt es: „Bis Himmel und Erde vergehen, wird nicht vergehen der kleinste Buchstabe noch ein Tüpfelchen vom Gesetz, bis es alles geschieht. Wer nun eines von diesen kleinsten Geboten auflöst und lehrt die Leute so, der wird der Kleinste heißen im Himmelreich".[4] In Qumran gilt die Vorschrift: „Und irgendein Mann von den Männern der Gemeinschaft, vom Bund der Gemeinschaft, der absichtlich in einem Wort vom ganzen Gebot abweicht, darf nicht die Reinheit der Männer der Heiligkeit berühren, und nicht darf er Kenntnis haben von all ihrem Rat, bis seine Werke gereinigt sind von allem Frevel, so daß er auf dem Wege der Vollkommenheit wandelt."[5]

Aufgrund einer solchen Formulierung der Gemeinderegel erwartet man eine Fülle präziser Vorschriften, die das Einhalten der Worte Gottes ermöglichen und kontrollierbar machen. In der Bergpredigt folgt der entsprechenden Grundsatzerklärung eine Reihe von Toraauslegungen. Werden diese Erwartungen auch von den Qumran-Texten erfüllt?

Nur eine Vereinssatzung?

Auffällig ist, daß die Gemeinderegel im ethischen Bereich sehr allgemein und unkonkret bleibt und keine direkten Handlungsanweisungen gibt. Wo sie dagegen konkret wird, geht es immer um Fragen der Gemeindedisziplin, so daß man den Eindruck gewinnen könnte, die Gemeinderegel sei eher eine Vereinssatzung als ein Dokument grundlegender Verhaltensnormen dieser Gemeinschaft.

Herbert Brauns Auffassung kann also nicht bestätigt werden: „Qumran wendet sich mehr gegen moralische, nicht so sehr gegen gemeinschaftssprengende Laster."[6] Das Gegenteil ist der Fall, zumindest gilt dies für die Gemeinderegel; und Braun bestätigt dies auch indirekt, wenn er unmittelbar im Anschluß daran fortfährt:

---

[4] Mt 5,18 f. (Lutherbibel)
[5] 1 QS VIII,16-18; Lohse, a.a.O., S. 31
[6] Braun, a.a.O., S. 289

„Unter den qumranischen Tugenden spielt die esoterisch gemeinte Weisheit und Einsicht eine vielfach unterstrichene Rolle, auch das Streben nach kultischer Reinheit wird genannt, es fehlt aber eine explizite Erwähnung der Liebe." Gerade die in 1 QS IV,2-6 genannten Tugenden, auf die Braun verweist, sind *nicht moralischer*, sondern *spiritueller* und *ritueller* Art,[7] deren Übertretung das Gemeinschaftsleben stört.

Sehr konkret wird die Gemeinderegel daher bei Verstößen gegen das Zusammenleben in der Gemeinschaft, sowohl hinsichtlich der Benennung des Tatbestands als auch bei der Straffestsetzung. Geahndet werden beispielsweise falsche Vermögensangaben, Sturheit und Jähzorn gegenüber Höherrangigen oder gar Priestern, Fluchen, unbedachtes Reden oder gar bewußtes Lügen, Verleumdung, Verbitterung und Täuschung,[8] Fahrlässigkeit gegenüber einzelnen oder der Gemeinschaft, Groll, Rache, unbedacht reden und andere nicht ausreden lassen. Vorzeitiges Verlassen der gemeinsamen Sitzung und Einschlafen während der Beratungen, verschiedene Verhaltensweisen, die der Würde der Versammlung nicht entsprechen, wie wildes Gestikulieren, Spucken, nackt Herumlaufen, Murren oder Unsicherheit hinsichtlich der Grundlage der Gemeinde oder unberechtigtes Murren über einen anderen.[9]

All diese Vergehen werden mit Ausschluß für kürzere oder längere Zeit, mitunter sogar auf Dauer bestraft; dazu kommt eine Kürzung der Essensration, teilweise auch ein abgestuftes Wie-

---

[7] Maier/Schubert, a.a.O., S. 148: f.: „Und dies sind ihre Wege in der Welt: Zu erleuchten das Herz des Menschen und zu ebnen vor ihm alle Wege wahrhaften Rechtes. Sein Herz zu erschrecken durch die Gerichtstaten Gottes. Demütige Gesinnung und Langmütigkeit, Fülle des Erbarmens und dauernde Güte, Verstand und Einsicht und kraftvolle Weisheit, die auf alle Taten Gottes vertraut und sich stützt auf die Fülle Seiner Gnade. Ein Geist der Erkenntnis im Plan jedes Tuns und Eifer für die gerechten Gerichte. Heiligmäßiges Denken in festem Sinn und reiche Verbundenheit gegen alle Söhne der Wahrheit. Herrliche Reinheit, verabscheuend alle unreinen Götzen. Behutsamer Umgang in Klugheit (mit) allem und getreuliches Verbergen der Geheimnisse der Erkenntnis. Dies sind die Ratschläge des Geistes für die Söhne der Wahrheit (in) der Welt." Diese letzten Sätze zeigen deutlich, daß es um esoterisches Wissen und Verhalten geht, nicht um eine (bessere) Moralregel.
[8] Wörtlich: wissentliche Ungenauigkeit
[9] 1 QS VI,24 bis VII,25

deraufnahmeverfahren mit Überprüfungen durch die Vollversammlung der Gemeinschaft wie beim ursprünglichen Eintritt.
Ein ähnliches Bild bietet die Damaskusschrift, auch wenn ihre Vorschriften teilweise von der Gemeinderegel abweichen. Man wird daher mit einem anderen Entwicklungsstadium oder Zweig der Gemeinschaft rechnen müssen, jedoch nicht mit einer anderen Grundeinstellung.
Auch hier werden *rituelle* und *gemeinschaftsbezogene* Vorschriften und Verstöße sehr eingehend erörtert, während *moralische* Vergehen formelhaft zusammengefaßt sind etwa in der Wendung, „sie wälzten sich auf Wegen der Hurerei und in dem Besitz der Gottlosigkeit, in Rächen und Grollen, jeder gegen seinen Bruder, und indem jeder seinen Nächsten haßt. Und sie entzogen sich ein jeder seinen Blutsverwandten und näherten sich schändlicher Tat und zeigten sich tüchtig in Bezug auf Besitz und Gewinn und taten jeder, was in seinen Augen recht war."[10] Wie konkret wird dagegen die Bergpredigt gerade in diesen Fragen.
Was mit „Besitz der Gottlosigkeit" gemeint ist, geht aus einer anderen Stelle hervor. Es handelt sich offensichtlich darum, daß Arme, Witwen und Waisen nicht durch Gelübde u.ä. ihres Lebensunterhalts beraubt werden.[11] Andere ethische Forderungen werden dagegen ganz im Zusammenhang mit dem Leben der Gemeinschaft begründet.[12]

Verwandtschaft mit dem Neuen Testament

Die Kompromißlosigkeit der Bergpredigt

Ein Teil dieser mißbilligten Verhaltensweisen wird auch in der Jesusüberlieferung hart kritisiert, teilweise sogar noch schärfer, wie es scheint, wenn es in der Bergpredigt etwa heißt: „Wer mit seinem Bruder zürnt, der ist des Gerichts schuldig."[13]

---

[10] CD VIII,5-7; XIX,17-20; Lohse, a.a.O., S. 81.83.103. Es besteht eine gewisse Nähe zu 1.Thess 4,3-8.
[11] CD VI,15-17. Die Stelle ist leider aufgrund des stichwortartigen Stils nicht ganz eindeutig.
[12] CD IX,4 ff.
[13] Mt 5,22

Ein sachgerechter Vergleich ist jedoch nur möglich, wenn man sich den jeweiligen Zusammenhang dieser Aussagen bewußt macht. In der Bergpredigt geht es um das richtige Verständnis der Gebote Gottes. Das Gebot, „du sollst nicht töten", - so lautet die Argumentation - ist noch nicht in seiner ganzen Tiefe ernstgenommen, wenn man etwa einen Totschlag durch ein Gericht ahndet, emotionale und verbale Aggression aber für belanglos hält. Eigentlich ist der Zorn gegen einen anderen etwas so Schwerwiegendes, daß man diesen Fall vor Gericht bringen müßte, eine verbale Ausfälligkeit schon vor das höchste Gericht, eine Ehrenrührigkeit gar vor das Gericht Gottes, vom Totschlag ganz zu schweigen. Diese rhetorische Argumentation, die keineswegs auf eine juristische Umsetzung, sondern auf Bewußtseinsbildung zielt, stellt etwas völlig anderes dar als eine Liste von Vergehen und Androhung von entsprechenden Sanktionen, die tatsächlich angewandt werden sollten.

Die entsprechende Regelung in der Damaskusschrift ist völlig anderer Art. Geht es in der Bergpredigt darum, daß man sich nicht mit der Erfüllung der Mindestanforderung der Gebote, der Einhaltung ihrer äußersten Grenze begnügen, sondern sich der Bedeutung anderer gegen Menschen gerichteten Empfindungen, Einstellungen und Verhaltensweisen bewußt werden soll, so legt die Damaskusschrift eine allgemeine Toravorschrift auf das gemeindeinterne Zusammenleben hin aus. Es handelt sich um zwei Verse, die in der Bibel unmittelbar vor dem Gebot der Nächstenliebe stehen: „Du sollst dich nicht rächen und sollst keinen Groll bewahren gegen die Söhne deines Volkes," (Lev 19,18) sowie: „Du sollst deinen Nächsten zurechtweisen und dir nicht um seinetwillen Sünde aufladen" (Lev 19,17). Diese beiden Verse umrahmen in der Damaskusschrift einen Abschnitt, in dem es u. a. heißt: „Und jeder Mann von denen, die in den Bund eingetreten sind, der gegen seinen Nächsten eine Sache vorbringt, ohne ihn vor Zeugen zurechtgewiesen zu haben, oder der in grimmigem Zorn sie vorbringt oder sie seinen Ältesten erzählt, um ihn verächtlich zu machen, der ist einer, der sich rächt und Groll bewahrt."[14] Hier werden also von einer generellen Regel konkrete Regelungen für Vorkommnisse innerhalb der Gemeinschaft abgeleitet. Die durchaus ähnliche Anweisung Mt 18,15 ff. geht ganz anders vor.

Paulinische Lasterkataloge

Auch in anderen neutestamentlichen Schriften gibt es Parallelen zu ethischen Vorstellungen aus Qumran. Die Aufzählung von Kennzeichen für den „Geist des Frevels" in der Gemeinderegel läßt sich durchaus mit paulinischen Aussagen vergleichen. So erinnert etwa die Liste in 1 QS IV,9 ff. mit den Stichworten „Habgier und Trägheit der Hände im Dienst der Gerechtigkeit, Bosheit und Lüge, Stolz und Hochmut des Herzens, Betrug und Täuschung, Grausamkeit und große Gottlosigkeit, Jähzorn und Übermaß an Torheit und stolze Eifersucht, Greueltaten im Geist der Hurerei und Wege des Schmutzes im Dienst der Unreinheit und eine Lästerzunge, Blindheit der Augen und Taubheit der Ohren, Halsstarrigkeit und Hartherzigkeit",[15] durchaus an paulinische Lasterkataloge, vor allem Gal 5,19-23.[16]

Einehe in der Damaskusschrift

Etwas konkreter im Blick auf moralische Sünden scheint die Damaskusschrift zu reden. Dort wird von drei Netzen Belials gesprochen, mit denen er Israel fängt: Unzucht, Reichtum und Befleckung des Heiligtums. Mit ausführlichen biblischen Begründungen wird die Einehe gefordert. An erster Stelle wird wie bei Jesus als Beleg die Erschaffung des Menschen als Mann und Frau herangezogen, wobei die im hebräischen Bibeltext stehenden Adjektive *männlich und weiblich* wie im Neuen Testament im Sinne von *ein* Mann und *eine* Frau verstanden werden.[17]

---

[14] CD IX,2-4; Lohse, a.a.O., S. 83.85
[15] Lohse, a.a.O., S. 13/15
[16] Vgl. auch Röm 13,13; 1.Kor 5,10 f.; 6,9 f.; 2.Kor 12,20
[17] CD IV,15 ff., vgl. Gen 1,27; Mk 10,6

Verräterische Offenheit?

Auffallend ist die an einer Stelle sehr konkrete Formulierung, „in Hurerei zu nehmen zwei Frauen während ihres Lebens".[18] Lohse kommentiert in einer Anmerkung dazu: „Das heißt: zu Lebzeiten der Frauen. Es wird also eindeutig gegen die - an sich im Judentum durchaus erlaubte - Polygamie polemisiert."[19] Dieses Verständnis legt sich allerdings nicht nahe, es sei denn, man unterstellt hier eine grammatikalische Ungenauigkeit; denn der hebräische Text bezieht sich aufgrund der verwendeten Personalendung eindeutig auf das Leben der Männer, nicht der Ehefrauen.

Einmalige Ehe?

Nimmt man den Text in seinem Wortlaut ernst, so wäre er ein Beleg dafür, daß man nur eine einmalige Eheschließung für gottgewollt hielt, die Wiederverheiratung Verwitweter dagegen als verboten ansah.

Eine ähnliche Vorstellung kennen wir auch aus den Pastoralbriefen, dort allerdings nur auf Funktionsträger in der Gemeinde bezogen.[20] Die Formulierung ist in ihrer Tendenz zwar nicht ganz eindeutig, da aber für Frauen eine Mehrehe ohnehin nicht in Betracht kam, wird man aus der Regelung für die Witwen, „*eines Mannes Frau*" zu sein, generell darauf schließen können, daß auch bei Bischöfen, Presbytern und Diakonen nicht die Mehrehe verboten wird, sondern an Wiederverheiratung Verwitweter gedacht ist. In dieser Frage bestünde also eine gewisse Verwandtschaft zu Qumran, sofern die betreffende Forderung so zu verstehen ist, wie es der Wortlaut nahelegt. Allerdings würde dort für die ganze Gemeinde gefordert, was in der frühen Christenheit nur für Funktionsträger galt.

---

[18] CD IV,20 f.
[19] Lohse, a.a.O., S. 284, Anm. 26
[20] In 1.Tim 3,2.12; 5,9; Tit 1,6. - 1.Kor 7,39 f. ist der Verzicht auf Wiederverheiratung nur eine Empfehlung des Apostels. Dabei wird ausdrücklich das Recht auf Wiederverheiratung betont..

Zeitgeschichtliche Einordnung

Versteht man allerdings CD IV,21 von den nachfolgenden biblischen Begründungen und Beispielen her, so ist eher an das Verbot der Mehrehe und der Verwandtenehe zu denken. Die konkreten Ausführungen lassen sich sogar als Anspielungen auf Vorkommnisse in Fürstenhäusern verstehen. Baigent und Leigh nehmen daher an, daß die hier vorausgesetzten Verhältnisse „einzig für die Zeit der Herodesdynastie relevant sind."[21]

Der Vorwurf, *mit mehreren Frauen gleichzeitig verheiratet* gewesen zu sein, trifft bereits Herodes selbst. Von ihm berichtet Flavius Josephus: „Er war übrigens schon durch Verlobung zum Schwiegersohn des Hyrkanus bestimmt und erwies diesem umso mehr Aufmerksamkeit, als er auch der Gatte einer Tochter von Aristobuls Sohn Alexander, die mütterlicherseits eine Enkelin des Hyrkanus war und ihm später drei Söhne und zwei Töchter schenkte, werden sollte. Früher schon hatte er eine Gattin aus niederem Stande mit Namen Doris heimgeführt und von ihr seinen ältesten Sohn Antipater erhalten."[22] In einer späteren Aufzählung,[23] wird Mariamne nicht mehr unter den neun Frauen des Herodes aufgeführt, weil sie zu diesem Zeitpunkt nicht mehr am Leben war.[24]

Doris war zwar von Herodes verstoßen worden, war aber noch am Leben und offensichtlich auch in politische Machenschaften verwickelt. Anläßlich einer Verschwörung des ältesten Herodessohnes Antipater stellte Herodes „zunächst dessen Mutter Doris zur Rede, nahm ihr den ganzen Schmuck ab, der einen Wert von vielen Talenten darstellte," und ließ sie dann gehen.[25]

Verwandtschaftsinterne Eheschließungen gab es bereits unter den Hasmonäern, nicht erst unter den Herodessöhnen. So war Mariamne, die zweite Frau des Herodes, einerseits die Enkelin, andererseits die Großnichte Hyrkans II., da sie mütterlicherseits eine

---

[21] Baigent/Leigh, a.a.O., S. 187
[22] Josephus, Altertümer, XIV,12,1, a.a.O., S. 256
[23] Josephus, Altertümer, XVII,1,3
[24] Vgl. Josephus, Altertümer, XV,7-16
[25] Josephus, Altertümer, XII,4,2, Clementz, a.a.O., S. 449

Tochter Alexandras, der Tochter Hyrkans, väterlicherseits eine Enkelin Aristobuls II., des Bruders Hyrkans, war. Wenn also in der Damaskusschrift Mehrehe und Verwandtenheirat unter Hinweis auf biblische Gebote und Beispielgeschichten angeprangert werden, macht dies keineswegs eine Spätdatierung dieser Schrift erforderlich. Zeitgeschichtliche Bezüge sind auch vor und zu Beginn der Regierungszeit des Herodes nachweislich vorhanden.

2. „ALLE SÖHNE DER FINSTERNIS ZU HASSEN"

Qumranisch-christlicher Zeloten-Radikalismus?

Eisenman und Wise rücken in der Einleitung ihres Buches die Qumran-Bewegung Schritt für Schritt näher an Jesus und die Urgemeinde heran, bis sie die Behauptung wagen, beide Bewegungen seien identisch.

Zunächst äußern sie sich noch relativ vorsichtig und beantworten die Frage, was die Qumran-Dokumente darstellen, mit der Vermutung: „Wahrscheinlich nicht weniger als ein Bild der Bewegung, aus der das Christentum in Palästina entstand."[26] In dieser Aussage werden zwar die Zusammenhänge zwischen der Jesusbewegung und Qumran bereits sehr eng gesehen, aber beide noch voneinander unterschieden.

Der nächste Schritt ist wesentlich gewagter, wenn sie die Behauptung aufstellen, wenn wir „den messianischen Charakter dieser Texte bedenken, ... so erhalten wir ein Bild dessen, was das Christentum in Palästina wirklich war."[27] Diese Annahme ist durch nichts begründet und begründbar. Sie beruht auf Voraussetzungen, die entweder nicht zutreffen oder nicht aussagekräftig sind.[28]

---

[26] Eisenman/Wise, a.a.O., S. 17
[27] ebd.
[28] Apokalyptische Vorstellungen sind in jener Zeit so verbreitet, daß daraus keine direkte Beziehung zwischen apokalyptischen Zügen in Qumran und im Neuen Testament abgeleitet werden kann. Für die Annahme, in den Qumran-Texten schlage sich die theologische Auseinandersetzung zwischen Jakobus und Paulus nieder, gibt es keinerlei Anhaltspunkte; noch nicht einmal Namen, die in der Urchristenheit eine Rolle spielen, kommen in Qumran vor.

Sie wissen natürlich, daß solche Behauptungen nicht unwidersprochen bleiben. Möglichen Einwänden versuchen sie daher vorzubeugen mit dem Zugeständnis: „Der Leser wird wahrscheinlich Schwierigkeiten haben anzuerkennen, daß da praktisch das vollkommene Gegenteil dessen zum Vorschein kommt, was er in der Schule gelernt hat."[29]
Doch auch dadurch lassen sie sich nicht beirren, sondern haben als Erklärung eine weitere Behauptung parat: „Während das palästinische Christentum zelotisch, nationalistisch, politisch engagiert, fremdenfeindlich und apokalyptisch war, so war das heidenchristliche kosmopolitisch, antinomisch und pazifistisch - mit einem Wort: »paulinisiert«."[30] Nach einer recht groben Charakterisierung der Zeloten, die nicht auf deren Motive eingeht, wird die früheste Jesusbewegung diesen fast gleichgesetzt und das uns vertraute Bild Jesu und der Urgemeinde als eine Art verweichlichte Fehlentwicklung gekennzeichnet. Die Zeloten „waren, wenn man so will, »heilige Krieger« ihrer Zeit, bereit, ein Leben äußerster Einfachheit zur Vorbereitung auf die »letzten Tage« zu führen. Denjenigen, denen mehr der »sanftere« heidenchristliche Ansatz vertraut ist, wird es schwerfallen zu akzeptieren, daß dieser militante Zug das Christentum in seinen Anfängen in Palästina prägte."[31]
Diese Schlußkette setzt sich aus einer ganzen Reihe unbewiesener Glieder zusammen: 1. daß die Qumran-Bewohner Zeloten waren, 2. daß die Urchristenheit mit der Qumran-Gemeinschaft identisch ist, 3. daß die Qumran-Gemeinschaft militant war und 4. daß das einhellig friedliche Jesusbild des Neuen Testaments eine heidenchristliche Verfälschung des geschichtlichen Sachverhalts darstellt. Gäbe es auch nur zwischen zweien dieser Glieder eine nachweisbare Verbindung, ließe sich über diese Hypothese ernsthaft nachdenken. So aber entbehrt sie jeder Grundlage.
Worin bestand der Rigorismus von Qumran? Wie verhält er sich zur konsequenten Toratreue Jesu?

---

[29] Eisenman/Wise, a.a.O., S. 17
[30] ebd.
[31] Eisenman/Wise, a.a.O., S. 19

„Was hat das Licht für Gemeinschaft mit der Finsternis?"

Dieser Satz stammt weder aus Qumran noch aus dem Jakobusbrief, sondern aus einem Paulusbrief. Rudolf Bultmann fügt in seinem Kommentar zum zweiten Korintherbrief bei dem entsprechenden Abschnitt der Versangabe 6,14-7,1 das Wort „Einschub".[32] an. Da dieser Kommentar ein unbearbeitetes Vorlesungsmanuskript darstellt, sind die Erläuterungen verhältnismäßig knapp: „Typisch jüdische Paränese,"[33] heißt es da. „Christlich bearbeitet?"[34]

„Typisch jüdisch" ist sicher eine zutreffende Charakterisierung. Aber muß dies auch heißen, „typisch unpaulinisch"? Paulus benutzt auch an anderen Stellen die metaphorischen Gegensatzpaare Licht - Finsternis, Tag - Nacht.[35] Dabei fällt auf, daß in Röm 13,12 und 1.Thess 5,8 im Zusammenhang mit dieser Polarität zwischen Licht und Finsternis auch von den Waffen des Geistes die Rede ist. Käsemann nimmt an, daß diese Metaphorik ursprünglich „mythologisch auf die Teilnahme am Kampf zwischen Licht und Finsternis bezogen" war, dann aber in der Taufparänese ihren Platz innerhalb der christlichen Verkündigung erhielt.[36]

Nun kommt Paulus aber auch im Abschnitt 2.Kor 6,1-10 im Blick auf sein eigenes Erleben und Verhalten als Apostel auf die „Waffen der Gerechtigkeit" zu sprechen. Das Stichwort „Gerechtigkeit" wird bei den Gegensatzpaaren in V. 14[37] wieder aufgenommen. Es gibt daher durchaus einen Sinn, die Verse 6,14 ff. nicht als Einschub zu betrachten, sondern im Zusammenhang mit den vorangehenden Versen zu sehen. Die Warnung vor falschen Kompromissen ist dann die ethische Konsequenz der vom Glauben bestimmten Lebensweise. Die Verwandtschaft des Wortlauts mit einem Abschnitt aus dem sog. Testament Levis spricht nicht

---

[32] Rudolf Bultmann, Der zweite Brief an die Korinther, [Hrsg.] Erich Dinkler (KEK Sonderband), Göttingen 1976, S. 181
[33] Paränese bedeutet Ermahnung
[34] Bultmann, 2.Kor., S. 182
[35] Z. B. Röm 13,12; 2.Kor 11,14; 1.Thess 5,5
[36] Käsemann, a.a.O., S. 347
[37] Gerechtigkeit - Frevel, Licht - Finsternis, Christus - Beliar, Gläubige - Ungläubige

gegen die paulinische Verfasserschaft, sondern zeigt, wie sehr Paulus in jüdischem Denken beheimatet war:
Der Patriarch Levi fordert seine Nachkommen auf: „Nun, meine Kinder, habt ihr alles angehört. Wählt selbst nun zwischen Finsternis und Licht! Entweder das Gesetz des Herrn oder die Werke Beliars!"[38] Daran schließt sich eine feierliche Verpflichtung der Söhne Levis auf das Gebot Gottes an.
Paulus mahnt die Gemeinde von Korinth: „Zieht nicht mit den Ungläubigen am fremden Joch! Denn was hat die Gerechtigkeit mit dem Frevel zu tun? Oder was hat das Licht mit der Finsternis gemein? Wie stimmt Christus zu Beliar? Oder was verbindet einen Gläubigen mit einem Ungläubigen? Wie verträgt sich der Tempel Gottes mit Götzenbildern?"[39]
Die gemeinsamen Stichworte: Licht, Finsternis, Beliar/Belial sind uns auch aus Qumran bekannt. Sie gehören jedoch ebenso zur Begriffs- und Bilderwelt des Apostels Paulus, auch wenn für ihn das Begriffspaar „Fleisch und Geist" kennzeichnender ist.
Dies berechtigt jedoch ebensowenig zu der Annahme eines späteren Einschubs, wie die Tatsache, daß das Wort Beliar nur hier im Neuen Testament vorkommt. Vielmehr wird daran deutlich, wie verbreitet apokalyptisches Gedankengut und die entsprechende Begrifflichkeit in verschiedenen eschatologischen Strömungen jener Zeit war. Begriffe aus anderen theologischen Konzepten konnten ohne Bedenken benutzt werden, wenn sie geeignet waren, das eigene Anliegen zu verdeutlichen, auch wenn man üblicherweise eine andere Begrifflichkeit verwendete. Da Paulus den Gegensatz zwischen Geist und Fleisch nicht weniger radikal sah als etwa Qumran den Gegensatz zwischen Licht und Finsternis,[40] kann er sich ohne weiteres dieser Begrifflichkeit bedienen. Umgekehrt kennt man in Qumran den geistigen Kampf zwischen den Geistern „der Wahrheit und des Frevels im Herzen der Menschen",[41] also nicht nur eine Auseinandersetzung zwischen den Angehörigen verschiedener Machtbereiche.

---

[38] Test Lev 19,1; zit. nach Rießler, a.a.O., S. 1171
[39] 2.Kor 6,14-16; Übers. U. Wilckens, Das Neue Testament, Hamburg 1970
[40] Vgl. etwa Röm 8,2 ff.; Gal 5,16 ff.
[41] 1 QS IV,23; Lohse, a.a.O., S. 17

Auch der Beginn des Römerbriefs bewegt sich in solch schroffen Gegenüberstellungen. Paulus bleibt innerhalb jüdisch-apokalyptischer Grundauffassungen, indem er darlegt, was Gott gibt, nämlich „denen, die entsprechend der Geduld der guten Tat auf Verherrlichung und Ehrbarkeit und Unvergänglichkeit ausgerichtet sind, ewiges Leben; denen aber, die aus Eigennutz der Wahrheit ungehorsam sind, aber der Ungerechtigkeit gehorchen, Zorn und Grimm."[42]

Bei aller Ähnlichkeit wird jedoch auch der Unterschied zu Qumran deutlich. Die Mitglieder von Qumran *verpflichten* sich, „sich fernzuhalten von allem Bösen, aber anzuhangen allen guten Werken; und Treue, Gerechtigkeit und Recht zu tun im Lande; aber nicht länger zu wandeln in der Verstocktheit eines schuldigen Herzens und Augen der Unzucht, allerlei Böses zu tun; und alle, die willig sind, Gottes Gebote zu erfüllen, in den Bund der Barmherzigkeit herbeizubringen; ... und alle Söhne des Lichtes zu lieben, jeden nach seinem Los in der Ratsversammlung Gottes, aber alle Söhne der Finsternis zu hassen, jeden nach seiner Verschuldung in Gottes Rache."[43] Sie *grenzen* sich gegen die anderen nicht nur ab, sondern sie begegnen ihnen mit *Haß*.

Im Zeichen des Hasses

Die Begrifflichkeit der Gemeinderegel läßt sich in den beiden zitierten Paulustexten oder an anderen Stellen in den sogenannten Tugend- oder Lasterkatalogen durchaus wiederentdecken, sogar die Absonderung von den Ungerechten und Ungläubigen wurde in 2.Kor 6, 14 f. indirekt gefordert. Daß man sie allerdings hassen soll, ist im Neuen Testament nicht zu finden.

Gehaßt werden im johanneischen Schrifttum, in dem die Licht-Finsternis-Metaphorik besonders stark ausgeprägt ist, Christus und die Seinen, also die Repräsentanten des Lichts.[44] Während

---

[42] Röm 2,7 f.,
[43] 1 QS I,4-11; Lohse, a.a.O., S. 5
[44] Z. B. Joh 3,20; 7,7; 15,18 ff.; 17,14; 1.Joh 3,13

von Haß gegen Außenstehende nichts zu finden ist, gilt Haß gegenüber dem Bruder ausdrücklich als Zeichen von Finsternis.[45]

Verständnisvolles Bemühen nach innen

Hierzu gibt es allerdings eine Parallele in der Gemeinderegel von Qumran: „Man soll zurechtweisen, ein jeder seinen Nächsten in Wahr[heit] und Demut und huldvoller Liebe untereinander. Keiner soll zum anderen sprechen in Zorn oder Murren oder Halsstarrig[keit oder im Eifer] gottlosen Geistes. Und er soll ihn nicht hassen in seinem [unbeschnittenen] Herzen".[46] Dies gilt allerdings nur gegenüber einem Gemeindeglied, das sich geringere Verfehlungen zuschulden kommen ließ, die sich durch Zurechtweisung beheben und künftig vermeiden lassen.

Diese Mahnung erinnert durchaus an die Jesusworte vom Splitter im eigenen Auge und vom Balken im Auge des Bruders, oder von der Pflicht zur mehrfachen Mahnung vor einer Bestrafung, wenn jemand falsch handelt.[47] Der Grundsatz aus der Qumran-Gemeinderegel, es „soll niemand gegen seinen Nächsten eine Sache vor die Vielen bringen, wenn es nicht vorher zur Zurechtweisung vor Zeugen gekommen ist",[48] ist sachlich identisch mit Jesu Mahnung. Hier gibt es also echte Übereinstimmungen.

Scharfe Abgrenzung nach außen

Andererseits unterscheidet sich Qumran in seiner Abgrenzung nach draußen deutlich vom Neuen Testament. Denn es ist ein gravierender Unterschied, ob man wie Paulus davor warnt, mit den Ungläubigen am selben Strang zu ziehen oder ihnen zum Verwechseln ähnlich zu werden,[49] oder ob man sich zum Haß gegen sie verpflichtet, auch wenn dies als Vollzug der Rache Gottes angesehen wird.[50] Abgrenzung durch Haß ist ein Zeichen uneinge-

---

[45] 1.Joh 2,11
[46] 1 QS V,24-26; Lohse, a.a.O., S. 21. Zur Bedeutung von Haß und Groll vgl. oben, Kap. 4,1 a.
[47] Mt 7,1 ff.; 18,15 ff.
[48] 1 QS VI,1; Lohse, a.a.O., S. 21; vgl. auch CD IX,3
[49] 2.Kor 6,14 - Röm 12,2; vgl. auch 1.Pt 1,14
[50] 1 QS I,11

standener Schwäche, Ausdruck einer Angst vor unvermeidbarer Ansteckung. Aus dieser Angst sind teilweise auch die apokalyptischen Kampf- und Vernichtungsvorstellungen der Kriegsrolle zu erklären, wie es überhaupt in der Apokalyptik weniger um realistische Zukunftsschilderung als um Trost und Ermutigung für die hier benachteiligten Gottestreuen geht. *Mit Zelotismus hat dies nichts zu tun!*

3. „ES WIRD DIR ANGERECHNET ALS GERECHTIGKEIT"

Dies ist ein Zitat aus dem geheimnisumwitterten, „geheimen" MMT-Dokument.[51] Eisenman erhielt von diesem Text 1986 erstmals Kenntnis. Für Baigent und Leigh ist dieser Text, „den offensichtlich ein Vorsteher der Gemeinde von Qumran verfaßt hat, und der Verhaltensregeln der Gemeinschaft enthält",[52] eines der wichtigsten Beweisstücke ihrer vatikanischen Vertuschungstheorie. Eisenman und Wise haben dieses Dokument in ihrem Buch jetzt als zwei Teildokumente, als *ersten und zweiten „Brief über als Gerechtigkeit angerechnete Werke" (4 Q 394-399)*, veröffentlicht und sich dafür einen Urheberrechtsprozeß eingehandelt, in dem sie auch zu Schadensersatz verurteilt wurden.[53]

Der Inhalt ist jedoch keineswegs sensationell. Im Gegenteil! Was dort an „rechtschaffenen und guten Taten"[54] aufgezählt wird, sind *ausschließlich rituelle* Bestimmungen.

Wenn man daneben die konkreten ethischen Themen und Anweisungen der Bergpredigt und anderer Evangelientexte stellt oder die Tugend- und Lasterkataloge sowie die Haustafeln in den neu-

---

[51] Die Bezeichnung ist die Abkürzung eines Begriffs, der für diesen Text kennzeichnend ist: *miqzat ma'asä hatora* „einige (i. S. v. Mindestanforderungen) Taten der Tora".
H. Stegemann, a.a.O., S. 148 f., hält diesen Text für einen Brief, den der „Lehrer der Gerechtigkeit" an den Makkabäerführer Jonathan schrieb, um ihn zu „bewegen, auf das von ihm kurz zuvor gewaltsam okkupierte Amt des Hohenpriesters am Jerusalemer Tempel zu verzichten."

[52] Baigent/Leigh, a.a.O., S. 108

[53] Vgl. epd ZA Nr. 64 vom 1.April 1993, sowie: Evangelische Gemeinde, Erlöserkirche Jerusalem, Gemeindebrief März/April 1993, S. 40 f. - Nach H. Stegemann, a.a.O., S. 149 f., haben Eisenman und Wise „die Fragmente dieses Werkes mehrfach falsch aneinandergefügt."

[54] 4 Q 397-399,34; Eisenman/Wise, a.a.O., S. 204

testamentlichen Briefen vergleicht, so ist der Unterschied auffällig. Im Neuen Testament geht es um Ehescheidung[55] und Steuerrecht,[56] um Feindesliebe und Verzicht auf Widerstand,[57] um konkrete Umsetzung der zehn Gebote[58] und Fragen der Schicklichkeit,[59] um Rücksicht auf das Gewissen und die Empfindungen anderer, auch von Heiden (!),[60] und Fragen des Lebensunterhalts.[61] Die ganze Fülle des alltäglichen Lebens tritt ins Blickfeld, von Gerichtssituationen[62] bis hin zu Schikanen heidnischer Sklavenhalter[63] und demütigenden Maßnahmen der römischen Besatzungsmacht[64].

Endzeitliche Abkapselung

Qumran dagegen ist offensichtlich nur an Fragen der kultischen Reinheit und der innergemeindlichen Disziplin interessiert. Dies läßt sich auch nicht nur mit dem Bewußtsein erklären, in der *letzten Zeit* zu leben, obwohl dieser Ausdruck und der Begriff „*letzte Tage*" je zweimal in diesem Dokument vorkommen.[65]

Dieses Zeitbewußtsein hat offensichtlich nicht wie im Christentum, insbesondere bei Paulus,[66] zu einem missionarischen Bewußtsein gegenüber der übrigen Menschheit geführt, sondern zur Abkapselung. Während Jesus die Gottesherrschaft ausruft und seine Jünger ebenfalls mit dieser Aufgabe betraut,[67] kapselt sich die Gemeinschaft von Qumran gegenüber dem übrigen Volk ab. Sie sieht ihre Aufgabe nur darin, die Bereitwilligen aus der Masse

---

[55] Mk 10,1-12; Mt 5,27-31
[56] Mk 12,13-17; Röm 13,6 f.
[57] Mt 5,38-48; Röm 12,19-21; 1.Thess 5,15; 1.Pt 3,9
[58] Mt 5,21-48; Röm 13,8-10
[59] 1.Kor 10,13-16; 1.Pt 3,1 ff.
[60] 1.Kor 8,1-13; 10,23-33; Röm 14
[61] 1.Kor 9,4-18; 1.Thess 4,10-12
[62] Mt 5,25-26; 1.Kor 6,1-8
[63] 1.Pt 2,18 ff.
[64] Mt 5,41; Röm 13,1-5; 1.Pt 2,13-17
[65] 4 Q397-399, 15.33; bzw.13.24 Eisenman/Wise, a.a.O., S. 203 f.
[66] Röm 15,20-24
[67] Z.B. Mk 6,7 ff.

der Kinder der Finsternis herauszufinden, nicht die anderen zu bekehren.[68]

Maßgebend hierfür ist der *deterministische Dualismus*,[69] der dieses Schriftgut durchzieht. Er ist bereits seit der Entdeckung der Damaskusschrift und der Gemeinderegel bekannt. Die Gemeinderegel teilt die Menschheit in zwei Ahnenreihen ein, die ihren Lebenswandel - modern ausgedrückt - als „Erbgut" weitergeben. „Denn Gott hat sie je für ihren Teil gesetzt bis zur letzten Zeit und ewige Feindschaft zwischen ihren Bereichen gegeben."[70] Die Damaskusschrift urteilt über die Menschen, die sich gegen den „Weg auflehnen" und die „Vorschrift verabscheuen": „Nicht erwählt hat sie Gott von Anfang der Welt an, und bevor sie ersonnen wurden, wußte er schon ihre Taten."[71]

Auf diesem Hintergrund bringt Zeile 7 des „Zweiten Briefs" deutlich das Selbstverständnis der Gemeinschaft zum Ausdruck, „wir haben uns von der Masse des Volkes abgesondert".[72] Diese Konsequenz ist schlüssig.

„Peruschim"

Mit Recht weisen Eisenman und Wise darauf hin, daß das hier verwendete Wort „*parasch*" die sprachliche Wurzel des Wortes „Pharisäer" ist. Sie fahren dann aber fort, „diejenigen jedoch, für die es hier steht, ähneln in keinster Weise dem Prototyp des Pharisäers".[73] Leider bleiben sie dafür jegliche Begründung schuldig.

---

[68] 1 QS III,20 ff. zeigt eine dualistische Aufteilung der Welt in die Herrschaftsbereiche der Fürsten des Lichtes und der Finsternis. Damit ist kein Platz mehr für eine Herrschaft Gottes im Sinne Jesu vorhanden..
Auch 4 Q 397-399,24 f. spricht von Leuten in Israel, die zur Tora zurückkehren und sich nicht wieder umwenden, und unterscheidet diese von den Frevlern. Es geht also auch hier um einen Scheidungsprozeß in den letzten Tagen, nicht um Missionierung. Dies gilt auch, wenn man H. Stegemanns Vermutung teilt, der Brief sei ursprünglich als Weisung des „Lehrers der Gerechtigkeit" an Jonathan abgefaßt worden.

[69] Damit ist gemeint, daß bereits im voraus bestimmt ist, wer auf die Seite des Lichts bzw. der Finsternis gehört. Vgl. oben, 2. Kap. 3 e

[70] 1 QS IV,15-17 (eigene Übersetzung)

[71] CD II,7 f. (eigene Übersetzung)

[72] 4 Q 397-399,7; vgl. Eisenman/Wise, a.a.O., S. 203

[73] Eisenman/Wise, a.a.O., S. 202

Dies ist umso auffälliger, als die Wurzel *parasch* in den Qumran-Texten auch noch in anderen Zusammenhängen und Bedeutungen vorkommt.

In der Damaskusschrift hat dieses Wort in der passivischen Form die Bedeutung von *genauer, präziser, korrekter Schriftauslegung*.[74] Von dieser Wortbedeutung her wäre es durchaus möglich, das Wort *peruschim* = Pharisäer nicht als die „Abgesonderten" zu deuten, sondern als die „genauen Schriftausleger".

Daß diese „Genauigkeit" in der Schriftauslegung zur Absonderung führen kann, geht klar aus CD VI,14 f. hervor. Hier wird von denen, die sich um die genaue Tora-Auslegung bemühen, mit einem Wort, das schon in der Schöpfungsgeschichte[75] „trennen" bedeutet, gefordert: „Auf alle Fälle sollen sie darauf achten, nach der *genauen Auslegung* der Tora zu handeln zur Zeit des Frevels und sich zu *trennen* von den Söhnen der Totengruft."

Betrachtet man all diese Belege zusammen, so könnte fast der Eindruck entstehen, hinter diesen Texten stehe die Auseinandersetzung zweier (ursprünglich verwandter?) Gruppen darüber, wer sich mit Recht „Abgesonderte" bzw. „genaue Schriftausleger" nennen darf. Diese Frage ist gerade im Blick auf das Neue Testament nicht belanglos. Denn dort wird - etwa in der Sabbatfrage - Pharisäern z. T. eine Haltung unterstellt,[76] die im Talmud keine Entsprechung besitzt, wohl aber in Qumran. Sollte der Begriff „Pharisäer" damals noch nicht so eindeutig festgelegt gewesen sein, daß er sowohl rabbinische als auch qumranische Schriftausleger bezeichnen konnte? Dies wäre vielleicht auch eine Erklärung für die Tatsache, daß in den Evangelien keine direkt nachweisbaren Auseinandersetzungen mit Essenern bzw. Qumran-Leuten vorkommen, weil diese in den Begriffen „Pharisäer" und „Schriftgelehrte" teilweise mit einbezogen sind.

Gemeinsam mit pharisäischem Denken, wie es uns im Talmud begegnet, ist der Qumran-Gemeinschaft sicher das Bemühen um rituelle Reinheit. Der Unterschied wird jedoch an der qumrani-

---

[74] In CD IV,8 ist von denen die Rede, die „nach der präzisen Auslegung der Tora handeln".
[75] Gen 1,4
[76] Z. B. Mk 3,1-6

schen Rigorosität deutlich. Während die talmudische Diskussion bemüht ist, kultische Vorschriften ernst zu nehmen, ohne damit lebensfeindliche Vorschriften zu erlassen, kennt Qumran nur eine unkonziliante Konsequenz ohne jede Bemühung um positive Regelungen für die Alltagsgestaltung. Liest man das sog. MMT-Dokument, so gewinnt man fast den Eindruck, das ganze Leben bestünde nur aus kultischen Handlungen und rituell klärungsbedürftigen Situationen.

Vermischung ist aller Unreinheit Anfang

Da wird verboten, Getreide, das man von Heiden gekauft hat, zu essen oder gar zum Tempel zu bringen, weil sie es durch ihre Berührung unrein machen. Auch Kupfergefäße, die von Heiden stammen, dürfen nicht im Tempel verwendet werden, weil durch sie das Opferfleisch, das man darin kocht, unrein wird. Daß heidnisches Opferfleisch zum Genuß verboten ist, versteht sich von selbst. Die anschließende Reihe von detaillierten Anweisungen, die beim Opfern zu beachten sind, stehen unter dem Leitgedanken: „Es obliegt den Priestern sicherzustellen, daß man sorgfältig mit diesen Angelegenheiten umgeht, so daß die Priester keine Sünde über das Volk bringen werden."[77]

Dann folgen Anweisungen, daß Ammoniter und Moabiter sowie Kastrierte weder die Gemeindeversammlung betreten noch geheiratet werden dürfen, damit nicht durch geschlechtliche Gemeinschaft über den Partner oder die Partnerin der Tempel verunreinigt wird. Ausgeschlossen vom Tempel sind Blinde, weil sie nicht erkennen können, ob sie sich verunreinigen, und Taube, weil sie Recht und Gesetz nicht hören können.

Die Reinheitsvorschriften befassen sich mit dem Ausschütten von Wasser und dem Verbot des Herumlaufens von Hunden im Tempel bis hin zum Verbot, Mischgewebe zu tragen, weil alles, was nicht die absolute Trennung beachtet, Heiliges mit Unreinem vermischen kann.

---

[77] 4 Q 394-398, II,11-13; Eisenman/Wise S. 199

Den Abschluß des ersten Teils dieses Dokuments bildet eine Klage darüber, daß einige Priester Mischehen eingehen.[78] Auch hier stellt sich die Frage einer zeitgeschichtlichen Einordnung. Diese ist nicht leicht, weil uns Nachrichten über Mischehen von Priestern fehlen. Es ist aber durchaus denkbar, daß es Heiraten zwischen Priestern und Angehörigen der von den Hasmonäern unterworfenen und zwangsjudaisierten Völker[79] gab, zu denen auch die Familie des Herodes gehörte. Diese waren zwar formal Juden, wurden aber von den Strenggläubigen nicht als solche anerkannt.

Indem der zweite Teil des Dokuments mit denselben Worten in umgekehrter Reihenfolge schließt, mit denen die Gemeinderegel beginnt, *„zu tun, was rechtschaffen und gut vor ihm ist"*, kann kein Zweifel daran bestehen, daß es sich auch hier um ein Dokument handelt, das zentrale Elemente dieser Gemeinschaft wiedergibt. Diese bestehen in der Beachtung kultischer Reinheit, ethische Fragen der Lebensgestaltung spielen dagegen eine untergeordnete Rolle.

4. „DER SABBAT, HEILIG IST ER"

Sie vergessen Gesetz und Fest, Sabbat und Bund"

Mit diesem pauschalen Vorwurf kennzeichnet das Dokument 4 Q 390 (Engel des Mastemoth) die Menschen, die im „siebten Jubeljahr seit der Verwüstung des Landes"[80] leben. Selbstverständlich ist diese Zeitangabe nicht wörtlich, sondern symbolisch zu verstehen, indem sieben die Erfüllung eines Zyklus von Jahren, d. h. einer Epoche der Geschichte bezeichnet. Es ist daher müßig, nach einem darauf beziehbaren geschichtlichen Ereignis Ausschau zu halten.

Entsprechend allem, was bisher über die kultisch-rituelle Orientierung der Qumran-Gemeinschaft gesagt wurde, verwundert es nicht, daß ausgerechnet diese Merkmale als Zeichen des Abfalls

---

[78] 4 Q 394-398, II,87 f., Eisenman/Wise, a.a.O., S. 193 ff.
[79] Josephus, Altertümer XII,9,1
[80] 4 Q 390,1,7 f.; Eisenman/Wise, a.a.O., S. 61 f.

genannt werden. Dazu paßt auch die kategorische Aussage aus der Damaskusschrift: „Der Sabbat, heilig ist er!"[81] Diese grundlegende Aussage ist so hoch angesiedelt, daß alle konkreten Regelungen (die wie bei allen kultisch-rituellen Vorschriften sehr ins Detail gehen!) zwangsläufig eine äußerst rigide, restriktive Ausrichtung erhalten. Sie stellen Verbote dar, die keine Ausnahmen zulassen und nicht begründet werden, offensichtlich auch keiner Begründung bedürfen. Sie gelten einfach als apodiktisches Gottesrecht.[82]

Wenn wir dennoch Erklärungen und Bewertungen einzelner Vorschriften vornehmen, müssen wir uns bewußt bleiben, daß wir uns damit außerhalb der Denkweise Qumrans stellen, eine christliche oder talmudische Position als Maßstab von außen anlegen. Gerade im Vergleich mit Qumran wird deutlich, daß sowohl im Christentum als auch im Pharisäismus das *Verstehen* des göttlichen Willens einen zentralen, konstitutiven Platz einnimmt, und damit auch das *Argumentieren*. Qumran hat das nicht nötig. Man könnte sagen: Die Gemeinschaft versteht sich als *Hüterin* des wahren Willens Gottes im Unterschied zu seinen *Interpreten*.

Prinzipientreue

Als erstes fällt in den Qumran-Texten die in ihren Auswirkungen oft menschen- und tierfeindliche Kompromißlosigkeit auf. Sie befremdet noch mehr als die Kleinlichkeit mancher Vorschriften, die ihren Grund wohl darin hat, letztlich nur Unvermeidbares zuzulassen.

Dies fängt schon mit der Frage an, wann der Sabbat beginnt. Dies regelt sich im heutigen Judentum nach dem Sonnenuntergang[83] und wird in jüdischen Kalendern nach der jeweiligen Ortszeit angegeben.[84] Die Vorbereitungsarbeiten müssen 45 Minuten vorher

---

[81] CD XI,23-XII,1 (eigene Übersetzung); vgl auch CD III,14 f.;: VI,18 f.
[82] Die wörtliche Übersetzung des griechischen Wortes „apodiktisch" bedeutet eigentlich, „jeder Rechtfertigung enthoben"
[83] Vgl. S. Ph. De Vries, Jüdische Riten und Symbole, Wiesbaden 1981, S. 68: „Sobald drei Sterne am Himmel erscheinen, ist es Nacht".
[84] So kann z. B. in Berlin der Sabbatbeginn zwischen 15.34 Uhr im Dezember und 21.15 Uhr im Juni schwanken. Vgl. Kalender des Jüdischen Nationalfonds 5753 (1992/93).

abgeschlossen sein.[85] Die Damaskusschrift legt den Zeitpunkt für den Beginn des Sabbats bereits vor Einbruch der Dunkelheit fest: „Niemand soll am sechsten Tag eine Arbeit ausführen von der Zeit an, zu der die Sonnenscheibe von dem Tor um die Länge ihres Durchmessers entfernt ist."[86] Ganz gleich, ob an ein Stadttor im Westen oder an die Oberkante der Stadtmauer gedacht ist,[87] wird der Sabbatbeginn sehr früh, bei voller Helligkeit angesetzt. Damit wird sichergestellt, daß nicht in Hast bis zur letzten Minute gearbeitet oder eine begonnene Arbeit vielleicht nach Sabbatbeginn fertiggestellt wird.[88] Wegen fehlender Erläuterungen wissen wir allerdings nicht, ob dies die tatsächliche Absicht dieser Regelung war. Die Folge war es in jedem Fall. Damit war gewährleistet, daß der Sabbat tatsächlich geheiligt, d. h. menschlicher Verfügung entzogen war.

Gegen Geschäftemacherei

Schon der Prophet Amos prangerte die Ungeduld der Geschäftemacher an, die das Ende des Sabbats herbeisehnten, damit sie wieder Handel treiben konnten.[89] Noch näher stand die Qumran-Gemeinschaft dem zweiten Teil des Jesaja-Buchs. Dort findet sich ein Abschnitt, der von der Damaskusschrift direkt übernommen und ausgelegt worden zu sein scheint. Zur besseren Kennzeichnung werden die in beiden Texten übereinstimmenden Stichworte kursiv gedruckt: „Wenn du am Sabbat deinen *Fuß zurückhältst*, zu tun, *was dir gefällt*; wenn du den Sabbat eine Wonne nennst

---

85 Vgl. Philolexikon, Königstein/Ts 1982, Sp. 635
86 CD X,14 ff.; Lohse, a.a.O., S. 87
87 In Qumran wäre eine solche Vorschrift sinnlos, weil dort die Sonne hinter den judäischen Bergen versinkt. Ein Tor nach Westen wäre außerdem aus topographischen Gründen wegen des steil abfallenden Felsens nicht möglich. Nach H. Stegemann, a.a.O., S. 64 f., gab es an der „Westwand der Siedlung, an die man von außen her noch zu Fuß gelangen konnte", zwei „schießschartenähnliche, gemauerte Öffnungen" zum Durchreichen von Geld und Waren.
88 Auch das heutige Judentum kennt die Regel: „Man verrichte keine Arbeit mit Vorsatz am Erew-Schabbat von der kleinen Mincha-Zeit an aufwärts" (d. h. etwa ab 15.30 Uhr); aber es folgt unmittelbar die Ausnahme, „wer jedoch arm ist und für das, was für den Sabbat nötig ist, verdienen will, für den ist es den ganzen Tag erlaubt". Kizzur Schulchan Aruch, § 72,9, Basel 1988, Bd. I S. 408
89 Am 8,4-6

und den heiligen Tag dem HERRN verehrungswürdig; wenn du ihn dadurch ehrst, daß du an ihm nicht deine *Gänge machst* noch deiner *Arbeit* nachgehst, und keine *Sachen verhandelst*, dann wirst du deine Freude haben am HERRN".[90]
Wir finden hier nicht nur den in Qumran geläufigen Gedanken, daß in der gottlosen Gesellschaft jeder tut, was in seinen Augen recht ist,[91] sondern die im Hebräischen wörtlich übereinstimmende Formulierung „nach Gutdünken handeln",[92] vor allem aber auch das Nebeneinander von geschäftlichen Erledigungen und Verhandlungen. Die gleichen Stichworte, durch entsprechende Hinzufügungen allerdings zugespitzt, finden wir in der Damaskusschrift.
„Niemand darf am Sabbattag ein *törichtes oder eitles Wort* sagen. Nicht darf man etwas an seinen Nächsten ausleihen. Nicht soll man über eine *Angelegenheit von Besitz* und *Gewinn* richten. Nicht darf man über *Fragen der Arbeit* sprechen oder das *Werk*, das am nächsten Tag zu tun ist. Nicht darf man auf das *Feld hinausgehen*, um eine Arbeit nach seinem Gutdünken zu verrichten am Sabbat. Nicht darf man aus seiner Stadt weiter hinausgehen als tausend Ellen."[93]
Dieser Vergleich macht dreierlei deutlich:
- Man betrieb in Qumran bewußt *Schriftauslegung*, nicht freie Spekulation.
- Man verstand dies als *Präzisierung* des vorgegebenen Wortlauts, nicht wie im rabbinischen Judentum als in der mündlichen Offenbarung enthaltene aktualisierende Fortschreibung für eine neue Lebenssituation.
- Man bezog sich auf den *ganzen Kanon*, nicht wie die Sadduzäer nur auf die Tora. Das MMT-Dokument ist sogar ein Beleg dafür, daß man in Qumran bereits die heutige Dreiteilung der

---

[90] Jes 58,13 f.
[91] CD VIII,7
[92] Jes 58,13 - CD X,20
[93] CD X,17-23; Lohse, a.a.O., S. 87.89

Schrift kannte: Mose, Propheten und David (wohl mit den Psalmen als Repräsentant der „Schriften").[94]

Die Präzisierung erfolgte in Qumran, indem man den in Jes 58,13 neutralen Ausdruck *„Worte reden"*, der dort aufgrund des Kontextes „Sachen verhandeln" bedeutet, spiritualisiert und von „törichten und leeren Worten" spricht, das Verbot der *Arbeit* um das Reden darüber erweitert und die Feldarbeit ausdrücklich als Beispiel für Arbeit nach eigenem Gutdünken nennt, weil dies wohl die häufigste Form des Verstoßes war. Das *Besitzdenken* war wohl so verbreitet, daß zur Kennzeichnung der gottlosen Zeit immer auch der gottlose Besitz genannt wird.[95] Daher verwundert es nicht, daß offensichtlich aus aktuellem Anlaß auch Gerichtsverhandlungen über Eigentumsfragen verboten werden müssen. Selbst das *Ausleihen* von Gegenständen und das *Verlassen der Stadt* um mehr als 500 m stand offensichtlich unter dem Verdacht, der Geschäftemacherei zu dienen.

Auch hier scheint es erwähnenswert, daß diese Vorschriften keinen Sinn ergeben, wenn man sie auf das Leben innerhalb einer geschlossenen Gesellschaft wie etwa in Qumran bezieht. Die Damaskusschrift setzt eindeutig das Leben in städtischen Verhältnissen und das Zusammenleben mit anderen voraus, die nicht der eigenen Glaubensgemeinschaft angehören.[96]

Menschliche Bedürfnisse

Verschiedene qumranische Sabbat- und Reinheitsbestimmungen in Verbindung mit einer Bemerkung bei Josephus beschäftigten immer wieder die Gemüter fürsorglicher Historiker und Archäologen. Yigael Yadin hat das Problem kurz auf folgenden Nenner gebracht: daß die strenge Einhaltung der Toilettenvorschriften einerseits und der Sabbatregelungen andererseits bedeuten würde,

---

[94] 4 Q 397-399 Z 10; Eisenman/Wise, a.a.O., S. 203. In Zeile 11 sind noch Wortreste erhalten, die darauf schließen lassen, daß möglicherweise auch das Chronikbuch genannt war, also der komplette heutige Kanon der Hebräischen Bibel.
[95] Z. B. CD XIX,17 ; 1 QHab VIII,11; IX,5; 1 QS XI,2 u.ö.
[96] Ausdrücklich wird zwischen Regeln für das Leben in den Städten Israels (CD XII,19) und für das Wohnen im Lager (CD XII,23) unterschieden.

„daß sich die Essener am Sabbat überhaupt nicht erleichtern durften! War so etwas möglich?"[97]

Ausgangspunkt solcher Erwägungen ist eine Regelung in der Kriegsrolle. Dort wird unter Bezugnahme auf das deuteronomische Kriegsgesetz und die Reinhaltung des Heerlagers[98] die Entfernung der Toiletten vom Lager auf 2000 Ellen festgelegt.[99] In der Tempelrolle wird dafür ein Abstand von 3000 Ellen von der Stadt genannt.[100] Nach CD X,22 darf sich aber am Sabbat niemand mehr als 1000 Ellen von der Stadt entfernen.

Josephus kannte offensichtlich entsprechende Praktiken der Essener. Er behauptet, die Essener wagten nicht, am siebten Wochentag auszutreten, weil dies mit unerlaubter Arbeit verbunden sei; denn üblicherweise suchten sie dazu einsamere Plätze aus, machten mit einer Hacke eine Grube und verhüllten sich, um den Strahlenglanz Gottes nicht zu beleidigen.[101]

Yadin leuchtete eine solche Askese nicht ein. So brachte er eine Ortsangabe bei Josephus (Krieg V,144 f.) mit diesem Problem in Verbindung und identifizierte das nur von Josephus erwähnte „Essener-Tor" in Jerusalem als einen „Seitenauslaß in der Westmauer, den die Essener benutzten, um zu ihren Latrinen in Bethsoa, dem »Haus der Exkremente«[,] außerhalb der Stadtmauer im Nordwesten zu gelangen."[102]

Eine pfiffige Theorie, die man nicht widerlegen kann, die aber auch nicht zwingend ist. Man muß sich entscheiden, welchen Notizen man vertrauen will, darf aber nicht alles miteinander verquicken. Entweder galten die in der Tempel- und Kriegsrolle genannten Abstände und der Sabbatweg aus der Damaskusschrift, dann dürfte die Behauptung des Josephus zutreffen, daß die Essener nicht wagten, am Sabbat auszutreten. Oder es gab „humanere" Regelungen, dann würden sowohl die Tempel- als auch die

---

[97] Yadin, Tempelrolle, S. 196
[98] Dtn 23,13
[99] 1 QM VII,7
[100] 11 QT 46,16; Maier Tempelrolle, S. 49
[101] Josephus, Krieg, II,147 ff.; Michel, a.a.O., S. 210
[102] Yadin, Tempelrolle, S. 199

Kriegsrolle Verhältnisse der Endzeit beschreiben, jedoch nicht reale Regelungen für die Gegenwart.

Obwohl die Frage nicht zu entscheiden ist und ein für uns theologisch nebensächliches Thema betrifft, zeigt sie, welche Konsequenzen eine strikte Beachtung von Sabbatvorschriften nach sich ziehen kann.[103]

Prinzip Sorgfalt

Offensichtlich stimmte auch die Gemeinschaft von Qumran nicht mit dem rabbinischen Grundprinzip überein, daß der Sabbat zur Wonne gegeben ist, ein Gedanke, der zwar schon in Jes 58,13 ausdrücklich genannt ist, aber bezeichnenderweise in der Damaskusschrift nicht aufgegriffen wurde. Der Begriff kommt in der gesamten Qumran-Literatur nicht vor.[104] Im Schulchan Aruch, einer mittelalterlichen Sammlung der wichtigsten rabbinischen Regelungen mit dem bezeichnenden Titel „Gedeckter Tisch", heißt es: „Selbst ein Armer in Israel eifre sich an und mache sich stark, den Sabbat zu einer Wonne zu machen; er spare die ganze Woche, damit er zu Ehren des Sabbats Geld habe."[105] Denn: „Man bereite nach seinem Vermögen Fleisch und gute Fische, Leckerbissen und vorzüglichen Wein vor".[106]

Wie anders lesen sich dagegen die Regeln der Damaskusschrift: „Niemand soll am Sabbat etwas essen außer dem, was schon vorbereitet ist, und von dem, was verdirbt auf dem Feld. Man darf nichts essen und nichts trinken außer dem, was sich im Lager befindet. Auf dem Weg, wenn man hinabsteigt, um zu baden, darf man da trinken, wo man steht, aber man darf nicht schöpfen in irgendein Gefäß. Man darf nicht einen Fremden schicken, daß er seinen Wunsch am Sabbattage ausführe. Niemand darf schmutzige Kleider oder in einer Kammer aufbewahrte tragen, ohne daß sie mit Wasser gewaschen oder mit Weihrauch abgerieben worden sind. Niemand darf nach eigenem Gutdünken einen 'Erub[107] anle-

---

[103] Vgl. auch 4 Q 251 Fr. 2,2 (unten, Abschnitt f).
[104] Vgl. Charlesworth, zum Stichwort.
[105] Kizzur Schulchan Aruch, § 72,8; a.a.O., S. 408
[106] Kizzur Schulchan Aruch § 72,7; a.a.O., S. 407
[107] Ein 'Erub ist ein Bezirk aus mehreren Häusern, die dadurch als ein Gehöft gelten.

gen am Sabbat. Niemand soll hinter dem Vieh hergehen, um es zu weiden, es sei denn 2000 Ellen weit. Man soll seine Faust nicht erheben, um es zu schlagen. Wenn es störrisch ist, soll man es nicht aus dem Haus führen. Niemand darf es aus dem Haus nach draußen bringen oder von draußen in das Haus.[108] Und wenn man sich in einer Hütte befindet, soll man nichts aus ihr hinausbringen und nichts in sie hineinbringen. Nicht darf man ein zugeklebtes Gefäß am Sabbat öffnen. Niemand soll bei sich Medikamente tragen, um damit aus- und einzugehen am Sabbat. Man darf nicht in seinem Wohnhaus einen Stein oder Erde aufheben. Ein Pfleger darf nicht den Säugling tragen, um aus- und einzugehen am Sabbat."[109]

Hier findet sich eine Reihe von Bestimmungen, die ein Minimum von unvermeidlichen Tätigkeiten zugesteht, wobei alles, was man vorher erledigen könnte, am Sabbat nicht erlaubt ist. Das gleiche Prinzip gilt auch im Talmud, wird aber wesentlich lebensfreundlicher angewandt.[110] Man kann daher durchaus erwägen, ob sich die Damaskusschrift bewußt gegen Tendenzen im rabbinischen Judentum abgrenzen wollte.

In der Tat lassen sich fast alle genannten Tätigkeiten durch rechtzeitiges Planen am Sabbat vermeiden. Man kann das *Essen* am Vortag vorbereiten und seine *Kleider* reinigen. Niemand braucht also zu hungern oder auf sabbatliche Reinheit zu verzichten, weil die dazu erforderlichen Tätigkeiten am Sabbat untersagt sind. Auch *Vorräte* kann man rechtzeitig aus Lagerräumen, verschlossenen Gefäßen oder mit Erde und Steinen abgedeckten Gruben holen. Selbst *Vieh* muß man nicht mit Gewalt treiben, wenn es schon geweidet werden muß, weil beengte Wohnverhältnisse keine Futterbevorratung erlauben. Störrisches Vieh muß

---

[108] D. h. man darf zwar hinter dem Vieh hergehen, um es zu beaufsichtigen und beispielsweise durch Zuruf zu leiten, man darf es aber nicht führen.

[109] CD X,22-XI,11; Lohse, a.a.O., S. 89. All diese Bestimmungen zeigen, daß weder an das Leben in einer „Klostergemeinschaft" gedacht ist noch an eine sonstige mönchische Lebensweise, zu der die Bestimmung über Säuglinge nicht passen würde. Vielmehr weisen die Bestimmungen über den 'Erub und das Viehweiden auf das Leben in städtischen Verhältnissen mit bäuerlichen Strukturen hin.

[110] Hingewiesen sei nur auf die Bestimmungen über die Bildung eines 'Erub. Diesem Vorgang ist ein ganzer Talmud-Traktat ('Erubin) gewidmet.

allerdings im Stall bleiben und hungern, friedliches darf im nahen Umkreis der Stadt geweidet werden. Wer dagegen nach eigenem Gutdünken einen 'Erub anlegt, zeigt, daß er nach Möglichkeiten sucht, das Sabbatgebot in seinem qumranischen Verständnis zu umgehen. Dies dürfte ein eindeutiger Seitenhieb auf pharisäisch-rabbinische Praxis sein.

Unvorhergesehenes

Mag man für diese eindeutige Haltung bei vorhersehbaren Fällen in Fragen der Nahrung, Kleidung und Viehfütterung durchaus Verständnis haben, ja, sogar Respekt empfinden, so entscheidet sich die Humanität oder Inhumanität einer Bewegung an ihrer geistigen Beweglichkeit und Fähigkeit, bei unvorhersehbaren Fällen ab- und zugeben zu können.
Wie verhält man sich beispielsweise bei plötzlichen Erkrankungen, bei Krämpfen und anderen Schmerzen eines Säuglings oder eines Erwachsenen, beim Werfen des Viehs oder bei einem Unglücksfall? Heben solche Ereignisse die Verpflichtung auf, kein Werk zu vollbringen, oder gilt diese so unabänderlich, daß ihretwegen sogar die Gefährdung von Leben billigend in Kauf genommen wird? Bleibt die verantwortliche Entscheidung in solchen Fällen den Mitgliedern der Gemeinschaft überlassen, oder befürchtet man auch bei ihnen ein verwerfliches „Handeln nach Gutdünken", das man den Draußenstehenden vorwirft?[111] In aller Regel sind Festlegungen, die keinen Ermessensspielraum lassen, Mißtrauensbekundungen. Wie schätzt die Gemeinschaft die Verantwortlichkeit und Verläßlichkeit ihrer Mitglieder ein?
„Niemand soll bei sich Medikamente tragen, um damit aus- und einzugehen am Sabbat. ... Ein Pfleger darf nicht den Säugling tragen, um aus- und einzugehen am Sabbat. ... Niemand soll Vieh beim Werfen helfen am Sabbattag. Und wenn es in einen Brunnen fällt oder in eine Grube, so soll er es nicht am Sabbat wieder herausholen. ... Einen lebendigen Menschen, der in ein Wasserloch fällt oder sonst in einen Ort, soll niemand heraufholen mit einer

---

[111] Z. B. CD III,3.12.21; VIII,7; XI,4

Leiter oder einem Strick oder einem (anderen) Gegenstand."[112]
Mit der Hand darf man nach dieser Regelung einen Menschen
wohl herausziehen, weil dies nicht ausdrücklich verboten ist.
Bei dieser rigorosen Prinzipientreue, die nicht einmal bei Lebensgefahr Ausnahmen zuläßt, fühlt man sich an das Urteil des Apostels Paulus erinnert: „Der Buchstabe tötet; aber der Geist macht lebendig."[113]

Eine ländliche Variante?

In einem Fragment aus Höhle 4 mit der Kennziffer 4 Q 251 findet sich bezüglich der letzten Vorschrift eine geringfügige Abmilderung. Leider ist diese Lebensanweisung (Halacha), die noch eine Reihe anderer Regelungen enthält, nur fragmentarisch erhalten. Soweit sich aus der Rekonstruktion von Eisenman und Wise erkennen läßt, sind die Anweisungen viel elementarer formuliert und setzen das Wohnen in Zelten voraus.
Einzelne nicht erhaltene Textteile lassen sich z. T. aus parallelen Aussagen in anderen Zeilen erschließen. Es heißt dann: „Nicht [trägt ein Mann am Sabbattag Kleider], die mit Körperausscheidungen verunreinigt sind, nicht [...] ein Mann Kleider, an denen Staub [ist] oder [...] am Sabbattag. Nicht [trägt] ein Mann aus seinem Zelt ein Gerät und Speise am Sabbattag. Nicht holt ein Mann Vieh, das i[ns] Wasser gefallen ist, herauf am Sabbattag. Wenn es aber ein menschliches Wesen ist, das am Sabbat[tag] ins Wass[er] gefallen ist, wird er ihm sein Kleidungsstück zuwerfen, um ihn damit heraufzuziehen. Aber er wird kein Gerät aufheben. ..."[114]
Da die Qumran-Texte nicht wie der Talmud Anweisungen argumentativ vortragen, sondern festlegen, was gilt, wissen wir nicht, was ein Kleidungsstück von einem anderen Gegenstand so wesentlich unterscheidet, daß dieses als Hilfsmittel verwendet werden darf. Vielleicht wird ein Kleidungsstück, das man an sich trägt, nicht als Gegenstand im Sinne eines Werkzeugs angesehen.

---

[112] CD XI,9 ff.; Lohse, a.a.O., S. 89
[113] 2.Kor 3,6
[114] 4 Q 251, Fr. 2,2-7 (eigene Übers.); vgl. Eisenman/Wise, a.a.O., S. 207

Vielleicht ist auch ein Kleidungsstück des Verunglückten gemeint, das als Teil desselben angesehen wird.
Vielleicht ist das Verbot, am Sabbat mit Kot verschmutzte Kleidung zu tragen, im Zusammenhang mit dem Toilettenproblem zu sehen und als zurückhaltender Hinweis darauf zu deuten, daß am Sabbat ein Gang zur Toilette nicht erlaubt ist. Jedenfalls fehlt ein Hinweis auf rechtzeitige Reinigung wie in der Damaskusschrift.
Das Verbot, Speise aus dem Zelt zu tragen, ergibt nur einen Sinn, wenn es sich auf die Verpflegung von Personen bezieht, die aus irgendeinem Grund das Lager nicht betreten durften. Es klingt in dieser Präzision härter als die allgemeinere und umfassendere Bestimmung der Damaskusschrift, „niemand trage *etwas* aus dem *Haus*." Hinsichtlich der Rettung von Vieh am Sabbat sind beide Bestimmungen gleich unerbittlich. Womit die geringfügige Abweichung beim Retten von Menschen zusammenhängt, läßt sich nicht sagen. Der Unterschied zwischen Qumran einerseits und Jesus sowie dem rabbinischen Judentum andererseits ist allerdings unverkennbar.

Der Sabbat ist euch übergeben, nicht ihr ihm"

Viele Auseinandersetzungen zwischen Jesus und torakundigen Zeitgenossen schildern die Evangelien als Diskussionen über die richtige Sabbatheiligung. Man kann wie Bultmann diese Erzählungen für „Gemeindebildung" halten und ihren Ursprung „in den Debatten der Urgemeinde" vermuten.[115] Dann wären zwischen Jesus selbst und seinen Zeitgenossen noch weniger Meinungsunterschiede anzunehmen.
Aber auch wenn man die Anlässe und Auseinandersetzungen für historisch hält, muß man sich wundern, wieso es überhaupt zu solchen Diskussionen kommen konnte. Denn in ihnen nimmt Jesus grundsätzlich eine Haltung ein, die sich auch später im Talmud niedergeschlagen hat. Man fragt sich also, wer an Jesu Verhalten Anstoß genommen haben könnte.

---

[115] Rudolf Bultmann, Die Geschichte der synoptischen Tradition, 3. Aufl., Göttingen 1957, S. 14, vgl. auch S. 10

Bereits im Abschnitt „Peruschim" haben wir die Vermutung geäußert, daß es sich bei den Pharisäern in den Evangelien gar nicht immer um Pharisäer und Schriftgelehrte im eigentlichen Sinn handeln könnte, sondern um Schriftgelehrte aus Qumran-Kreisen, da diese für ihre Art der Schriftauslegung den Begriff *perusch* verwendet haben. Diese Vermutung kann ein Vergleich mit talmudischen Sabbatvorschriften erhärten.

Zwei Aussagen der Tora bilden für die rabbinischen Überlegungen zur Sabbatheiligung Grundlage und Ausgangspunkt: *Lev 18,5* erklärt als Sinn aller Gebote und Vorschriften Gottes: „Der Mensch, der sie ausführt, wird durch sie leben". Dies bedeutet, eine Vorschrift, die sich lebensfeindlich auswirkt, kann nicht im Sinne des Gebotes sein, das sie auslegen soll. Dies wird im Talmud als Lehre Rabbi Jehudas (3. Jh.) wiedergegeben und durch Raba (4. Jh.) ausdrücklich als unwiderlegliches Argument bezeichnet.[116] - *Ex 31,14* sagt über den Sabbat: „Er soll euch heilig sein". Aus der Bestimmung *„euch"* folgert Rabbi Jonathan b. Joseph (2. Jh.): „Er ist euch übergeben, nicht (ihr) ihm".[117] Dies ist ein Grundsatz, der auch in dem Jesuswort Ausdruck findet: „Der Sabbat ist um des Menschen willen gemacht und nicht der Mensch um des Sabbats willen."[118]

Aus dieser Grundeinstellung ergibt sich eine Fülle von sehr humanen, rabbinischen Sabbatregelungen, die oft in krassem Gegensatz zu qumranischen Regeln stehen. Da werden nicht nur 'Erubim erlaubt und genaue Bauanweisungen gegeben, es wird über erlaubten Futtertransport und Rettung von Menschen und Tieren am Sabbat verhandelt; einem Heißhungrigen soll man schließlich solange zu essen geben, bis seine Augen strahlen.[119] Es ist wohl kein Zufall, daß es in der Damaskusschrift nur heißt: „Der Sabbat, heilig ist er" - ohne den Zusatz für euch (Ex 31,14).

---

[116] Joma 85 b
[117] ebd.
[118] Mk 2,27
[119] Ausführliche Zusammenstellung einschlägiger Regelungen mit Fundstellen vgl. Hans Maaß, Rabbi, du hast recht geredet; in: entwurf 3/92, S. 26 ff.

5. „DIE FESTZEITEN NICHT VERSCHIEBEN"

Der Kalender von Qumran

Überraschend liest man in der Gemeinderegel inmitten der Selbstverpflichtungen der Mitglieder, in denen es darum geht, „sich fernzuhalten von allem Bösen und anzuhangen allen Werken des Guten",[120] eine scheinbar aus dem Rahmen fallende Bestimmung zum Festkalender: „Kein einziges von allen Worten Gottes zu überschreiten in ihren Zeitabschnitten, ihre Zeiten nicht vorzuverlegen und sich nicht zu verspäten mit all ihren Terminen. Nicht abzuweichen von den Gesetzen Seiner Wahrheit, um nach rechts oder links zu gehen."[121]

Bekenntnisstand in der Gemeinderegel

Nimmt man diese Aussagen ernst, so ging es bei der Festlegung von Festzeiten nicht um praktische Fragen der Umsetzung naturwissenschaftlicher Erkenntnisse, sondern um die Wahrheitsfrage, um Bekenntnistreue, um ein Abrücken nach rechts oder links.
Daß Kalenderfragen in der Auseinandersetzung mit der Jerusalemer Priesterschaft nicht nur ideologisch-theoretische Bedeutung besaßen, sondern mit einem geschichtlichen Zwischenfall verknüpft waren, der offensichtlich traumatische Spuren hinterließ, kann man aus einer Bemerkung im Habakuk-Kommentar schließen, auch wenn das Ereignis selbst im Dunkeln bleibt. Dort wird im Anschluß an Hab 2,15 gesagt: „Seine Deutung geht auf den Frevelpriester, der den Lehrer der Gerechtigkeit verfolgte, um ihn zu verschlingen in der Wut seines Grimmes. An der Stätte seines Exils und zur Zeit des Festtags der Ruhe, des Versöhnungstages, erschien er bei ihnen, um sie zu verschlingen und sie zum Straucheln zu bringen am Tage des Fastens des Sabbaths ihrer Ruhe."[122]
Welche Informationen lassen sich diesen Zeilen entnehmen?

---

[120] 1 QS I,4 f.; Maier/Schubert, a.a.O., S. 143
[121] 1 QS I,13 ff., Maier/Schubert, a.a.O., S. 144
[122] 1 QpHab XI,4 ff.; Maier/Schubert, a.a.O., S. 277

- Der „Lehrer der Gerechtigkeit" und seine Anhänger[123] befanden sich „im Exil". Dabei läßt die Bedeutung des Wortes *galut* offen, ob es sich um ein Exil aufgrund von Flucht oder Vertreibung handelt.
- Der Ausdruck *äl-bet galuto*[124] geht von einem „Haus des Exils" aus. Dies könnte ein Hinweis darauf sein, welche Rolle Qumran einmal spielte: nicht Kloster, aber Ort des Rückzugs bei der Flucht oder Vertreibung.[125]
- Ähnlich wie die arabischen Staaten im Jom-Kippur-Krieg 1973 scheint damals der sog. Frevelpriester am Jom Kippur, dem Versöhnungstag, einen Überfall unternommen zu haben.
- Man empfindet dieses Vorgehen doppelt infam, weil es nur die Wahl zwischen wehrloser Vernichtung oder Bruch der eigenen Prinzipien ließ. Ob die Anhänger des „Lehrers der Gerechtigkeit" die Gewissensfreiheit hatten, im Falle einer kriegerischen Bedrohung zu kämpfen;[126] wissen wir nicht. In jedem Fall stellt der Überfall an diesem Tag eine besondere Bedrohung dar.

Der Unterschied zwischen dem Jom-Kippur-Krieg 1973 und jenem Überfall, von dem der Habakuk-Kommentar spricht, besteht darin, daß für die Araber der jüdische Jom Kippur kein Feiertag ist, wohl aber für einen jüdischen Priester. In den Augen der Qumran-Leute ist er ein Frevelpriester, weil er den Feiertag entweihte. Einen solchen Frevel darf man ihm jedoch nicht unterstellen. Vielmehr deutet dieser Sachverhalt auf die unterschiedliche Kalenderzählung hin, nach der zwar für den „Lehrer der Gerechtigkeit" und seine Anhänger am Tag des Überfalls Jom Kippur war, nicht jedoch für die Jerusalemer Priesterschaft.

Nimmt man einen solchen Vorfall in der Anfangszeit der Bewegung an, dann ist es nicht verwunderlich, daß die Kalenderfrage in der Gemeinderegel so hochrangig behandelt und unter die Kriterien der Treue zur göttlichen Wahrheit gerechnet wird. Es handelt

---

[123] Zeile 7 verwendet für die Verfolgten den Plural.
[124] Vgl. Lohse, a.a.O., S. 240, Anm. a
[125] Vgl. oben, Kap 2.3
[126] Vgl. 1.Makk 2,41

sich in der Tat um ein Schlüsselerlebnis, durch das die Kalenderfrage eine Schlüsselrolle erlangt.

Sonnen- und Mondkalender

Das rituelle jüdische Jahr ist ein Mondjahr. Die genaue Feststellung des Monatsbeginns war im Altertum Sache persönlicher Beobachtung des ersten Anzeichens einer Mondsichel.[127] Da sich jedoch unsere klimatischen Jahreszeiten nach dem Sonnenjahr richten, nicht nach den Mondphasen, würde sich bereits im Lauf weniger Jahre eine beträchtliche Zeitverschiebung ergeben. „Vergleichen wir das Sonnenjahr mit dem jüdischen Mondjahr, so ergibt sich eine Differenz 365,2422 - 354,367 = 10,8752 Tage. Das jüdische Mondjahr ist somit um beinahe elf Tage zu kurz geraten; in drei Jahren sind dies schon 33 Tage, in neun Jahren 99 Tage, was gleichbedeutend damit wäre, daß kalendermäßig unser jüdischer Frühling in die Winterzeit zurückfallen würde."[128]
Der Zeitraum von 235 Mondmonaten ist allerdings mathematisch gleich lang wie der Zeitraum von 19 Sonnenjahren. Daraus ergibt sich die Möglichkeit, einen korrekten Zeitausgleich zu schaffen. 235 Monate kann man nämlich auf 19 Jahre verteilen, indem man zwölf Jahre mit zwölf Monaten (=144) festsetzt und sieben Jahre mit dreizehn Monaten (=91). Dies ergibt wieder die Gesamtzahl 235. Basnizki weist mathematisch genau nach, wie sich die kultischen gegenüber den astronomischen Zeiten durch die einzelnen Schaltjahre teils regulieren, teils nach vorn und hinten verschieben.[129] Insgesamt führt dies zu dem Ergebnis: *„in einem Zyklus von 19 Jahren ist jeweils das 3., 6., 8., 11., 14., 17., 19. Jahr ein Schaltjahr."*[130] Als Merkwort zur Berechnung hat man entsprechend dem Zahlenwert der hebräischen Buchstaben das Kunstwort GUCHADSAT erfunden und den Merkvers verfaßt:
„Vom Mond wird unsre Zeit regiert,

---

[127] Vgl. Ludwig Basnizki, Der jüdische Kalender, Athenäum Taschenbücher 134, Frankfurt/M 1989, S. 12 ff.
[128] Basnizki, a.a.O., S. 36
[129] Basnizki, a.a.O., S. 37 f.
[130] Basnizki, a.a.O., S. 38

Doch nach der Sonne korrigiert."[131]
Daß die beiden Kalendersysteme bereits seit der Babylonischen Gefangenschaft nebeneinander existieren, stellt Hartmut Stegemann recht anschaulich dar. Wahrscheinlich war der Sonnenkalender seit der Exilszeit „bis zum Jahre 167 v. Chr. ununterbrochen der offiziell maßgebliche Kalender am Jerusalemer Tempel gewesen."[132] „Erstmals *nachweisbar* hat der Hohepriester Menelaos im Jahre 167 v. Chr. (den) babylonischen Kalender am Jerusalemer Tempel eingeführt".[133] Auch unter diesem Gesichtspunkt ist verständlich, daß die Leute von Qumran der Überzeugung sind, die anderen verschieben die Festzeiten, sie selbst dagegen halten an der richtigen Zeitordnung fest.

Zeitstreit ist keine Kleinlichkeit

Yigael Yadin hebt unter Bezugnahme auf Shmaryahu Talmon die soziale Bedeutung von Kalenderfragen hervor.
„Keine Abgrenzung bewirkt schwerwiegendere Eingriffe und hat gewichtigere Konsequenzen als Unterschiede in der Kalenderrechnung. Die Änderung auch nur eines der Daten, die den Jahresablauf regulieren, muß zwangsweise zum Auseinanderbrechen des Gemeinschaftslebens führen, die Koordination der zwischenmenschlichen Beziehungen behindern und den Gleichklang der Gewohnheiten abschaffen, welche Grundlage jeder reibungslos funktionierenden sozialen Ordnung sind. Wer seinen eigenen Sabbat feiert und das Jahresfest nicht zu dem Zeitpunkt begeht, an dem dies seine Mitmenschen tun, sondert sich von ihnen ab und hört auf, Mitglied der gesellschaftlichen Gemeinschaft zu sein, zu der er bisher gehörte."[134]
Welche Auswirkungen dies haben konnte, hat der Abschnitt aus dem Habakuk-Kommentar deutlich gemacht.

---

[131] ebd.
[132] H. Stegemann, a.a.O., S. 235
[133] H. Stegemann, a.a.O., S 238
[134] Yadin, Tempelrolle, S. 95

Das Sonnenjahr als göttliche Schöpfungsordnung

Da in Qumran Schriften gefunden wurden, die eine Periodisierung der Menschheitsgeschichte nach „Jubiläen" vornehmen,[135] ist es legitim, auch das längst bekannte Jubiläenbuch zur Klärung von Vorstellungen heranzuziehen. Dort findet sich folgende Weisung, die ebensogut aus Qumran stammen könnte:
„Alle festgesetzten Tage belaufen sich auf 52 Tagwochen; sie alle geben ein volles Jahr. So ist es auf den himmlischen Tafeln eingegraben und bestimmt; es gibt keine Ausnahme, weder für ein einzelnes Jahr noch für alle zusammen. Gebiete nun den Israeliten, die Jahre nach dieser Zahl, 364 Tage, zu halten; dies ist ein volles Jahr! Sie sollen nicht seine Zeit bei seinen Tagen und Festen verwirren; denn alles wird nach ihrem Zeugnis ausfallen. Sie sollen keinen Tag auslassen und kein Fest verrücken. Beachten sie dies aber nicht, und halten sie jene nicht nach Seinem Geheiß, dann verwirren sie all ihre Jahreszeiten, und die Jahre werden aus ihrer Ordnung gebracht und sie werden ihre Ordnungen mißachten."[136]
Besser als die Hinweise in der Gemeinderegel und im Habakuk-Kommentar macht dieser Abschnitt aus dem Jubiläenbuch deutlich, wie sehr es diesen Kreisen mit der Beachtung des Sonnenjahrs um die Übereinstimmung mit der Schöpfungsordnung und insofern um die Frage nach der Wahrheit ging.

Kalender und Priesterdienst

„Die kalendarischen Texte aus Höhle 4 sind zahlreich und bedeutend. Sie umfassen 18 Texte".[137] Teilweise dienen sie auch der Umrechnung des Sonnenkalenders auf den Mondkalender.[138] Daran ist ersichtlich, daß man sich nicht völlig abkapselte, sondern auch wegen des Zusammenlebens mit der übrigen Bevölke-

---

[135] Z. B. 4 Q 227, Fr 2,2; Eisenman/Wise, a.a.O., S. 103
[136] Jub 6,30-33; Rießler, a.a.O., S. 557
[137] Eisenman/Wise, a.a.O., S. 113
[138] Z. B. 4 Q 320; Eisenman/Wise, a.a.O., S. 123

rung in den Städten[139] neben der eigenen Zeitrechnung auch die mittlerweile offizielle verwendete.[140]

Die Besonderheit des Qumran-Kalenders bestand in der gleichen Länge jedes Monats, jedes Quartals, jedes Jahres. Außerdem fielen die ersten Tage eines jeden Quartals sowie die jährlichen Feste immer auf denselben Wochentag. Jedes Quartal bestand aus drei Monaten zu 30 Tagen und einem zusätzlichen Tag, der nicht als Monatstag gerechnet wurde, wohl aber als Wochentag. So erhielt jedes Quartal 91 Tage bzw. 13 vollständige Wochen.

Es ist nicht eindeutig erkennbar, welchem Zweck die Kalendarien aus Höhle 4 überhaupt dienten. Die einzelnen Sabbate werden in einigen Schriften nach den diensttuenden Priesterfamilien benannt.[141] Warum? Erhielt man damit den Anspruch auf das rechtmäßige Priestertum aufrecht, oder waren diese Familien tatsächlich noch im Dienst, so daß sich die Opposition von Qumran nicht gegen den Jerusalemer Tempel, sondern lediglich gegen die nicht traditionell legitimierte Hohenpriesterfamilie und gegen die offizielle (babylonische) Zeitrechnung richtete?

Diese Listen konnten offensichtlich auch benutzt werden, um zeitgeschichtliche Ereignisse zu vermerken.[142] Die Hinweise sind jedoch so fragmentarisch, daß Rückschlüsse weder von den Personennamen auf bestimmte Ereignisse noch auf den Grund der Erwähnung möglich sind. Die Vermutung von Eisenman und Wise, daß nur eine Gruppe, die je nach Einschätzung „»Essener«, »Zeloten« oder »Judenchristen« genannt" werde,[143] dieses Dokument verfaßt und aufbewahrt haben könne, entbehrt allerdings jeder Grundlage.

---

[139] Vgl. CD XII,19

[140] Eisenman/Wise, a.a.O., S. 115, unterstellen der Qumran-Gemeinschaft, sie hätte die Umrechnung möglicherweise vorgenommen, um ihren Gegnern Fehler nachweisen zu können. Dafür gibt es aber keine Anhaltspunkte, so daß dies der Vorliebe der Verfasser für Verdächtigungen zuzuschreiben ist, zumal eine durchaus natürliche Erklärung naheliegt. Dafür spricht auch Stegemanns Darstellung, a.a.O., S. 231 ff.

[141] Z. B. 4 Q 319A; 4 Q 320; 4 Q 321; 4 Q 323-324A-B; 4 Q 325; vgl. Eisenman/Wise, a.a.O., S. 116 ff.

[142] Z. B. 4 Q 323 - 324 A-B; vgl. Eisenman/Wise, a.a.O., S. 125 ff.

[143] Vgl. Eisenman/Wise, a.a.O., S. 127

Kreuzigung Jesu nach dem Qumran-Kalender?

Die ausführliche Beschäftigung mit dem Qumran-Kalender ermöglicht es auch, die gelegentlich vorgetragene Hypothese zu überprüfen, die unterschiedlichen Zeitangaben für den Todestag Jesu zwischen den Synoptikern und dem Johannesevangelium seien aufgrund der Abweichungen zwischen der Zeitrechnung von Qumran und der offiziellen jüdischen Festzeitberechnung zu erklären.

Auch ohne direkte Bezugnahme auf Qumran ist dieser Erklärungsversuch bereits unternommen worden. „Man hat verschiedentlich versucht, die Angaben der Synoptiker mit denen des Johannes zu harmonisieren, indem man annahm, es sei nach zwei verschiedenen Kalendern oder zwei verschiedenen Berechnungen der Tagesdauer gerechnet worden."[144]

Die Passionschronologie der Evangelien

Nach den ersten drei Evangelien feiert Jesus mit seinen Jüngern ein letztes Passamahl, geht dann in der Nacht zum Garten Getsemane am Fuß des Ölbergs, wo er verhaftet wird.[145] Nach dem Johannesevangelium findet an diesem Rüsttag für das Passafest bereits die Verurteilung durch Pilatus statt.[146] Die beiden zeitlichen Angaben stehen in Spannung zueinander. Entweder hat Jesus „als man das Passalamm opferte" (Mk 14,12) seine Jünger aufgefordert, nach einem geeigneten Platz für diese letzte Mahlzeit zu suchen, oder er stand an diesem Tag bereits vor Pilatus.

Weber gibt die übereinstimmende wissenschaftliche Meinung wieder, wenn er schreibt: „Die Chronologie der Passionsgeschichte ist sowohl bei den Synoptikern als auch bei Johannes durch theologische Motive mitbestimmt. Die Synoptiker deuten das letzte Mahl Jesu mit seinen Jüngern als ein Passahmahl: darum wohl der 15. Nisan. Johannes will möglicherweise den Tod Jesu mit der Stunde, an der die Passahlämmer geschlachtet wurden, synchroni-

---

[144] Hans-Ruedi Weber, Kreuz (Themen der Theologie, Ergänzungsband), Stuttgart 1975, S. 47
[145] Vgl. Mk 14,12-52 und Parallelen bei Mt und Lk
[146] Joh 19,14

sieren: darum vielleicht der 14. Nisan, obwohl es unsicher bleibt, ob Johannes Jesus wirklich als *Passah*lamm ansah."[147] Trotz dieser Unsicherheiten gibt er Johannes den Vorzug, weil er meint, „wahrscheinlicher ist jedoch, daß Jesus am Freitag, den 14. Nisan (7. April) im Jahre 30 n. Chr. gestorben ist."[148]
Als Wochentag der Kreuzigung Jesu steht nach allen Evangelien der Freitag fest, weil alle davon ausgehen, daß die befreundeten Frauen aus Galiläa am Tag nach dem Sabbat in der Morgenfrühe das Grab Jesu aufsuchten.[149] Ungewiß ist nur das Datum und damit auch das Jahr.

Lösung durch Qumran?

Einer der Texte enthebt uns aller Spekulationen. Da das Wesen des qumranischen Kalenders darin bestand, daß in jedem Jahr das gleiche Datum auf den gleichen Wochentag fiel, bietet das MMT-Dokument die erwünschte Hilfe und Klarstellung.
Dort heißt es nach der Rekonstruktion von Eisenman und Wise in den ersten Zeilen: „[Im ersten Monat,] [amVierten,] [an ihm ist ein Sabbat;] [am Elften,] [an ihm ist ein Sabbat,] [am Vier-] [zehnten, an ihm ist das Passah;] [am Acht-] [zehnten, an ihm ist ein Sabbat;]"[150]
Wenn der 11. und 18. Nisan ein Sabbat sind, kann der 14. Nisan nur ein Dienstag sein, und zwar Jahr für Jahr! Aufgrund dieses Sachverhalts ist es völlig unmöglich, mit Hilfe der Qumran-Texte die Spannung zwischen der synoptischen und johanneischen Da-

---

[147] Weber, a.a.O., S. 46 f.
[148] Weber, a.a.O., S. 47 - Grotesk nehmen sich dagegen angeblich wissenschaftliche Berechnungen aus, die theologische Symbolik mit realen Naturereignissen zu identifizieren versuchen. So wollen die Professoren Colin J. Humphreys und W. Graeme Waddington aus angeblich „historischen Angaben, wonach der Mond bei der Kreuzigung Jesu eine blutrote Färbung angenommen habe", gefolgert haben: „Dies könne nur während einer Mondfinsternis geschehen sein. Nach astronomischen Berechnungen konnte ein solches Ereignis - so die Wissenschaftler - in den Jahren 26 bis 36 von Jerusalem aus nur am Freitag, dem 3. April 33, wahrscheinlich zwischen 15 und 17 Uhr beobachtet werden." (Rhein-Neckar-Zeitung, Heidelberg, 3. 4. 1985)
[149] Mt 28,1; Mk 16,1; Lk 24,1; Joh 20,1
[150] 4 Q 394-398 I; Eisenman/Wise, a.a.O., S. 197

tierung des Todestages Jesu aufzulösen. Wer dies dennoch behauptet, zeigt seine Unkenntnis bezüglich des Qumran-Kalenders!

6. „... ZUM LICHT VOLLKOMMENER ERLEUCHTUNG AUF EWIG"

„Unser Bürgerrecht aber ist im Himmel"

Die Hoffnung über den Tod hinaus ist ein wichtiges Element christlichen Glaubens. Sie wird unterschiedlich entfaltet, findet sich aber in allen Schichten des Neuen Testaments. Gibt es in Qumran vergleichbare Vorstellungen?

Auferstehungshoffnung bei Paulus

Paulus sah sich in den verschiedensten Zusammenhängen veranlaßt, von der Auferstehung der Gläubigen zu sprechen.
Im ersten *Thessalonicherbrief* spricht Paulus anläßlich einer Anfrage, was mit Gemeindegliedern geschehe, die seit der Gemeindegründung verstorben sind, diese Frage an. Er behandelt sie nicht als selbständiges Thema, sondern unter Berufung auf ein „Wort des Herrn" im Zusammenhang mit einer Ausführung über die Parusie Christi. Die Grundaussage lautet dabei: „Gott wird die Entschlafenen um Jesu willen mit ihm führen."[151] Genauere Aussagen über das Leben nach der Parusie fehlen. Sicher hat Paulus bei seinem kurzen Wirken in Thessalonich diese Frage nicht berührt. Man darf jedoch nicht annehmen, Paulus habe sich erst aufgrund dieser Anfrage mit dieser Frage beschäftigt. Erstens waren seit der Gründung erster Gemeinden nach Jesu Kreuzigung bereits etwa 20 Jahre vergangen und seither schon einige Christen gestorben, Stephanus und Jakobus sogar als Opfer von Verfolgung. Zweitens war die Hoffnung auf eine Auferstehung der Toten eine pharisäische Glaubensüberzeugung.[152]

---

[151] 1.Thess 4,14
[152] Josephus, Krieg, II,163, spricht zwar von der Unsterblichkeit der Seele und davon, daß die Seelen der Guten in einen anderen Leib übergehen. Dies darf man jedoch nicht im Sinne einer Reinkarnationslehre verstehen. Vielmehr ist eine ähnliche Vorstellung wie bei Paulus (vgl. 1.Kor 15,44) vorauszusetzen. Pinchas Lapide, Auferste-

Im ersten *Korintherbrief* führt Paulus eine Auseinandersetzung mit Gegnern, die aus irgendwelchen Gründen eine individuelle Auferstehung der Gläubigen leugnen. Ihnen gegenüber betont er den grundlegenden Charakter des Auferstehungsglaubens: „Wenn die Toten nicht auferstehen, so ist Christus auch nicht auferstanden. Ist Christus aber nicht auferstanden, so ist euer Glaube nichtig".[153]

Zu der Frage nach der Art der neuen Existenz nach der Auferstehung weist Paulus nur darauf hin, daß es die unterschiedlichsten Seinsweisen gibt. Damit wehrt er Zweifel am Auferstehungsglauben aus Gründen der Unvorstellbarkeit als törichte Gedanken ab.[154] Auf weitergehende Konkretionen läßt er sich jedoch nicht ein.

In *anderen Briefen* geht er teilweise darüber hinaus, indem er geradezu mystisch klingende Aussagen über die neue Seinsweise wagt. So spricht er im *Philipperbrief* von einer Sehnsucht, aus dem Leben zu scheiden, um bei Christus zu sein (Phil 1,23). Dieses neue Sein kann er als himmlisches Bürgerrecht bezeichnen und auf die Verwandlung des irdischen Leibes in die Herrlichkeit des verherrlichten Christus warten (Phil 3,20 f.). Im *zweiten Korintherbrief* vergleicht er den irdischen und den Auferstehungsleib mit einer Hütte und einem Haus (2.Kor 5,1) oder Sterben und Auferstehen mit Ent- und Bekleidetwerden (2.Kor 5,4). Konkretere Aussagen finden sich aber auch hier nicht. Wichtig scheint ihm einerseits der Gedanke des verläßlichen Heils zu sein, andererseits die Betonung einer individuellen Existenz in der Auferstehung, kein Eingehen in eine universelle Weltseele.

---

hung, Ein jüdisches Glaubenserlebnis, 2. Aufl., Stuttgart 1978, weist auf eine Sentenz aus Abot I,1 hin: „Ganz Israel hat Anteil an der künftigen Welt" (S. 26) und auf eine Diskussion aus Sanhedrin 91b, ob die Auferstehung aus der Tora zu belegen ist oder nicht , sowie auf die Mischna Sanh. XI,1: „Diese haben keinen Anteil an der künftigen Welt : Derjenige, der sagt, daß die Wiederaufstehung der Toten nicht in der Torah gelehrt werde". (S. 28) - Sanh 90 b bietet eine Fülle von Ableitungen des Auferstehungsglaubens aus der Tora und anderen Teilen der Bibel sowie aus „Vernunftargumenten".

[153] 1.Kor 15,16 f.; ähnlich V. 13 f.
[154] 1.Kor 15,35 ff.

Auferstehung in der synoptischen Überlieferung

Das Zentrum der Verkündigung Jesu war die Botschaft von der Herrschaft Gottes. Diese wird in der traditionellen kirchlichen Verkündigung als Lehre vom ewigen Leben verstanden. Dadurch entsteht der Eindruck, der Gedanke an ein ewiges Leben habe einen zentralen Inhalt der Botschaft Jesu ausgemacht. Dies ist jedoch nicht zutreffend. Man könnte sich dafür lediglich auf das Johannesevangelium berufen.

Andererseits gibt es auch in den synoptischen Evangelien genügend Beispiele dafür, daß Jesus die pharisäischen Vorstellungen von einer Auferstehung teilte, auch wenn sie nicht im Zentrum seiner Botschaft standen.

So geht er beispielsweise auf die Frage des Reichen nach den Bedingungen für das „ewige Leben" ein (Mk 10,17 ff.) und beantwortet das spitzfindige, sadduzäische Lehrbeispiel, mit dem die Auferstehung widerlegt werden soll, mit der Feststellung, in der Auferstehung gebe es kein Heiraten und Geheiratetwerden (Mk 12,25), ja, er liefert sogar einen Schriftbeleg dafür, daß die Tora eine Auferstehungsvorstellung kannte (V. 26 f.).[155] Den Jüngern, die fragen, wie sich ihre Treue auszahlt, wird verheißen, daß sie in der künftigen Welt hundertfache Entschädigung und das ewige Leben erhalten (Mk 10,28 ff.).

Mit dieser kurzen Übersicht wurde bewußt eine Beschränkung auf Markus als das älteste Evangelium vorgenommen. Außerdem wurden Vorstellungen vom Essen am Tisch Abrahams in der kommenden Welt weggelassen, weil diese auch als Aussagen über eine bald anbrechende zeitliche Epoche, nämlich die kommende Welt, verstanden werden könnten, die noch zu Lebzeiten der Angesprochenen eintreten könnte, also nicht notwendig etwas mit dem Auferstehungsgedanken zu tun haben.[156]

---

[155] Die hier benutzte Argumentation findet sich nicht unter den rabbinischen Belegen in Sanh 90 b.
[156] Z. B. Mk 14,25; Mt 8,11; Lk 13,29

Hoffnung auf ewiges Leben in Qumran

Ist in dieser Frage Fehlanzeige zu erstatten? Nirgends findet sich in den Qumran-Texten ein direkter Hinweis auf einen Glauben über den Tod hinaus, allenfalls Formulierungen, die man in diesem Sinne interpretieren könnte.[157] Was hatten die Qumran-Mitglieder von ihrer Zugehörigkeit zu dieser Gemeinschaft? Was erwarteten sie für sich im Unterschied zu den „Belialskindern"?

Was Josephus wußte

Von der Martyriumsbereitschaft der Essener berichtet er als Erfahrung aus dem Krieg mit den Römern: „Unter Schmerzen lächelnd und der Folterknechte spottend gaben sie freudig ihr Leben dahin in der Zuversicht, es wieder zu empfangen. Denn kräftig lebt bei ihnen die Überzeugung: vergänglich seien zwar die Leiber und ihr Stoff sei nichts Bleibendes, die Seelen aber seien unsterblich und würden immer bestehen; sie seien zwar, nachdem sie, aus feinstem Äther bestehend, in einem Schwebezustand waren, mit den Leibern wie mit Gefängnissen verbunden, durch einen sinnlichen Liebeszauber herabgezogen; wenn sie aber aus den fleichlichen Fesseln befreit seien, wie aus langer Knechtschaft erlöst,

---

[157] H. Stegemann, a.a.O., S. 290, sieht 4 Q251 Fr. 1 Sp. 2,12 (vgl. Eisenman/ Wise, a.a.O., S. 27) als Beleg für die Hoffnung auf die Auferstehung der Toten an. Aber die Aussage, „der Verstorbene (wieder) lebendig macht", muß in Zusammenhang mit der in derselben Zeile unmittelbar vorausgehenden Aussage gesehen werden, „dann wird er die Kranken heilen", und mit dem ebenfalls in derselben Zeile folgenden Satz, „den Armen wird verkündigt (?)". Es handelt sich bei der Aussage über die Taten daher allenfalls wie bei Mt 11,5 um Rückkehr ins irdische Leben, aber nicht um Auferstehung zum ewigen Leben.

Wenn der Ausdruck von der Wurzel *mut* kommt, bedeutet er eher „sterbend" als „gestorben". Es ist aber nicht sicher, ob das hebr. Wort *metim* an dieser Stelle tatsächlich in diesem Sinne verwendet ist. Das Wort *mt* ist nämlich biblisch häufig im Sinne von „Leute", Schar", Trupp" belegt. Fabry, Theologisches Wörterbuch zum Alten Testament, Bd. V, Stuttgart 1986, Sp 110, erwägt die Bedeutung „sterblicher Mensch" auch für 1 QH VI,34; XI,12. Vor allem die letzte Stelle spricht eindeutig nicht von Totenerweckung, sondern von der Würdigung des sterblichen Menschen, zur Einsicht der göttlichen Wahrheit zu gelangen (vgl. auch „Erwartungen in den Lobgesängen").

In keinem Fall kann 4 Q 251 Fr. 1 Sp. 2,12 als tragfähiger Beleg für eine qumranische Auferstehungshoffnung im Sinne pharisäischer und christlicher Erwartungen angesehen werden.

dann würden sie Freude haben und sich in die Höhe schwingen."[158]
Michel und Bauernfeind weisen darauf hin, daß diese Darstellung „stark von platonischen und pythagoreischen Vorstellungen und Begriffen gefärbt" sei. „In den bisher gefundenen Schriften der Qumransekte findet sie sich so nicht."[159] Für Bergmaier gehört diese Stelle zu den Belegen für eine „pythagoraisierende Essener-Quelle".[160]
Wenn Michel und Bauernfeind Kapitel 22 des äthiopischen Henochbuchs als Beleg dafür anführen, „daß die Unsterblichkeit der Seele auch im Judentum dieser Zeit geglaubt wurde",[161] so ist dies zwar zutreffend. Angesichts der Tatsache, daß Fragmente des Henochbuchs in Qumran gefunden wurden, kann die Bekanntschaft dieser Gedanken auch in Qumran vorausgesetzt werden. Es darf aber nicht übersehen werden, daß die Vorstellung von den toten Seelen in den vier Höhlen des großen Gebirges im Westen nichts mit der Darstellung bei Josephus zu tun hat. Dort handelt es sich um die Orte der auf das Gericht Gottes wartenden Seelen, zur Genugtuung für die einen und Strafe für die anderen. Im Grunde dient die Vorstellung von den toten Seelen im Henochbuch der Theodizeefrage.

Gemeinderegel und Damaskusschrift

Die Gemeinderegel schweigt sich zu diesem Thema völlig aus. Dies gilt in gewisser Weise auch für die Damaskusschrift.[162] Die eschatologische Hoffnung selbst ist jedenfalls sehr formal beschrieben. Im Unterschied zu der Verheißung des neuen Bundes bei Jeremia, in dem keiner mehr seinen Bruder belehren wird, weil allen die Tora ins Herz geschrieben ist,[163] wird man sich ge-

---

[158] Josephus, Krieg, 2,153 ff.; Michel/Bauernfeind, a.a.O., S. 211/213
[159] Michel/Bauernfeind, a.a.O., S. 438, Anm. 82
[160] Bergmaier, a.a.O., S. 79 ff. u.ö.
[161] Michel/Bauernfeind, a.a.O., S. 438, Anm. 82
[162] Die von H. Stegemann, a.a.O., S. 29, genannten Beispiele für erwartete „künftige Wonnen", „die Gott bereits dem Adam zugedacht hatte", haben nichts mit dem Gedanken an eine Auferstehung zu tun.
[163] Jer 31,33 f.

genseitig gerecht machen, indem man seine Schritte auf dem Weg Gottes festhält. „Und Gott wird merken auf ihre Worte und wird hören, und ein Buch des Gedächtnisses wird [vor ihm] geschrieben werden für die, welche Gott fürchten und seinen Namen achten, bis daß Heil und Gerechtigkeit offenbar wird für die, die [Gott] fürchten."[164]

Worin „Heil und Gerechtigkeit" bestehen, wird nicht deutlich. Noch wichtiger ist jedoch die Feststellung, daß es sich offensichtlich um eine Hoffnung für Menschen handelt, die zum Zeitpunkt der Endereignisse noch leben und sich erwartungsgemäß verhalten haben. Es handelt sich also nicht um ein Totengedächtnisbuch. Ganz entsprechend endet dann einige Zeilen danach die Damaskusschrift mit der Verheißung für diejenigen, die auf die Stimme des „Lehrers der Gerechtigkeit" hören: „Sie werden fröhlich sein und sich freuen, und ihr Herz soll stark sein, und sie werden sich überlegen erweisen gegenüber allen Söhnen der Welt. Und Gott wird sie entsühnen, und sie werden sein Heil schauen; denn sie haben Zuflucht genommen zu seinem heiligen Namen."[165]

Daß dies nur für die lebende Generation gilt, nicht auch für die Gemeinschaftsmitglieder früherer Generationen kann man aus ihrer Charakterisierung schließen: „Sie ließen sich weisen in den früheren Geboten, nach welchen die Männer der Gemeinschaft gerichtet wurden."[166] Hier wird offensichtlich davon ausgegangen, daß diese früheren Generationen mit diesem Endgeschehen nichts zu tun haben.

Eisenman und Wise sind über ein Fragment aus Höhle 4 der Meinung: „Es besteht kein Zweifel, daß das, was wir hier vor uns haben, die letzte Spalte der Damaskusschrift ist."[167] Wenn das Dokument 4 Q 266 tatsächlich zu der Damaskusschrift gehört haben sollte, dann kann es sich allenfalls um einen Anhang gehandelt haben, der nach einem eindeutigen Schluß, wie wir ihn oben kennengelernt haben, gewissermaßen als Nachtrag noch Regelungen über den Umgang mit Widerspenstigen vorträgt. Aussagen über

---

[164] CD XX,18-20; Lohse, a.a.O., S. 107
[165] CD XX,33 f.; Lohse, a.a.O., S. 107
[166] CD XX,31 f.; Lohse, a.a.O., S. 107
[167] Eisenman/Wise, a.a.O., S. 217

Erwartungen für die Frommen über ihren Tod hinaus fehlen völlig. Lediglich zu dem Buch des Gedächtnisses gibt es ein negatives Gegenbild, indem nämlich der Aufseher der Gemeinde genau aufschreiben soll, wenn ein Mitglied der Gemeinschaft mit einem Ausgestoßenen ißt, sich nach seinem Wohlergehen erkundigt oder ihm Gesellschaft leistet.[168]

Erwartungen in den Lobgesängen[169]

Wofür preisen die Frommen von Qumran Gott? Darin müßten sich die typischen Erwartungen niederschlagen. Die Liste der Gründe ist in der Tat aufschlußreich: Da wird Gott für Schutz vor Abfall (II,21) und vor den Nachstellungen der Lügenleute (II,32) gepriesen, für das Erleuchten der Augen (III,3; IV,5) und für das Erheben aus dem Abgrund in höchste Höhen (III,20), für Beistand gegenüber den Waisen und Geringen (V,20) und für die Unterstützung mit Kraft und seinen heiligen Geist (VII,6), für Unterweisung in der Wahrheit und Gottes wunderbaren Geheimnissen (VII,26; XI,15 f.) und dafür, daß er den Beter nicht zur Gottlosigkeit vorherbestimmt hat (VII,34), und ähnliche Erfahrungen. Das Hauptanliegen, das in vielen Varianten ausgesprochen wird, ist der Wunsch, zur Erkenntnis zu gelangen.

Hinweise auf eine Hoffnung über den Tod hinaus gibt es unter diesen Aussagen nicht. Selbst wo wir aufgrund unseres christlichen Sprachgebrauchs und entsprechender Besetzung einzelner bildhafter Wendungen Hinweise auf eine Ewigkeitshoffnung erwarten könnten, wird diese Vermutung nicht bestätigt.

„Du hast meine Seele ins Bündel des Lebens gelegt", bezeichnet eben nicht ewiges Leben, sondern Bewahrung des irdischen Lebens vor Abfall in die Gottlosigkeit und Rettung vor Nachstellungen; denn der Satz geht weiter, „und beschütztest mich vor allen Fallen der Grube.[170] [Denn] Gewalttätige suchten mein Leben".[171]

---

[168] Vgl. 4 Q 266, 15; Eisenman/Wise, a.a.O., S. 224
[169] 1 QH; vgl. Lohse, a.a.O., S. 112 ff.
[170] Nach 1 QH II,26 sind die Fallen der Grube eindeutig mit den „Fangschnüren der Gottlosigkeit" und den „Netzen der Bösewichter" gleichgesetzt.
[171] 1 QH II,20 f.; Lohse, a.a.O., S. 117/119

Auch wo Gott gepriesen wird, „du hast wunderbar am Staube gehandelt und am Gebilde von Lehm dich überaus herrlich erwiesen", geht es nicht um Auferstehung vom Tod, sondern um das Wunder, daß ein vergänglicher Mensch die Wahrheit erkennen kann: „Was aber bin ich, daß du mich [belehrt] hast im Rat deiner Wahrheit und mich unterwiesest in deinen wunderbaren Werken? Und du gabst mir Loblieder in den Mund und auf meine Zunge [Lobpr]eis. Und was von meinen Lippen kommt, (ist) am Orte des Jubels, und ich will deine Barmherzigkeit besingen und deine Macht bedenken den ganzen Tag."[172]
Nirgends findet sich in diesen Lobliedern etwas von Hoffnung auf Auferweckung vom Tod und ewigem Leben als Folge der Auferweckung. Alle Sehnsucht richtet sich auf *Einsicht* in Gottes Wahrheit, *Treue* und *Verläßlichkeit* gegenüber seinen Geboten und *Bewahrung* vor Sünde.
Vielleicht wurde mit einem ewigen Leben der Endzeitgeneration gerechnet. Darauf deutet etwa der nicht einwandfrei erhaltene Schluß dieser Rolle, in dem immerhin im Blick auf die Mitglieder des Bundes gesagt wird, daß sie „zum Licht vollkommener Erleuchtung auf ewig" kommen.[173] Ähnlich ist auch einmal von „ewigen Geschlechtern" die Rede.[174] Aber der Fortgang zeigt, daß dabei vom Bezeugen der Taten Gottes gegenüber den Völkern und Nationen die Rede ist, damit sie Gottes Treue und Herrlichkeit erkennen.[175] So wird man sagen müssen, daß es hier weniger um eine individuelle Hoffnung auf ewiges Leben über den Tod hinaus geht, sondern vielmehr um die Bezeugung der Herrlichkeit Gottes gegenüber den Völkern für alle Zeiten. Die „Männer des Rates", wie sich die Qumran-Gemeinschaft oft nennt, sind die „ewige Pflanzung" Gottes. Dies ist sowohl mit dem Gedanken an eine Generationenfolge als auch mit der Vorstellung eines zeitlich unbegrenzten Lebens der letzten Generation - dann aber aller Völker - zu verbinden.

---

[172] 1 QH XI,3-6; Lohse, a.a.O., S. 153
[173] 1 QH XVII,29; Lohse, a.a.O., S. 175
[174] 1 QH VI,11
[175] 1 QH VI,12 ff.

Hoffnung in der Kriegsrolle

Das Ziel des Endkampfs zwischen Gott und Belial besteht in der endgültigen Vernichtung der Feinde Gottes. Entsprechend endet die Kriegsrolle (leider mit schlecht erhaltenem Text): „Und am Morgen [sollen sie an den Ort der Schlachtreihe kommen] [10] [...Hel]den der Kittäer und die Menge Assurs und das Heer aller Völker, [die sich mit ihnen versammelt haben ...] [11] [...] sind dort gefallen durch das Schwert Gottes. Und es tritt der Hau[pt]priester heran [...] [12] [... des] Krieges und alle Häupter der Schlachtreihen und [ihre] Gemuster[ten ...] [13] [...Fal]len der [Er]schlagenen der Kittä[er. und sie prei]sen dort de[n] Gott [Israels ...]"[176]

Eindeutig wird hier noch einmal betont, daß Gott es ist, der den Kampf führt und den Sieg davonträgt. Die Frommen der Gemeinde haben nur die Aufgabe, den Sieg zu bestaunen, zu bestätigen und Gott dafür zu preisen. Über die Zeit danach und das Geschick derer aus der Gemeinschaft, die vorher gestorben sind, wird nichts gesagt.

Auch eine Stelle, die so scheinen könnte, als ob früher verstorbene Gemeinschaftsmitglieder im Himmel mit Gottes Engeln vereint wären, kann wohl nicht so verstanden werden: „[1] Denn die Menge der Heiligen ist [bei dir] im Himmel und die Heerscharen der Engel in deiner heiligen Wohnstatt, um deinen [Namen zu preisen], Und die Erwählten des heiligen Volkes [2] hast du dir gesetzt [... Bu]ch der Namen. Ihre ganze Heerschar ist bei dir an deiner heiligen Stätte [...] in deiner herrlichen Wohnstatt. [3] Und die segensreichen Gnadenerweise [...] und den Bund deines Heils hast du ihnen eingegraben mit dem Griffel des Lebens, um zu herrschen [über sie] in alle ewigen Zeiten [4] und zu mustern die He[erscharen] deiner [Erwähl]ten nach ihren Tausendschaften und Zehntausendschaften zusammen mit deinen Heiligen [und mit] deinen Engeln zur Machtentfaltung der Hand [5] im Kriege, [um niederzubeugen] die Gegner des Landes durch den Prozeß deiner Gerichte, aber mit den Erwählten des Himmels sind [deine] Seg[nungen]. [6] [...] [7] Und du, Gott, bist fur[chtbar] in der Herrlich-

---

[176] 1 QM XIX,9-13; Lohse, a.a.O., S. 225. Die Zeilenzahlen wurden hier angegeben, um deutlich zu machen, daß jeweils Anfang und Ende der Kolumne versehrt sind.

keit deiner Königsherrschaft, und die Gemeinde deiner Heiligen ist in unserer Mitte zu ewige[r] Hilfe. Wir [geben] Verachtung den Königen, Spott 8 und Hohn den Helden. Denn der Heilige, der Herr und König der Herrlichkeit, ist mit uns. Das Volk der heiligen Hel[den und die] Heerschar der Engel ist unter unserem Aufgebot, 9 und der Held des Krie[ges] ist in unserer Gemeinde und das Heer seiner Geister mit unseren Schritten."[177] Dem darauffolgenden Vergleich der himmlischen Heerscharen mit der Ausbreitung von Taunebel und Platzregen[178] schließt sich ein Aufruf an Gott oder einen himmlischen Oberbefehlshaber an, seine Feinde niederzuwerfen und das Land wieder fruchtbar zu machen. Das Ganze mündet in eine Vision, die ihre Parallele in der Völkerwallfahrt in Jes 60 und 66 besitzt.

Liest man diesen Abschnitt genau, so begegnet man auch hier wieder der bereits mehrfach festgestellten Tatsache, daß der eigentliche Kampf von den Himmlischen bestritten wird. Die Erwählten mit ihren Tausendschaften sind mehr oder weniger untätig. Sie sind die Empfänger der Segnungen und Gnadenerweise einschließlich der Huldigungsgaben der Völker. Dies zeigt aber, daß der Blick ganz und gar auf die Gemeinde der Gottestreuen gerichtet ist. Das Schicksal der einzelnen Gläubigen ist ebensowenig im Blick wie etwa die Vorstellung, daß früher verstorbene Gemeinschaftsmitglieder sich als himmlische Heilige an diesem Kampf beteiligen.

Eine Auferstehungsvorstellung entsprechend der rabbinischen und christlichen Tradition kennt Qumran also nicht, zumindest nicht als zentralen, eigenständigen Glaubensinhalt.

---

[177] 1 QM XII,1-9; Lohse, a.a.O., S. 207/209
[178] Ähnlich auch 1 QM XIX,1 ff.

V. Hilfe, Qumran? - Hilfe aus Qumran!

1. DIE ÄLTESTE BIBEL DER WELT

Immer wieder kann man in Nachrichten über archäologische Neuigkeiten aus Israel von „bisher ältesten" Funden biblischer Texte lesen. Geht man diesen Nachrichten nach, so entpuppen sie sich oft als reißerische Aufmacher geschäftstüchtiger Zeitungen.

So lautete etwa eine Balkenüberschrift auf der Titelseite eines Massenblattes: „Archäologen-Sensation: Schriften von König David gefunden". Die Nachricht enthielt dann einen einzigen wirklich informativen Satz: „Israelische Archäologen gruben in den Ruinen von Tel Dan, einer verschütteten Stadt an der Grenze zu Syrien. Sie fanden Davids Namen auf einer zerbrochenen Säule, in Stein gemeißelt."[1] Der Rest des kurzen Artikels waren Schlaglichter aus dem Leben Davids. Und selbst dieser eine Satz gab absolut nicht wieder, was die Überschrift behauptete; denn es handelte sich nicht um „Schriften von König David", sondern um eine Säule, in die der Name David eingemeißelt war.

Andere Funde sind seriöser, so z. B. ein Amulett mit einem auch Christen vertrauten Bibeltext, dem priesterlichen Segen (Num 6,24-26). Dieses Amulett wird heute im Israel-Museum aufbewahrt. Es wurde von Prof. Gabriel Barkay im Hinnom-Tal in einem eingestürzten Grab aus der Zeit unmittelbar vor der Babylonischen Gefangenschaft gefunden. Es befand sich unter insgesamt 1000 Einzelstücken von Schmuckgegenständen und Tongefäßen. Der Text in althebräischer Schrift befindet sich auf der Innenseite

---

[1] Bild Nr. 182/31, vom 7. 8. 1993, S. 1

zweier Silberröllchen von etwa 10 cm Länge, die nur unter größten Schwierigkeiten zu konservieren und entziffern waren.[2]
In keinem Fall befindet sich unter den bisherigen Funden ein längerer Bibelabschnitt oder gar eine ganze biblische Schrift.

Auf der Suche nach dem verläßlichsten Bibeltext

Als ich 1954 mit dem Studium der Theologie begann und mir meine erste Hebräische Bibel kaufte, wies diese bei den Propheten Jesaja und Habakuk eine Merkwürdigkeit auf. Der untere Rand der Buchseiten war fast bis zur Blattkante bedruckt; denn die Herausgeber hatten einfach unter die Fußnoten der bisherigen Ausgaben die sachlich wichtigsten Abweichungen aus den in Qumran gefundenen Handschriften dieser beiden Propheten gesetzt.[3]
Die Bedeutung dieser Funde für die Bibelwissenschaft läßt sich ermessen, wenn man sich bewußt macht, was bis zu diesem Zeitpunkt die ältesten, bekannten hebräischen Bibelhandschriften waren.
„1. Eine Handschrift, die prophetischen Bücher enthaltend, vom Jahre 895 n. Chr., heute aufbewahrt in der Karäersynagoge zu Kairo, in der Wissenschaft Codex Cairensis genannt.
2. Eine Gesamthandschrift des Alten Testaments aus dem Anfang des 10. Jahrhunderts n. Chr., heute in der Synagoge der Sephardim-Juden in Aleppo in Nordsyrien aufbewahrt.- Dieser Codex soll nicht mehr vorhanden sein. Beim Brand der Synagoge ist auch er vermutlich ein Raub der Flammen geworden.[4] ...
3. Eine Gesamthandschrift des Alten Testaments aus dem Jahre 1008 n. Chr., heute in der öffentlichen Bibliothek zu Leningrad, Codex Leningradiensis.
4. Ein Prophetencodex vom Jahre 916 n. Chr., ebenda."[5]
Sofern man allgemein der Überzeugung ist, daß die in Qumran entdeckten Handschriften aus dem ersten vorchristlichen Jahrhun-

---

[2] Robert Jütte, Birkat Hamason als Grabbeigabe. Älteste hebräische Bibelhandschrift entdeckt. In: Allgemeine Jüdische Wochenzeitung, 41/31, vom 1. August 1986
[3] Biblia Hebraica, [Hrsg.] Rudolf Kittel, 8. Aufl. 1952, S. XXXVIII
[4] R. C. Musaph-Andriesse, Von der Tora bis zur Kabbala, Göttingen 1986, S. 23, gibt an, daß sich diese Handschrift in Jerusalem befinde.
[5] Hans Bardtke, Die Handschriftenfunde am Toten Meer, Berlin 1953, S.16

dert stammen, sind sie etwa 950 bis 1000 Jahre älter als die bis dahin ältesten, bekannten hebräischen Bibelhandschriften. Ihre Entdeckung war eine echte wissenschaftliche Sensation.
Lediglich von der griechischen Übersetzung des Alten Testaments, der Septuaginta, waren Handschriften aus dem 4. nachchristlichen Jahrhundert bekannt.

Erste Urteile über die Jesaja-Rolle

Zunächst ist darauf hinzuweisen, daß man zwei Jesaja-Rollen in Höhle 1 gefunden hat. Die erste Rolle enthält den vollständigen Text des Jesajabuches und weist eine Reihe von meist orthographischen Abweichungen zum überlieferten Text auf, die zweite Rolle ist nur noch teilweise erhalten, steht aber dem bekannten Bibeltext näher.[6]
In der ersten Freude über das hohe Maß an Übereinstimmung hat man allerdings ein wenig zu vermittelnd, fast verschleiernd formuliert: „Der uns bisher bekannte Text wird durch diesen Fund in seinem Umfang und in seiner Anordnung bestätigt. Der aufmerksame Leser wird darin nichts Besonderes finden, da schon die Septuaginta diesen bisher bekannten Text in vorchristlicher Zeit bestätigt".[7]
Das apologetische Interesse dieser Bemerkung ist deutlich zu erkennen. Schon in der Einführung zum ganzen Buch macht der Verfasser klar, daß es ihm um die Vergewisserung des Bibellesers bezüglich des Bibeltextes geht, wenn er von einem „glaubensmäßigen Interesse an der getreuen Überlieferung" spricht. Dieses Anliegen unterstellt er auch den Generationen von Abschreibern; „so mußte tatsächlich von Anfang an das Bestreben lebendig sein, diese Zeugnisse so genau wie nur möglich zu überliefern".[8] Sehr behutsam geht er deshalb bei der ersten Jesaja-Rolle auf die Abweichungen ein und versucht, diese so zu erklären, daß er kein Vertrauen gegenüber dem gültigen Bibeltext zerstört.

---

[6] Vgl. Maier/Schubert, a.a.O., S. 9 f.
[7] Bardtke, a.a.O., S. 62
[8] Bardtke, a.a.O., S. 2

So konnte sich nicht ganz zu unrecht die populäre Meinung halten, die biblischen Textfunde von Qumran hätten den bekannten Bibeltext im Wortlaut voll bestätigt. Denn in der Tat stellen die in Qumran gefundenen Bibelhandschriften „den jüdischen Kopisten der Zwischenzeit ein Berufszeugnis aus, wie es vorzüglicher nicht sein könnte: Nur für ganz wenige, ziemlich belanglose Kleinigkeiten lassen sich Ungenauigkeiten oder gar Irrtümer feststellen. Den Bibeltext, wie wir ihn aus dem Mittelalter kennen, gab es auch schon tausend Jahre zuvor."[9]

Rückschlüsse auf die Abfassung biblischer Bücher

„Bislang wurden einzelne Werke der Hebräischen Bibel - nämlich einige Prophetenbücher und insbesondere der Psalter - noch als erst im 2. oder gar 1. Jh. v. Chr. fertiggestellt betrachtet. Jetzt gibt es erstmals Handschriften mit dem gleichen Text wie in der Biblia Hebraica, die eindeutig *älter* sind als solch späte Daten."[10]
Man kann sogar noch mehr sagen. Die Tatsache, daß von allen heute kanonischen biblischen Büchern außer dem Buch Ester Fragmente oder längere Passagen gefunden wurden, zeigt, daß der heutige Kanon bereits damals im wesentlichen abgeschlossen war. „Für die Essener war das ihnen bereits überkommene, akzeptierte und nach Umfang wie Wortlaut nicht mehr veränderbare Traditionsliteratur, teilweise - vor allem für Tora und Prophetenschriften - mit autoritativer Geltung."[11]
Und selbst für das Fehlen des Buches Ester hat Stegemann eine plausible Erklärung: „Wie entsprechende Funde aus Höhle 4 Q zeigen, hielten die Essener nämlich ältere, aramäischsprachige Fassungen des Ester-Stoffes durchaus in Ehren. Die im 2. Jh. v. Chr. von anderen Juden geschaffene hebräischsprachige Ausgestaltung des Ester-Stoffes, wie die Biblia Hebraica ihn bietet und der von Anfang an der Begründung des im Judentum gefeierten Purim-Festes diente, hatte in der Qumran-Bibliothek keinen Platz,

---

[9] H. Stegemann, a.a.O., S. 124
[10] H. Stegemann, a.a.O., S. 125
[11] H. Stegemann, a.a.O., S. 125

ebensowenig wie die Feier des Purim-Festes in ihrem Festkalender."[12]

Ja, es gibt sogar Hinweise darauf, daß man in Qumran bereits die klassisch gewordene Einteilung der Hebräischen Bibel in Tora, Neviim, Ketuvim, d. h. Weisung, Propheten, Schriften, kannte. In dem von Eisenman und Wise unter dem Titel „Der zweite Brief über als Gerechtigkeit angerechnete Werke" veröffentlichten sog. MMT-Dokument ist fragmentarisch vom Buch Mose, den Propheten und David die Rede[13] und in den folgenden Zeilen wird dann auf Worte der Tora und der Propheten bezug genommen als Begründung für das gegenwärtige Geschehen. Man kann daher mit ziemlicher Sicherheit sagen, daß Mose in diesem Text für die Tora steht, Propheten für das, was auch die Hebräische Bibel so nennt, nämlich außer den ausdrücklichen Prophetenbüchern auch die sog. „vorderen Propheten", Josua bis Könige. David steht dabei wohl mit den Psalmen stellvertretend für die „Schriften", die poetischen Bücher.

Die Entdeckung der ganz normalen Vielfalt

Die Suche nach dem ältesten Bibeltext und die Hoffnung, durch neue Funde eine Bestätigung der bisherigen Fassung zu erhalten, kann man zwar mit dem „glaubensmäßigen Interesse an der getreuen Überlieferung" begründen, das sich in der Gemeinde dahingehend äußert, „den zuverlässigen Bibeltext in den Gottesdiensten zu verwenden und nicht einen zurechtgestutzten, modernisierten, ungepflegten Text zu gebrauchen."[14] Dies ist allerdings eine sehr enge Haltung.

Ein derartig ausgedrücktes „glaubensmäßiges Interesse" läßt sich nämlich näher kennzeichnen. Es ist nicht das Interesse an der Vielfalt von Bezeugungen der einen Offenbarung, sondern das dogmatisch-legalistische Interesse an dem einen verbindlichen Wortlaut, auf den man sich im Meinungsstreit beziehen kann. Es

---

[12] H. Stegemann, a.a.O., S. 124
[13] 4 Q 397-399,10; Eisenman/Wise, a.a.O., S. 203 ff.
[14] Bardtke, a.a.O., S. 3

geht - anders ausgedrückt - nicht um das Wort als *Speise*, sondern um das Wort als *Waffe*.
Die Bibelfunde von Qumran sind allerdings trotz der normativen Bedeutung der Schrift und der großen Texttreue der Abschreiber Zeugen für ein offeneres Schriftverständnis. Denn von einigen biblischen Büchern waren unterschiedliche Fassungen im Umlauf. Von den beiden unterschiedlichen Jesaja-Rollen war bereits die Rede. Wie sind sie und ihr Verhältnis zueinander zu bewerten? Zum einen belegt die zweite, nicht vollständig erhaltene Rolle, daß der heutige hebräische Text schon in Qumran bekannt war und seither wortgetreu abgeschrieben wurde. Zum anderen kann man mit Sicherheit sagen, daß die erste, vollständige Rolle keine ursprünglichere Fassung darstellt, auch dort nicht, wo sie in ihren Abweichungen mit der Septuaginta übereinstimmt.[15] Schließlich sind die Abweichungen „nicht zufällig oder willkürlich und dürfen auch nicht mit Sorglosigkeit oder gar Nachlässigkeit im Umgang mit dem überlieferten Text begründet werden."[16] Wildberger sieht darin vielmehr einen ehrenwerten Versuch, Schwierigkeiten zu beheben, die der Originaltext Lesern bereitete, denen das biblische Hebräisch nicht mehr als Alltagssprache vertraut war. So sieht er in der ersten Jesaja-Rolle, „eine *bewußt vereinfachte*, im ganzen aber zuverlässige *Ausgabe einer Textform,*"[17] die vom Originaltext nicht weit entfernt war.
Wurde schon an diesem Beispiel deutlich, daß viele Abweichungen der Septuaginta nicht auf subjektive Willkür der Übersetzer zurückgehen, sondern schon in hebräischen Vorlagen ihre Anhaltspunkte hatten, so gilt dies auch für andere Texte. Der Bibeltext war also bei aller normativen Geltung in Bewegung. Neben der offiziellen, kanonischen Fassung kursierten auch andere, die wohl der Erbauung und praktischen Verkündigung dienten, ohne daß glcich Härcsic-Verdacht erhoben worden wäre.
Ähnliches gilt auch für das Verhältnis des offiziellen Bibeltextes zur samaritanischen Tora. „Dank der Qumran-Funde kennt man nun auch diese Textfassung als eine im damaligen Judentum ganz

---

[15] Vgl. Hans Wildberger, Jesaja, 3. Teilband, BK AT X/3, Neukirchen 1982, S. 1524 f.
[16] Wildberger, a.a.O., S. 1525
[17] ebd.

übliche und insbesondere von den Essenern gern verwendete. Was bislang als von den Samaritanern geschaffene Version des Pentateuchs[18] betrachtet worden ist, erweist sich nunmehr als eine Textfassung, die bereits vor dem sogenannten »samaritanischen Schisma« entstanden sein muß, wahrscheinlich schon im 5. und 4. Jh. v. Chr."[19] Dies wirft gleichzeitig ein interessantes Licht auf das Verhältnis von Juden und Samaritanern. Der Riß kann nicht so groß gewesen sein, wie er oft zur Herausarbeitung von Gegensätzen dargestellt wird.

Schließlich zeigen einige aramäische biblische Schriften, daß die schriftliche Abfassung von Targumen in der aramäischen Volkssprache viel älter ist, als man bisher annahm. Auf das targumartige Genesis-Apokryphon wurde bereits im ersten Kapitel hingewiesen.

Zusammenfassung

Die Bedeutung der Qumran-Funde für die Bibelwissenschaft kann nicht überschätzt werden. Sie bieten nicht nur Hinweise auf gebräuchliche Textvarianten, die nebeneinander in derselben Gemeinschaft vorhanden sein konnten. Sie geben auch Hinweise auf die Aussprache des Hebräischen zu jener Zeit und lassen mitunter sogar Rückschlüsse auf das Versmaß in poetischen Texten der Bibel zu.[20] Sie lassen erahnen, von welchem Zeitpunkt an die Juden der Antike Schwierigkeiten mit dem Lesen der Hebräischen Bibel hatten und auf aramäische Übersetzungen (Targume) oder die griechische Übersetzung, die Septuaginta, angewiesen waren. Daran läßt sich auch ermessen, welche faktische Macht den Schriftgelehrten zukam, die noch die biblischen Schriften in hebräischer Sprache, und d. h. autorisiert-authentisch lesen konnten. Der Streit zwischen den Gelehrten der Pharisäer, Sadduzäer und Qumranleute war daher für das einfache Volk oft nicht nachvollziehbar.

---

[18] Pentateuch = 5 Bücher Mose = Tora
[19] H. Stegemann, a.a.O., S. 126
[20] Vgl. Wildberger, a.a.O., S. 1524

So werfen die verschiedensten Bibelhandschriften aus Qumran über ihren eigentlichen Wert hinaus ein erhellendes Licht auf die religiöse Situation zur Zeit Jesu.

2. ZEUGNISSE VON ZEITGENOSSEN JESU

Der gelüftete Schleier

Welche Sensation würde es bedeuten, wenn plötzlich in einem alten griechischen Kloster das Original des 1. Thessalonicherbriefs auftauchen würde, der ältesten christlichen Schrift, die uns wenigstens in Abschriften erhalten ist. Oder wenn gar in einer Bibliothek in der nördlichen Türkei ein Original des Galaterbriefs gefunden würde. Dann wüßten wir endlich, wie die Bemerkung in Gal 6,11 zu verstehen ist, in der Paulus auf eine besondere Schreibweise mit eigener Hand verweist. Wir wüßten dann vielleicht, worauf sich das Besondere bezieht, auf die Buchstabengröße oder auf eine ungelenke Schrift infolge von Fesseln, oder ob der Brief diktiert wurde und nur die Schlußzeilen von Paulus persönlich angefügt sind.

Leider blieben solche Wünsche bisher Wunschträume, aber wer weiß, was uns nicht noch alles beschert wird? Immerhin besitzen wir von den Schriften des Neuen Testaments Abschriften, und seien es nur Fragmente, die teilweise bis ins Jahr 200 zurückdatiert werden können. Und die ältesten vollständigen Handschriften des Neuen Testaments reichen immerhin bis ins 4. Jh. zurück, in die Zeit der ersten Duldung der Christenheit unter Kaiser Konstantin.

Wir müssen die Funde von Qumran daher auch unter der Frage betrachten, über welche religiösen Texte der frühen Christenheit und des zeitgenössischen Judentums wir überhaupt etwas einigermaßen Genaues wissen. Außer den Funden der Texte bei Nag Hammadi von 1945, deren Abschriften zwar aus dem 4. Jh. stammen, deren Entstehung aber bis ins 2. Jh. zurückreicht,[21] haben wir keine direkten Zeugnisse aus jener Zeit, nicht einmal spätere Abschriften!

---

[21] Vgl. Köster, a.a.O., S. 664

Was wir kühn über Zeloten und Samaritaner, Pharisäer und Sadduzäer behaupten und als gesichert voraussetzen, wissen wir nur aus indirekten Zeugnissen, aus Äußerungen über diese Gruppen und aus Zitaten bei antiken Schriftstellern, die wir aber nicht überprüfen können, weil uns Originalschriften nicht erhalten sind oder nie existiert haben. Vielleicht gab es von Zeloten Briefe an einzelne Ortsverwaltungen und Militärposten. Solche Texte bleiben oft nur durch Zufall erhalten. Eine „Theo-logie der Zeloten" wird es nicht gegeben haben. Was wir über sie wissen, müssen wir mühsam überwiegend aus den Schriften des Josephus rekonstruieren.[22] Um die Pharisäer steht es etwas besser, weil wir mindestens den Niederschlag ihrer Überzeugungen im Talmud wiederfinden.

Bis zur Entdeckung der Damaskusschrift 1896 in einer Kairoer Synagoge bzw. bis zu ihrer Veröffentlichung 1910 wußte man über die Essener auch nur, was man Josephus, Philo und Plinius entlocken konnte. Das hat jedoch, wie wir gesehen haben, niemand gehindert, vollmundige Aussagen über Leben und Lehre der Essener zu wagen.

Die Qumran-Texte geben nun die Möglichkeit, diese „Kenntnisse", sofern es sich in Qumran tatsächlich um Essener handelt, an originalen Texten zu überprüfen, an Texten, die nicht nur *von dieser Gruppe* stammen, sondern an *Originalen aus jener Zeit*. Das allein wäre schon für die religionsgeschichtliche Forschung eine Sensation. Diese wird jedoch noch dadurch gesteigert, daß es sich um die *einzigen* authentischen Texte einer religiösen, jüdischen Gruppe aus jener Zeit handelt, wenn wir von Abschriften neutestamentlicher Schriften absehen.

Der Vergleich dessen, was uns in Qumran begegnet, mit dem, was bis dahin keck über die Essener behauptet wurde, mahnt uns auch zu größerer Vorsicht bei der Beurteilung anderer historischer und theologischer Erscheinungen jener Zeit, über die wir nur indirektes Wissen besitzen, und zwar durch Bemerkungen in neutestamentlichen Schriften, bei Josephus oder anderen antiken Schriftstellern. Gar zu leicht geraten wir in Gefahr, uns erdachte Gegner

---

[22] Vgl. Hengel, Zeloten, S. 6 ff.

des frühen Christentums zu schaffen, von denen wir unseren Glauben dann umso leuchtender abheben können.
Ein Blick hinter den etwas gelüfteten Schleier der Geschichte mahnt uns zu größerer Vorsicht hinsichtlich selbstsicheren Urteilen über Dinge, die wir nicht oder nur lückenhaft kennen.

Beziehungen zu christlichen Themen

Nur wer an der absoluten Einzigartigkeit, Unvergleichlichkeit und Originalität Jesu festhalten will, wie es Baigent und Leigh der römisch-katholischen Kirche unterstellen,[23] wird ängstlich jeden Vergleich Jesu mit Qumran oder anderen religiösen Erscheinungen seiner Zeit abwehren oder allenfalls mit dem Ziel führen, Jesu Überlegenheit oder Einmaligkeit herauszustellen. Dies kann aber allenfalls das Ergebnis, nicht das von vornherein gesetzte Ziel sein, sonst wäre die Erkenntnis nicht unvoreingenommen.

Nachdem in den letzten Jahrzehnten die neutestamentliche Forschung stärker als in früheren Zeiten an der Feststellung der Gemeinsamkeiten zwischen Jesus und dem Judentum seiner Zeit interessiert ist, wird man sagen können: „Qumran wird für alle, die ohnehin von der festen Verwurzelung Jesu im Judentum ausgehen, ein nüchtern zu diskutierendes religionsgeschichtliches Phänomen bleiben."[24] Grundsätzlich sind solche „Zusammenhänge mit Qumran nicht von anderer Bedeutung als mit sonstigen Strömungen des Judentums, sei es das rabbinische Pharisäertum, die Apokalyptik oder der Zelotismus."[25]

Auf diesem Hintergrund können wir unverkrampft an die Texte von Qumran herantreten und Beziehungen zum Denken der Urgemeinde feststellen, ohne damit etwas über wechselseitige Abhängigkeiten auszusagen.

Gemeinsames Gedankengut

Bei unvoreingenommener Betrachtung läßt sich eine Reihe von übereinstimmenden Grundsätzen zwischen Qumran und dem

---

[23] Baigent/Leigh, a.a.O., S. 70; 73; 175
[24] Hans Maaß, Verschlußsache Jesus?; in: entwurf 3/92, S. 36
[25] Maaß, Verschlußsache, a.a.O., S. 37

Neuen Testament entdecken, die jeweils einen hohen ethischen Standard aufweisen. Auf einige soll hier eingegangen werden.
Von hoher *Sensibilität* für das Schutzbedürfnis der Persönlichkeitssphäre zeugt beispielsweise eine Vorschrift in der Gemeinderegel, die sich noch etwas weiter ausgeführt, fast im Stil einer Verfahrensordnung im Matthäusevangelium findet: „Ferner soll niemand gegen seinen Nächsten eine Sache vor die Vielen bringen, wenn es nicht vorher zur Zurechtweisung vor Zeugen gekommen ist."[26] Die unterschiedliche Absicht bei Matthäus und in Qumran wird sofort deutlich. Bei Mt 18,15-17 geht es um die Frage, was man alles unternehmen muß, ehe man ein Gemeindeglied „abschreiben" darf, ein Problem, das für die matthäische Gemeinde wohl besonders brennend war. Der Gemeinderegel geht es um den Schutz des Einzelnen vor Bloßstellung. Beide stimmen darin überein, daß der Schritt in die Öffentlichkeit nicht das erste sein darf, das zu unternehmen ist.
Unmittelbar voraus geht in der Gemeinderegel eine Mahnung, die helfen kann, Eph 4,26 besser zu verstehen. Dort folgt dem Zitat aus Ps 4,5, „zürnt ihr, so sündigt nicht", die Fortsetzung, „laßt die Sonne nicht über eurem Zorn untergehen." Der generellen Mahnung, sich im Zorn nicht zu unbedachten und ungerechten Handlungen hinreißen zu lassen, folgt noch eine zeitliche Begrenzung: Die Angelegenheit muß bis zum Sonnenuntergang in Ordnung gebracht sein! Die Gemeinderegel eröffnet einen anderen Horizont: Es geht um *aggressionsfreie Verantwortlichkeit*. „Keiner soll zum anderen sprechen in Zorn oder Murren oder Halsstarrig[keit oder im Eifer] gottlosen Geistes. Und er soll ihn nicht hassen in seinem [unbeschnittenen] Herzen; sondern am selben Tage soll er ihn zurechtweisen, aber nicht soll er seinetwegen Schuld auf sich laden."[27] Eine Forderung, die durchaus zu dem Bild von den friedliebenden Essenern paßt. Darüber hinaus macht sie deutlich, wie ernst man einerseits ungeahndetes Unrecht nahm: Es belastete die ganze Gemeinschaft, deshalb mußte es am selben Tag noch aufgegriffen werden. - Andererseits war man aber auch

---

[26] 1 QS VI,1; Lohse, a.a.O., S. 21- vgl. Mt 18,15-17
[27] 1 QS V,25 - VI,1; Lohse, a.a.O., S. 21; vgl auch CD IX,4 ff.

an einer friedlichen Regelung interessiert. Wäre es angesichts dieser Mahnung so unehrenhaft, eine Abhängigkeit des Epheserbriefs von der mit Sicherheit vorchristlichen Qumran-Regel festzustellen?
Überhaupt scheint bei Jesus wie in Qumran die *Unbeherrschtheit* als besonderes Übel gegolten zu haben. In der Bergpredigt wird Kritik an der praktischen Geringschätzung des Tötungsverbots geübt. Für dessen Übertretung sprach das Ortsgericht unter Einbeziehung aller mildernden Umstände in aller Regel milde Strafen aus. In diesem Zusammenhang macht Jesus bewußt, wie schwerwiegend eigentlich verbale Angriffe auf den Nächsten sind, die niemand ahndet. Dabei heißt es hypothetisch: „Wer mit seinem Bruder zürnt, der ist des Gerichts schuldig; wer aber zu seinem Bruder sagt: Du Nichtsnutz!, der ist des Hohen Rats schuldig; wer aber sagt: Du Narr!, der ist des höllischen Feuers schuldig."[28] In der Gemeinderegel heißt es: „Wenn einer gegen einen von den Priestern ... im Zorn geredet hat, so soll er mit einem Jahr bestraft werden und für sich ausgeschlossen sein von der Reinheit der Vielen. Und wenn er aus Versehen geredet hat, so soll er mit sechs Monaten bestraft werden. ... Und ein Mann, der seinen Nächsten ohne Grund wissentlich schmäht, der soll mit einem Jahr bestraft werden und ausgeschlossen werden."[29] Es handelt sich eindeutig um dieselben Sachverhalte. Einerseits scheint die Bewertung bei Jesus viel radikaler, wenn er für eine Schmähung gar das höllische Feuer für angemessen hält, andererseits war die Handhabung in Qumran wesentlich härter; denn Jesus hat niemand ausgeschlossen, auch nicht auf Zeit. Dieses Beispiel zeigt, wie die junge Christenheit und die Gemeinschaft von Qumran sich mit denselben Problemen auseinandersetzten, aber trotz ähnlicher Bewertungen zu anderen Lösungen kamen.
Beeindruckend ist auch die Verpflichtung aus dem Qumran-Gelöbnis: „*Nicht* will ich jemandem seine *böse Tat vergelten*, mit Gutem will ich jeden verfolgen. Denn bei Gott ist das Gericht über alles Lebendige, und er vergilt dem Mann seine Tat."[30] Dies

---

[28] Mt 5,22
[29] 1 QS VII,2-5
[30] 1 QS X,17 f.; Lohse, a.a.O., S. 39

liest sich fast wie eine Parallele zu Röm 12,17-19, wo ebenfalls nicht nur vom Verzicht auf Rache die Rede ist, weil Gott sich diese vorbehalten hat, sondern wie in Qumran vom Erstatten des Bösen mit Gutem. Das Gebot, auf Vergeltung zu verzichten, ist übrigens das im Neuen Testament meist bezeugte, nicht aus dem Dekalog stammende Gebot.[31]

Aus alledem wird deutlich, daß es innerhalb des Judentums jener Zeit Strömungen gab, die *gewalttätiges Durchsetzen eigener Interessen ablehnten*. Qumran gehörte dazu, die junge Jesus-Bewegung ebenfalls.

Unterschiede

Natürlich gibt es auch Unterschiede von verschiedenem Gewicht. Ihnen nachzugehen, bedeutet nicht, die Überlegenheit des Christentums herauszustellen, sondern die Eigenständigkeit beider Größen zu würdigen. Denn wer beide Bewegungen miteinander identifizieren möchte, wird nicht nur dem Christentum nicht gerecht, sondern auch Qumran.

Eine Reihe von Unterschieden wurde bereits in vorangehenden Kapiteln herausgestellt, so etwa die strikte Einhaltung der hierarchischen Rangordnung beim Essen und Reden,[32] die Vorrangstellung der Priester[33] und die rigorosen Bestimmungen zur Heiligung des Sabbat.[34]

Abschließend sollen noch zwei Unterschiede näher betrachtet werden, die etwas über das *unterschiedliche Verständnis der Gemeinschaft* erkennen lassen.

1. Von Anfang an wird in den zusammenfassenden Stücken der Evangelien betont, daß Jesus ein Anziehungspunkt für *Kranke, Behinderte und Besessene* war: „Am Abend aber, als die Sonne untergegangen war, brachten sie zu ihm alle Kranken und Besessenen. Und die ganze Stadt war versammelt vor der Tür. Und er half vielen Kranken, die mit mancherlei Gebrechen beladen wa-

---

31 Vgl. Mt 5,39; Röm 12,17; 1.Thess 5,15; 1.Pt 3,9
32 Z. B. 1 QS II,23; VI,4 f.; QSa II,13 ff.
33 Z. B. 1 QS I,21 ff.; VI,3 .4.8.9; VII,2; CD III,21 f.; XIII,2 u. v. a. m.
34 Z. B. CD X,14 ff.

ren".³⁵ Die vielen Heilungserzählungen von Blinden und Lahmen, Menschen mit verkrümmten Händen und Wirbelsäulen, Aussätzigen und Blutflüssigen sprechen ihre eigene Sprache. Besonders bemerkenswert ist vielleicht die Erzählung von dem blinden Bartimäus, der von der Volksmenge zum Schweigen gebracht werden soll, als er sich hilfeflehend an Jesus wendet.³⁶ Gönnen ihm die Leute die Hilfe nicht oder fühlen sie sich in ihrer Konzentration auf Jesus gestört?

In diesem Zusammenhang ist vielleicht eine Bestimmung aus der Gemeinschaftsregel aufschlußreich: „Und jeder Mann, der an seinem Fleisch geschlagen ist, gelähmt an den Füßen oder Händen, hinkend oder blind oder taub oder stumm oder mit einem Makel an seinem Fleisch geschlagen, der vor den Augen sichtbar ist, oder ein alter Mann, der zittert, so daß er sich nicht aufrecht halten kann inmitten der Gemeinde: nicht dürfen diese kom[men], um [in]mitten der Gemeinde der angesehenen Männer einen Platz einzunehmen; denn die Engel der Heiligkeit sind [in ihrer Ge]meinde. Und wenn [einer von] diesen dem Rat der Heiligkeit etwas zu sagen hat, so sollen sie es [von ihm] erfragen, aber in die Mitte [der Gemeinde] darf der Mann [nic]ht kommen, denn geschlagen ist [e]r."³⁷

Hier wurde offensichtlich eine uralte Regel für das Betreten des Tempels, die in 2.Sam 5,8 auf die Eroberung Jerusalems zurückgeführt wird, höher gewertet als Heilsverheißungen für Blinde und Lahme, wie sie sich etwa in Jer 31,8 oder Jes 35,5 f. finden. In der Jesusüberlieferung hat sich die Bezugnahme auf die Verheißung aus Jes 35 nicht nur in der Erzählung von der Täuferfrage erhalten, sondern auch in zusammenfassenden Abschnitten.³⁸ Daraus läßt sich ablesen, daß *Jesu Einladung* an diesen Personenkreis, der beispielsweise in Qumran ausgeschlossen oder an den Rand gedrängt war, als etwas *für ihn besonders Kennzeichnendes* angesehen wurde.

---

35 Mk 1,32 ff.
36 Mk 10,48
37 1 QSa II,5-11; Lohse, a.a.O., S. 51
38 Mt 11,2-6; 15,30 f.

Hier macht sich die *priesterliche Grundstruktur der Qumran-Gemeinschaft* einerseits und die Überzeugung Jesu von der greifbar nahegekommenen Gottesherrschaft andererseits deutlich bemerkbar.

2. Das andere Beispiel betrifft das *Verhältnis von Ordnung und Spontanität im Gottesdienst*. Es soll an der Gegenüberstellung eines paulinischen Textes mit einer Bestimmung aus der Gemeinderegel deutlich werden.

In Korinth mußte sich Paulus mit der Frage nach der richtigen Einschätzung und Handhabung spiritueller Gaben und Befähigungen auseinandersetzen. Nachdem er klargestellt hat, daß sich der Wert eines Gemeindeglieds für die Gemeinde nicht danach bemißt, welche Gaben in ihm zur Wirkung kommen, sondern wie es diese zum Nutzen aller einsetzt,[39] kommt er auf Fragen der praktischen Umsetzung dieser Erkenntnisse im Ablauf der Gemeindeversammlung zu sprechen.

Dabei muß er auch bedenken, was zu geschehen hat, wenn einem eine Offenbarung zuteil wird, während ein anderer gerade redet. Als oberster Grundsatz gilt: „Ihr könnt alle prophetisch reden, doch einer nach dem andern, damit alle lernen und alle ermahnt werden. Die Geister der Propheten sind den Propheten untertan. Denn Gott ist nicht ein Gott der Unordnung, sondern des Friedens."[40] Deutlich wird an diesen Worten sowohl das pädagogische Verständnis der Prophetie als auch das Kriterium göttlich inspirierter Prophetie: die Geistesäußerungen sind den Propheten untertan. Unbeherrschte Ekstatik ist für Paulus keine göttlich inspirierte Prophetie. Deshalb kann er fordern, „einer nach dem andern".

Soweit könnte er sich vermutlich mit Qumran verständigen; aber dann folgt der entscheidende Unterschied. Für Paulus zeigt sich die Tatsache, daß einem Propheten die Geistesäußerungen tatsächlich untertan sind, gerade daran, daß jemand mit seiner prophetischen Rede aufhören kann, wenn sich ein anderer zu Wort

---

[39] 1.Kor 14,1-26
[40] 1.Kor 14,31 ff.

meldet. Deshalb fordert er: „Wenn aber einem andern, der dabeisitzt, eine Offenbarung zuteil wird, so schweige der erste."[41]

Auch in Qumran geht es um den geordneten Ablauf der Ratsversammlungen. Aber hier hat man geregelt: „Niemand soll mitten in die Worte seines Nächsten hineinreden, bevor sein Bruder aufgehört hat zu sprechen." Dies könnte als normale Anstandsregel erscheinen, wenn die Fortsetzung nicht lautete: „Auch darf er nicht sprechen vor der Rangstufe dessen, der vor ihm eingeschrieben ist; denn der Mann, der befragt ist, soll sprechen, wenn er an der Reihe ist."[42]

Ganz abgesehen davon, daß es hier nicht um Prophetie, sondern um Beiträge zu den Ratsversammlungen geht, wird an dieser Regelung wieder die Vorrangigkeit des hierarchischen Ordnungsprinzips deutlich, die uns in Qumran auf Schritt und Tritt begegnet und mit Sicherheit einen wesentlichen Unterschied zu der frühesten Christenheit darstellte.[43]

Hier konnten nur einige Beispiele für Gemeinsamkeiten und Unterschiede genannt werden, die teilweise gerade auch an den Gemeinsamkeiten deutlich werden. Ein weitergehender Vergleich würde zu umfangreich werden. Er wäre aber auch nur dann sachlich richtig, wenn er berücksichtigen würde, daß uns im Neuen Testament unterschiedliche Ausprägungen des christlichen Glaubens erhalten sind, die auch eine unterschiedliche Nähe zu Auffassungen aus Qumran besitzen.

3. HILFE DURCH QUMRAN

Kummer mit Qumran ist unbegründet, im Gegenteil: Die Hilfe, die von den Qumran-Funden für die Erforschung des Neuen Testaments und des Judentums jener Zeit ausgeht, ist unschätzbar.

---

[41] 1.Kor 14,30
[42] 1 QS VI,10 f.
[43] Interessant ist in diesem Zusammenhang eine talmudische Regel, die ebenfalls eine hierarchische Ordnung voraussetzt, aber bei Verhandlungen über Kapitalverbrechen im Synhedrium die Jüngeren und Rangniedrigeren zuerst zu Wort kommen läßt. Damit soll verhindert werden, daß diese möglicherweise einem „Großen", der vor ihnen geredet hat, widersprechen müssen oder ihre Meinung nicht mehr frei zu äußern wagen. Vgl. Sanh. IV,2 und 36 a.

Auch wenn die Gemeinschaft von Qumran nicht repräsentativ für das Denken des einfachen Volks in Galiläa und Judäa war und auch weder die Überzeugungen der Jerusalemer Priesterschicht noch die der Pharisäer zur Zeit Jesu widerspiegelt, so haben wir doch in diesen Texten eine originale Sammlung von Gedankengut vor uns, das innerhalb des Judentums jener Zeit möglich war. Sowohl in der Unterschiedlichkeit ihrer eigenen Dokumente als auch in ihrer Nähe und Spannung zu Jesus und zu urchristlichen Zeugnissen hilft uns diese Gemeinschaft, die Botschaft des Neuen Testaments in ihren Konturen besser zu erfassen.

Namens- und Stichwortregister

1 QS 121
4 Q 213-214: 77
4 Q 227: 77
4 Q 251: 179
4 Q 252: 76
4 Q 266: 84; 195
4 Q 285: 137; 140
4 Q 319 A: 76
4 Q 390: 170
4 Q 394-399: 76; 165
4 Q 471: 105
4 Q 521: 138
4 QpPs 37: 98
Abendmahl 110; 112; 114; 115
Alexander Jannai 16; 17; 58; 59; 60; 63; 64; 65; 66; 68; 69; 71; 224
Antiochus 55; 68; 221; 222; 223
Apokalypse 77; 128
Apokalyptik 45; 72; 73; 74; 100; 147; 165; 210
Apokalyptiker 72; 73; 77
apokalyptisch 56; 73; 74; 75; 76; 77; 80; 122; 128; 133; 138; 143; 147; 160; 162; 163; 165
aramäisch 31; 56; 57; 59; 142; 143; 204; 207
Archelaus 17; 226
Asidäer 47; 48; 53; 55; 56; 57; 71

Auferstehung 90; 91; 92; 95; 101; 102; 126; 140; 141; 190; 191; 192; 197; 199
Auferstehungsglauben 191
Aufnahme 28; 45; 90; 117; 118; 119; 120; 121; 123; 154
Ausleger 151; 168
Auslegung 28; 68; 74; 93; 95; 97; 108; 131; 142; 152; 168; 173; 181
Belial 75; 119; 146; 156; 162; 193; 198
Besitz 49; 63; 67; 95; 120; 154; 173; 174
besitzlos 49
Bethlehem 21; 23; 24
Bewegung 11; 12; 40; 43; 49; 53; 54; 56; 60; 66; 94; 98; 102; 109; 123; 124; 125; 134; 159; 160; 178; 183; 213
Bibel 27; 29; 39; 54; 69; 71; 77; 82; 93; 142; 144; 145; 155; 156; 201; 202; 203; 204; 205; 206; 207; 208
Bibliothek 25; 49; 58; 134; 135; 202; 204
Bund 52; 79; 80; 81; 98; 99; 106; 119; 120; 152; 155; 163; 170; 194; 197; 198
Christ 22; 27; 33; 190; 201
Christenheit 11; 12; 85; 100; 101; 108; 112; 124; 139; 148; 157; 160; 208; 212; 216

Christentum 38; 40; 46; 139; 140; 159; 160; 166; 171; 210; 213
christlich 32; 33; 36; 38; 39; 46; 71; 79; 82; 93; 109; 110; 114; 115; 117; 118; 122; 123; 125; 136; 137; 139; 140; 159; 161; 171; 190; 196; 199; 202; 203; 208; 210; 212
Christus 21; 85; 101; 106; 123; 136; 140; 162; 163; 190; 191
Damaskus 78; 81; 82; 83; 84; 91; 98; 222; 227
Damaskusschrift 44; 51; 52; 76; 79; 80; 81; 97; 98; 99; 100; 130; 132; 133; 154; 155; 156; 159; 167; 168; 171; 172; 173; 174; 175; 176; 177; 180; 181; 194; 195; 209; 222
Demetrius 64; 65; 68; 69; 222; 223; 224
Diener der Finsternis 105; 107
Dokumente 11; 22; 25; 33; 35; 38; 39; 40; 58; 76; 159; 165; 217
Dualismus 52; 75; 167
dualistisch 43; 75
Ehe 48; 49; 96; 156; 157; 158; 159; 166; 170
Ehelosigkeit 48; 95
Eheschließung 158
Eid 47; 51; 113; 119
erkennen 12; 35; 37; 43; 51; 62; 73; 91; 124; 129; 144; 169; 179; 197; 203; 213
Erkenntnis 13; 52; 79; 88; 196; 215

Erkenntnisse 12; 33; 35; 39; 68; 104; 127; 182; 210
Eschatologie 52; 137; 147; 162; 194
Essen 37; 103; 110; 111; 113; 115; 121; 124; 132; 153; 169; 176; 177; 181; 192; 213
Essener 11; 37; 41; 42; 43; 44; 45; 46; 47; 48; 49; 50; 52; 53; 55; 56; 57; 60; 66; 87; 88; 89; 90; 91; 92; 93; 95; 96; 113; 118; 122; 168; 175; 187; 193; 194; 204; 207; 209; 211
essenisch 11; 49; 84; 90; 96; 122
Feind 62; 70; 99; 106; 128; 130; 131; 146; 167; 198; 199
Feindesliebe 149; 166
feindlich 68; 92; 106; 146; 160; 171
Finsternis 43; 75; 87; 88; 107; 119; 161; 162; 163; 164
Fragment 19; 24; 29; 30; 31; 34; 35; 36; 55; 60; 77; 100; 106; 138; 140; 179; 187; 194; 195; 204; 205; 208
Frau 17; 42; 49; 52; 53; 65; 83; 92; 156; 157; 158; 189
Frevel 75; 76; 119; 152; 156; 162; 168; 183
Frevelpriester 97; 98; 99; 100; 104; 182; 183; 222
Fromme 16; 47; 56; 57; 68; 74; 76; 112; 196; 198
Führer 84; 95; 99; 102; 137; 138; 139; 140

Führergestalt 100
Fund 11; 16; 17; 18; 19; 20; 22; 23; 24; 27; 28; 29; 30; 34; 36; 38; 43; 44; 49; 53; 54; 55; 57; 58; 59; 93; 99; 100; 104; 134; 186; 194; 201; 202; 203; 204; 205; 206; 208
Gebet 76; 111; 144; 145; 149
Gebot 53; 59; 151; 152; 155; 159; 162; 163; 166; 178; 181; 195; 197; 213
Geist 52; 61; 71; 76; 119; 120; 124; 130; 138; 140; 156; 161; 162; 164; 179; 196; 199; 211; 215
geistig 40; 44; 52; 73; 77; 88; 108; 109; 128; 162; 178
Gelöbnis 76; 212
Gelübde 154
Gemeinde 10; 21; 22; 39; 41; 42; 44; 45; 52; 61; 76; 78; 79; 83; 91; 100; 101; 102; 103; 107; 109; 113; 117; 123; 131; 132; 134; 135; 136; 137; 138; 139; 140; 141; 142; 152; 153; 155; 157; 162; 164; 165; 169; 190; 196; 198; 199; 205; 211; 214; 215
Gemeinderegel 41; 43; 49; 51; 52; 53; 54; 75; 76; 77; 79; 110; 113; 115; 118; 119; 121; 132; 152; 153; 154; 156; 163; 164; 167; 170; 182; 183; 186; 194; 211; 212; 215
Gemeinschaft 16; 28; 38; 42; 44; 45; 48; 49; 51; 52; 54; 57; 58; 61; 62; 70; 72; 75; 76; 77; 81; 85; 97; 98; 102; 109; 110; 112; 115; 118; 119; 120; 123; 124; 134; 152; 153; 154; 156; 161; 165; 166; 167; 169; 170; 171; 174; 176; 178; 185; 193; 195; 196; 198; 199; 207; 211; 212; 213; 216; 217
Gemeinschaftsregel 52; 115; 121; 132; 133; 214
Genesis-Apokryphon 29; 207
Genesis-Florilegium 76
gerecht 98; 195
Gerechte 74; 76; 97
Gerechtigkeit 40; 53; 77; 80; 84; 97; 100; 106; 145; 146; 147; 156; 161; 162; 163; 165; 195; 205
Gericht 69; 81; 107; 122; 128; 154; 155; 166; 174; 194; 195; 198; 212
Gesalbter 124; 130; 131; 136
Gesetz 52; 71; 79; 84; 85; 93; 120; 142; 151; 152; 162; 169; 170; 175; 182
Gesetzgeber 37
Gott 62; 65; 67; 69; 70; 74; 75; 76; 79; 80; 84; 94; 96; 98; 99; 106; 116; 124; 127; 129; 130; 131; 133; 136; 140; 141; 142; 144; 145; 146; 147; 148; 149; 151; 152; 155; 162; 163; 164; 167; 171; 175; 181; 182; 190; 194; 195; 196; 197; 198; 199; 212; 213; 215
Gottes Herrschaft 124; 144; 147
Gottes Sohn 124; 140; 141

Gottesboten 100
Gottesdienst 74; 111; 142; 205; 215
Gottesherrschaft 112; 114; 146; 147; 148; 166; 215
Gottessohn 140; 141; 142
Gottestreue 80; 165; 199
Gottesvolk 118; 124
Gottlos 74; 119; 138; 154; 156; 164; 173; 174; 196; 211
Habakuk 28; 57; 58; 76; 104; 202
Habakuk-Kommentar 28; 97; 99; 100; 182; 183; 185; 186
Händewaschen 118; 124; 145
Handschriften 20; 27; 29; 39; 54; 202; 203; 204; 208
Hasmonäer 63; 65; 66; 68; 72; 97; 158; 170
Hasmonäerfürst 63
hasmonäisch 66; 69; 225
hassen 43; 159; 163; 164; 211
Haß 51; 102; 119; 154; 163; 164
Hebräisch 27; 29; 31; 47; 54; 56; 59; 68; 69; 71; 77; 82; 106; 110; 142; 144; 145; 156; 157; 173; 184; 201; 202; 203; 204; 205; 206; 207
heidenchristlich 141; 160
Heil 77; 81; 101; 102; 112; 123; 124; 137; 145; 146; 147; 191; 195; 198; 214
heilen 89; 96; 126; 136
heilig 56; 61; 124; 130; 134; 144; 146; 160; 169; 170; 171; 172; 173; 181; 195; 196; 198; 199
Heilige 137; 198; 199
heiligen 120
Heiligkeit 31; 140; 152; 214
Heiligtum 70; 71; 156
Heiligung 121; 180; 181; 213
Heilkenntnisse 87
Heilsbedeutung 101; 102
Heilsgestalt 97; 101; 125
Heilstod 101
Heilszeit 112; 129; 133; 143; 147
Heilung 90; 136; 149; 214
Henoch 77; 194
Herodes 17; 46; 47; 58; 61; 158; 159; 170; 225; 226; 227
Herodes Antipas 83; 226; 227
Herodes Philippus 83; 226; 227
Herrschaft Gottes 146; 147; 149; 192
Hillel 117; 118
Höhle 16; 19; 20; 21; 22; 23; 24; 25; 26; 28; 29; 30; 36; 38; 43; 44; 49; 53; 55; 58; 90; 91; 96; 194
Höhle 1 27; 30; 43; 54; 71; 99; 203
Höhle 4 30; 144
Höhle 11 30; 54; 59; 60; 65; 67; 72; 100; 144; 179; 186; 187; 195; 204
Hurerei 154; 156; 157
Hyrkan 17; 158; 159; 223; 224; 225

Jakobus 83; 87; 97; 101; 102; 103; 104; 106; 108; 161
Jerusalem 15; 19; 22; 23; 27; 34; 37; 38; 42; 45; 63; 64; 65; 68; 69; 71; 78; 79; 82; 83; 84; 89; 101; 102; 103; 105; 111; 128; 135; 141; 175; 182; 183; 185; 187; 214; 216; 221; 223; 224; 225; 226; 228; 229
Jesaja-Rolle 27; 54; 203; 206
Jesus 9; 11; 31; 32; 33; 40; 87; 88; 89; 90; 91; 92; 93; 94; 95; 96; 97; 99; 100; 101; 102; 108; 114; 115; 116; 123; 125; 126; 127; 139; 140; 141; 147; 148; 149; 151; 154; 156; 159; 160; 164; 166; 180; 181; 188; 189; 192; 210; 212; 213; 214; 217; 227
Johannes d. Täufer 54; 89; 96; 122; 124; 136
Johannesevangelium 123; 188; 189; 192
Jonathan 16; 59; 60; 61; 62; 63; 65; 72; 97; 222; 223
Josephus 17; 37; 38; 41; 43; 45; 46; 47; 48; 49; 51; 52; 55; 63; 66; 68; 69; 88; 104; 113; 118; 119; 120; 121; 122; 127; 158; 174; 175; 193; 194; 209
Juden 25; 45; 64; 65; 78; 79; 89; 90; 108; 111; 115; 125; 127; 135; 143; 170; 202; 204; 207
Judenchristen 187
judenchristlich 103; 140; 141
Judentum 12; 40; 43; 46; 54; 59; 109; 110; 114; 118; 125; 126; 128; 136; 139; 141; 148; 157; 171; 173; 177; 180; 194; 204; 206; 208; 210; 213; 216; 217
jüdisch 19; 37; 38; 42; 45; 58; 63; 65; 66; 68; 73; 82; 93; 104; 109; 112; 115; 118; 124; 125; 126; 127; 131; 136; 138; 139; 141; 142; 143; 144; 145; 146; 147; 161; 162; 163; 171; 183; 184; 188; 204; 209
Kalender 52; 74; 81; 171; 182; 183; 184; 185; 186; 187; 188; 189; 190; 205
Karbon-14 38; 39
Kind 17; 52; 53; 65; 73; 89; 94; 148; 162
Kinder der Finsternis 167
Kleid 45; 116; 122; 176; 177; 178; 179; 180; 191
kleiden 90; 106
Kloster 17; 22; 23; 24; 27; 93; 95; 183
König 17; 47; 57; 59; 60; 61; 62; 64; 65; 71; 83; 199; 201; 205
Königreich 20; 62
Königsherrschaft 199
Königshuldigung 60
Königskritik 68
Königszeit 16
Königtum 61

Kriegsrolle 43; 50; 71; 72; 74; 78; 130; 131; 146; 165; 175; 176; 198
Kritik 68; 212
Kupfer 30; 169
Lager 134; 175; 176; 180
lebensfeindlich 48; 169; 181
Lederrollen 22; 27; 28
Lehrer der Gerechtigkeit 28; 52; 79; 80; 81; 97; 98; 99; 100; 101; 102; 132; 182; 183; 222
Licht 43; 87; 88; 106; 107; 161; 162; 163; 190; 197
Literatur 12; 39; 57; 77; 108; 134; 176; 204
Lobpreis 62; 63; 84; 131; 147
Lüge 33; 106; 108; 153; 156; 196
Lügenmann 104; 108
Mahl 19; 45; 78; 109; 110; 111; 112; 113; 114; 115; 118; 119; 121; 188
Makkabäer 12; 16; 59; 60; 61; 68; 72; 222
Makkabäerbücher 47; 53; 69; 71
Makkabäerzeit 71
makkabäisch 60
Mann 66; 67; 94; 120; 152; 155; 156; 157; 179; 212; 214; 216
Männer 50; 54; 69; 75; 77; 120; 152; 157; 195; 197; 214
Meer 121; 123; 128
messianisch 40; 89; 91; 101; 115; 116; 124; 128; 129; 134; 135; 136; 137; 138; 139; 142; 159
Messias 52; 85; 89; 90; 91; 99; 111; 124; 125; 126; 127; 128; 129; 130; 131; 132; 133; 135; 136; 137; 138; 139; 141; 143
Messias ben Joseph 139
Messiasbegriff 125
Messiasbild 136; 137
Messiasgestalt 131; 132
Messiashoffnung 136
Messiastitel 127; 132; 138; 139; 140
Messiasvorstellung 90; 124; 125; 126; 127; 128; 133
Mitglied 75; 78; 79; 88; 89; 118; 119; 121; 137; 198; 199
MMT-Dokument 165; 169; 173; 189; 205
Mond 184; 186
Mondjahr 43; 184
Nahum 76
Nahum-Kommentar 67; 68; 69
Nasi 137; 140
Opfer 19; 31; 64; 110; 111; 117; 169; 188; 190
Opfern 124
Ordnung 28; 39; 41; 52; 76; 111; 119; 135; 136; 185; 186; 215; 216
Passa 188; 189
Passalamm 188
Paulinisch 84; 85; 103; 106; 140; 141; 156; 161; 162; 215
Paulus 82; 83; 84; 85; 91; 94; 101; 102; 103; 104; 105; 106; 107; 108; 114; 115; 123; 140;

147; 161; 162; 163; 164; 166; 179; 190; 191; 208; 215; 228
Pergament 22; 27; 39
Peruschim 167; 168
Pessach 111; 114; 117
Pflicht 164
Pharisäer 41; 63; 68; 167; 168; 181; 207; 209; 210; 217; 224
pharisäisch 68; 109; 168; 178; 190; 192
Philo 41; 42; 43; 45; 48; 50; 56; 88; 209; 227
Plinius 41; 42; 43; 45; 48; 49; 53; 69; 209
Preis 62; 144; 145; 196; 198
Priester 17; 50; 63; 64; 66; 72; 74; 76; 78; 79; 87; 89; 96; 97; 99; 104; 111; 117; 120; 124; 132; 133; 153; 169; 170; 182; 183; 185; 186; 187; 198; 201; 212; 213; 215; 216
Qumran 11; 15; 16; 17; 18; 19; 20; 21; 23; 26; 27; 30; 34; 35; 36; 37; 38; 39; 41; 42; 43; 44; 49; 50; 52; 53; 54; 55; 56; 57; 58; 59; 60; 65; 66; 69; 71; 74; 77; 78; 79; 81; 82; 84; 85; 87; 93; 95; 96; 97; 104; 105; 108; 109; 110; 112; 113; 115; 116; 118; 122; 123; 124; 125; 131; 132; 134; 135; 137; 138; 140; 144; 146; 147; 149; 151; 152; 153; 156; 157; 159; 160; 161; 162; 163; 164; 165; 166; 168; 169; 171; 173; 174; 176; 178; 180; 181; 182; 183; 185; 186; 187; 188; 189; 190; 193; 194; 196; 201; 202; 204; 205; 206; 207; 208; 209; 210; 211; 212; 213; 214; 215; 216; 222; 224; 225; 226; 229
Qumran-Forscher 36; 99
Qumran-Forschung 26; 36; 135
Qumran-Funde 11; 41; 206; 207; 216
Qumran-Gemeinschaft 16; 18; 27; 41; 56; 63; 84; 102; 123; 131; 132; 133; 160; 168; 170; 172; 197; 215; 224
Qumran-Schriften 10; 33; 39; 49; 57; 66; 106; 108; 125; 130; 134
Qumran-Texte 10; 11; 31; 42; 43; 44; 50; 52; 53; 56; 57; 65; 72; 100; 101; 102; 104; 113; 121; 124; 125; 130; 132; 133; 142; 143; 152; 168; 171; 179; 189; 193; 209; 222
rabbinisch 66; 67; 109; 111; 118; 124; 139; 168; 173; 176; 177; 178; 180; 181; 199; 210
Rangordnung 113; 116; 132; 133; 213
Rat 54; 88; 90; 91; 96; 113; 119; 152; 163; 197; 212; 214; 216
Recht 53; 63; 67; 139; 141; 145; 163; 169; 171
Rechtfertigung 40; 103
Rechtgläubigkeit 98
rechtmäßig 142; 187
Rechtmäßigkeit 97

rechtschaffen 151; 165; 170
Rechtschaffenheit 97
Regel 27; 50; 74; 95; 118; 119; 155; 156; 157; 165; 169; 171; 172; 174; 175; 176; 179; 181; 195; 212; 214; 216
Reich Gottes 144
Reinheit 31; 110; 116; 152; 153; 166; 168; 169; 170; 177
Reinheit der Vielen 50; 110; 119; 120; 121; 122; 212
Reinheitsbestimmungen 174
reinigen 120; 121; 124; 128; 152; 177
Reinigung 123; 124; 180
Reinigungsriten 124
Reinigungswasser 120
Rollen 20; 21; 22; 23; 24; 25; 27; 28; 29; 30; 31; 34; 35; 36; 109; 131; 135; 197; 203; 206
Rollensaal 34
Römer 37; 54; 55; 69; 74; 105; 131; 146; 193; 222; 225; 228
Römerbrief 103; 163
Ruine 15; 26; 30; 51; 201
Sabbat 19; 51; 53; 55; 59; 111; 114; 115; 144; 168; 170; 171; 172; 173; 174; 175; 176; 177; 178; 179; 180; 181; 182; 185; 187; 189; 213
Sadduzäer 173; 207; 209
Schammai 117; 118
Schrift 55; 57; 74; 76; 77; 93; 97; 101; 108; 129; 168; 173; 174; 192; 202; 206; 207

Schriften 11; 12; 16; 19; 20; 21; 22; 24; 26; 27; 28; 30; 36; 38; 39; 40; 43; 44; 49; 58; 59; 69; 71; 72; 77; 78; 79; 80; 104; 106; 108; 119; 128; 132; 134; 135; 137; 138; 141; 146; 156; 159; 163; 167; 174; 186; 187; 194; 201; 204; 205; 208; 209
Schriftenfunde 26; 30
Schriftgelehrte 89; 168; 181; 207
Schriftrollen 18; 19; 21; 24; 25; 26; 27; 30; 32; 35; 38; 41; 78; 104; 134
Sekte 27; 37; 71; 72; 99; 109; 194
Sohn Gottes 142; 143; 147
Söhne der Finsternis 43; 74; 159; 163
Söhne des Lichts 74; 75; 119; 163
Sonne 81; 171; 172; 184; 185; 186; 211; 213
Sonnenjahr 43; 184; 186
Speise 55; 113; 119; 121; 179; 180; 206
Stadt 16; 42; 46; 50; 54; 79; 80; 83; 172; 173; 174; 175; 178
Sünde 101; 116; 117; 124; 155; 156; 169; 197
Sünder 74
Talmud 41; 55; 128; 168; 169; 171; 177; 179; 180; 181; 209
Targum 29; 207

Tempel 30; 31; 45; 49; 63; 64; 65; 66; 70; 81; 87; 89; 111; 128; 135; 142; 162; 169; 185; 187; 214; 221
Tempelrolle 30; 66; 67; 68; 69; 93; 175
Teufel 119
Tongefäß 21; 22; 27; 201
Tonkrüge 19; 21; 24; 26; 29; 36; 78
Tora 54; 57; 68; 117; 145; 151; 152; 155; 160; 168; 173; 180; 181; 192; 194; 204; 205; 206
Totes Meer 15; 22; 32; 34; 37; 41; 42; 45; 82; 95; 104; 109
Ungerecht 51; 163; 211
Ungerechtigkeit 163
Unrecht 76; 123
Unreinheit 116; 117; 156; 169
urchristlich 39; 139; 217
Urgemeinde 38; 79; 84; 102; 137; 159; 160; 180; 210
Urkirche 78; 79; 110
verpflichten 90; 96; 152; 163; 164
Verpflichtung 47; 113; 124; 151; 162; 178; 182; 212
verunreinigen 67; 116; 169; 179
Verunreinigung 117
Volk Gottes 143
Vorschrift 51; 52; 80; 121; 124; 137; 152; 154; 155; 167; 169; 171; 174; 176; 179; 181; 211
Vorsteher 19; 165
Waffen 50; 72; 128; 131; 161
waschen 117; 121; 122; 176
Waschlauge 117
Waschung 18; 45; 50; 116; 117; 118; 119; 120; 121; 122; 123; 124
Wasser 18; 22; 24; 26; 37; 51; 120; 121; 122; 123; 169; 176; 178; 179
Werkgerechtigkeit 107
Wort 27
Wüste 16; 25; 41; 45; 53; 54; 55; 65; 72; 76; 77; 79; 80; 95; 122; 134
Zadoq 17; 96
Zeloten 19; 66; 72; 94; 95; 96; 127; 131; 159; 160; 187; 209; 226; 229
zurechtweisen 155; 164; 211
Zurechtweisung 164; 211

Zeittafel[1])

(vorchristliche Zeitrechnung)

Fremdherrscher	*Jüdische Geschichte*
ca. **200** Beginn der seleukidischen (syrischen) Herrschaft über die Provinz Judäa (*Antiochus III.*)	
187-175 *Seleukos IV. Philopator*	
	bis **175** *Onias III.* Hoherpriester
175-164 *Antiochus IV. Epiphanes*	**175** *Onias III.* von Antiochus durch seinen hellenistisch gesonnenen Bruder *Jason* ersetzt.
	172 Antiochus setzt *Jason* ab und an seiner Stelle *Menelaos* (aus nicht hohepriesterlicher Familie) ein.
167 *Antiochus* unterwirft Jerusalem und verbietet die jüdische Religionsausübung; Weihe des Jerusalemer Tempels an Zeus.	**167** Beginn des makkabäischen Aufstands unter *Mattatias* (Sohn des Jerusalemer Priesters *Hasmonäus*).
	166-161 *Judas Makkabäus,* Sohn des Mattatias, Führer des Aufstands
	165 Sieg über Lysias, den Feldherrn des Antiochus
164 Tod des *Antiochus IV.* - *Lysias*, Erzieher des noch unmündigen *Antiochus V.*, wird Reichsverweser.	**164** (25. Kislev) Weihe des zurückeroberten Jerusalemer Tempels (Chanukka)

---

[1] Ereignisse aus Qumran sind durch • gekennzeichnet.

163-162 *Antiochus V. Eupator*; wird von *Demetrius* ermordet.

162-150 *Demetrius I. Soter* Seleukidenkönig; *Bakchides* Statthalter

163 Hinrichtung des Hohenpriesters *Menelaos* durch die Seleukiden (Syrer)
163-159 *Alkimos* Hoherpriester
161 Freundschaftsvertag der Makkabäer mit Rom.

161 *Judas Makkabäus* fällt in der Schlacht bei Berea.
161-143 Sein Bruder *Jonatan* Führer des Aufstands
159 Tod des *Alkimos*
• Es ist nicht bekannt, wer ihm im Amt des Hohenpriesters nachfolgte. Es wird erwogen, ob dies der aus den *Qumran-Texten* bekannte *„Lehrer der Gerechtigkeit"* gewesen sein könnte.

152 *Alexander Balas* (Sohn Antiochus' IV.) kämpft von Ptolemais (Akko) aus gegen Demetrius I. um die Macht. Nach dessen Tod im Kampf:
150-145 *Alexander V. Balas* Seleukidenkönig

152 Alexander Balas überträgt *Jonatan* wegen dessen Unterstützung gegen Demetrius das Hohepriesteramt.
• Es ist möglich, daß der *„Lehrer der Gerechtigkeit"* dabei seines Amtes enthoben, von *Jonatan* vertrieben und in Damaskus zum Gründer des Bundes wird, der hinter der Damaskusschrift steht und später in Qumran begegnet.
• *Jonatan* könnte der „Frevelpriester" der Qumran-Texte sein.

147 *Demetrius Nikator* (Sohn Demetrus' I.) kämpft gegen Alexander Balas und siegt mit ägyptischer Hilfe.
145-140 *Demetrius II. Nikator* König über Syrien.
145-142 *Antiochus VI.* (Sohn des Alexander Balas) kämpft gegen Demetrius und gewinnt die Herrschaft über Syrien. Sein Feldherr *Tryphon* läßt ihn **142** ermorden und herrscht selbst bis **138** (Selbstmord) über Syrien.

145 *Jonatan* besiegt die Truppen des Demetrius und wird von Antiochus VI. zum Statthalter von Syrien ernannt.
143 *Jonatan* wird von Tryphon durch eine List gefangengenommen.

143-135 Sein Bruder *Simon* tritt seine Nachfolge an.
142 Eroberung Jafos; Zugang zum Meer. Tryphon läßt nun *Jonatan* hinrichten.
Simon anerkennt Demetrius als Herrscher und wird dafür als Hoherpriester und Ethnarch bestätigt. **134** von seinem Schwiegersohn ermordet

138-129 *Antiochus VII. Sidetes*, danach Zerfall der seleukidischen Herrschaft über Syrien.

134-104 *Johannes Hyrkan I.* (Sohn Simons) entgeht dem Anschlag seines Schwagers. Schleifung der Stadtmauern Jerusalems durch Antiochus VII. Danach allmähliche Ausdehnung der Macht Hyrkans über Nachbarvölker. Zwangsbeschneidung der unterworfenen Idumäer.

104-103 *Aristobul I.*, Sohn und Nachfolger Hyrkans; führt als erster den Königstitel. Eroberung Galiläas; Fortsetzung der Judaisierungspolitik seines Vaters gegenüber unterworfenen Völkern.

103-76 Nach seinem Tod folgt ihm sein Bruder *Alexander Jannai*. Er erobert die Küstenebene (**96** Gaza) und große Teile des Ostjordanlandes. Kampf gegen die Pharisäer, die im Krieg gegen Demetrius III. zu diesem halten und grausam verfolgt werden.

• Aus seiner Regierungszeit finden sich besonders viele Münzen in *Qumran*. Dies läßt auf eine erste Siedlungsphase der Qumran-Gemeinschaft schließen.

76-67 übernimmt seine Witwe *Salome Alexandra* die Herrschaft. Aussöhnung mit den Pharisäern, Stärkung des pharisäischen Einflusses.

67-63 *Aristobul II.* von seiner Mutter als Nachfolger favorisiert, die ihren Sohn Hyrkan für nicht genügend durchsetzungsfähig hielt.

64 Der römische Feldherr *Pompejus* erobert Syrien.

63 Hyrkan wendet sich an Pompejus.

63 *Pompejus* erobert Jerusalem mit Unterstützung Hyrkans und verbannt Aristobul II. und dessen Sohn nach Rom.

63-40 *Hyrkan II.* Hoherpriester ohne politische Macht; diese wird faktisch durch seinen Minister Antipater wahrgenommen.

48 *Gajus Julius Caesar* besiegt Pompejus.

44 *Caesar* wird ermordet.

41-31 *Marcus Antonius* als Mitglied des Triumvirats Herrscher des östlichen Römischen Reichs. *Herodes* und *Phasael* werden zu Tetrarchen ernannt.

40 Der römische Senat ernennt *Herodes* zum verbündeten König Judäas. Dieser kämpft auf Seiten der Römer gegen Antigonus.

47 *Hyrkan II.* erhält als Dank für Treueverpflichtung das erbliche Hohepriesteramt und den Titel Ethnarch.
Antipater wird Prokurator von Judäa, sein Sohn *Phasael* Verwalter von Judäa, sein Sohn *Herodes* von Galiläa.

40-37 *Antigonus* (Sohn Aristobuls II.) wird mit Hilfe der Parther König und Hoherpriester. Macht *Hyrkan* durch Verstümmelung (Abschneiden der Ohren) zum Priesteramt untauglich.

37 Jerusalem wird von *Herodes* erobert und Antigonus geköpft.
37 Kurz vor der Eroberung Jerusalems Heirat mit Mariamne (zweite Frau, Enkelin Hyrkans)

37-4 *Herodes der Große* König
37 Herodes ernennt den aus der babylonischen Diaspora stammenden Priester *Hanamel* zum Hohenpriester.
35 *Aristobul III.* (Bruder seiner Frau Mariamne) wird von Herodes zum Hohenpriester ernannt, aber noch in demselben Jahr während eines Festes bei Jericho in einem Teich ertränkt.
31 Großes Erdbeben, das auch *Qumran* zerstört.
29 Herodes läßt seine Frau Mariamne und im Jahr **7** seine Söhne aus dieser Ehe ermorden. Damit ist die hasmonäische Dynastie ausgerottet.

27 Octavianus erhält nach dem Ausschalten seiner Mitherrscher vom römischen Senat den Titel „*Augustus*" und begründet das römische Kaisertum.

In den folgenden Jahren wird das Hohepriesteramt von Herodes und seiner Familie abhängig und wechselt zwischen verschiedenen Familien.

24-5 *Simon Boëthus* Hoherpriester. Zu seiner Familie gehören u. a. Hannas und Kajafas.

4 Tod des Herodes. Der zum Thronfolger bestimmte Antipater (Sohn aus der ersten Ehe mit Doris) wird kurz vorher ermordet. Das Reich wird unter die Söhne Archelaus, Herodes Antipas (Söhne der Samariterin Malthake) und Herodes Philippus (Sohn der Jerusalemerin Kleopatra) aufgeteilt. Das Begräbnis sollte auf der Festung Herodion erfolgen. Das Grab wurde jedoch bisher nicht gefunden.

(christliche Zeitrechnung)

6 *Archelaus* wird auf Bitten des Volkes vom Kaiser abgesetzt und nach Gallien verbannt.
• Münzfunde weisen darauf hin, daß unter seiner Herrschaft *Qumran* wieder besiedelt wurde.

6-8 *Coponius* erster Prokurator über Judäa; führt unter der Statthalterschaft des syrischen Legaten *Quirinius* eine Kopfsteuer ein

6 *Judas Galiläus* aus Gamla (Sohn des Freiheitskämpfers Ezekias) ruft zum Aufruhr gegen die römische Herrschaft auf (Beginn der Zelotenbewegung).

233

14-37 *Tiberius* römischer Kaiser

26-36 *Pontius Pilatus* Prokurator in Judäa

35/36 Der Nabatäerkönig *Aretas IV.* führt Krieg gegen Antipas; kommt bis Damaskus.
37-41 *Gajus Caligula* römischer Kaiser

6-15 *Hannas (Ananus)* Hoherpriester und Führer des „Hohen Rats", der aus Ältesten und Schriftgelehrten besteht.
17 *Herodes Antipas* gründet *Tiberias*.

18-36 *Josef Kajafas* Hoherpriester
ca **30** *Kreuzigung Jesu*

34 Tod des *Herodes Philippus;* sein Gebiet fällt an Antipas
Antipas nur durch römisches Eingreifen vor der völligen Niederlage bewahrt.

37-44 *Herodes Agrippa I.* (Enkel Herodes' d. Gr.) schrittweise König über das gesamte ehemals herodianische Gebiet.
39 *Antipas* nach Gallien verbannt; **41** *Agrippa* Alleinherrscher, verfolgt Minderheiten (Apg 12).
Nach seinem plötzlichen Tod wird das ganze Gebiet einem römischen Prokurator unterstellt.

41-54 *Claudius* römischer Kaiser
44-46 *Cuspius Fadus* Prokurator in Judäa
46-48 *Tiberius Alexander* Prokurator (Neffe des *Philo von Alexandrien*).
Kreuzigt Simon und Jakob (Söhne des Judas Galiläus).

48-52 *Cumanus*, Prokurator, verfolgt die Freiheitskämpfer.

50-92 *Agrippa II.* (Sohn Agrippas I.) erbt Königreich Chalkis und damit das Recht zum Einsetzen des Hohenpriesters in Jerusalem.
Unter seiner Herrschaft siedelt die zum Judentum konvertierte *Königin Helena* von Adiabene nach Jerusalem über und versucht die Not der Bevölkerung (Hungersnot durch Dürre) zu lindern.

52-60 *Fadus* Prokurator; brutaler Umgang mit Aufständischen
54-68 *Nero* römischer Kaiser
60-62 *Festus* Prokurator
62-64 *Albinus* Prokurator
64-66 *Gessius Florus* Prokurator; provoziert die jüdische Bevölkerung durch verschiedene Maßnahmen. Es kommt zu Tumulten in Jerusalem und überall im Land: Beginn des Jüdischen Kriegs
66 *Cestius Gallus* (römischer Legat von Syrien) belagert Jerusalem, wird von den Aufständischen geschlagen.
67 *Vespasian* erobert mit 60 000 Soldaten Galiläa zurück.

Paulus wird von ihm zur Verhandlung nach Rom gesandt.

66 Judäa, Galiläa und Idumäa unter der Herrschaft der Aufständischen.

Josephus läuft bei Jotabata zu den Römern über.

67-68 *Johannes von Gischala* und die galiläischen Zeloten beherrschen Jerusalem.
68 • *Qumran* wird durch Vespasians Truppen vom Jordantal her eingenommen.

68 *Nero* begeht Selbstmord
69 *Vespasian* wird vom (jetzt ägyptischen) Prokurator Tiberius Alexander zum Kaiser ausgerufen.
69-79 *Titus Flavius Vespasian* römischer Kaiser
69 Sein Sohn *Titus* belagert Jerusalem

70 Eroberung Jerusalems

73 *Flavius Silva* erobert Masada

73 Selbstmord der Masadakämpfer. Ende des jüdischen Widerstands
• Textfunde, die mit Schriften aus *Qumran* übereinstimmen, werfen die Frage auf, ob Bewohner von Qumran auf die Festung Masada flüchteten.

SCHRIFTEN AUS QUMRAN (KURZBESCHREIBUNG)

Damaskusschrift (CD): Ist nach dem dort erwähnten „Bund im Land Damaskus" benannt. Mittelalterliche Abschrift 1896 in einer Synagoge in Kairo entdeckt, 1910 veröffentlicht. In Qumran in verschiedenen Höhlen Fragmente z. T. längerer Fassungen gefunden. Enthält Ordnungen für das Gemeinschaftsleben, die mit der Gemeinderegel (1 QS) verwandt, aber nicht identisch sind. Entstanden etwa 100 v. Chr. (hebräisch).

Gemeinderegel (1 QS): Länge 1,80 m, Höhe 24 cm. Eine der zuerst entdeckten und veröffentlichten Schriften. Sehr gut erhalten. Früher „Sektenregel" genannt. Enthält u. a. Grundsatzerklärungen zum Selbstverständnis der Gemeinschaft, apokalyptische Lehren über Welt und Menschen sowie disziplinarische Regelungen für die Gemeinschaft. Vielleicht bereits vor Gründung der Siedlung von Qumran entstanden (hebräisch).

Gemeinschaftsregel (1 QSa): Der Gemeinderegel auf derselben Rolle angefügt (2 Kolumnen). Endzeitlich orientiert („am Ende der Tage", „Messias"), daher entweder älteste Gemeindeordnung (Naherwartung) oder eschatologische Fortschreibung (hebräisch).

Habakuk-Kommentar (1 Q pHab): Länge ursprünglich etwa 1,60 m (erhalten 1,42), Höhe 13,7 cm erhalten, unterer Rand fehlt. Versweise Deutung des Habakuk-Textes auf Ereignisse der Geschichte der Gemeinschaft, besonders das Vorgehen des „Frevelpriesters" gegen den „Lehrer der Gerechtigkeit". Wenn der Text auf eine Tempelplünderung durch die Römer bezugnimmt, ist er etwa 50 v. Chr. entstanden (hebräisch).

Henochliteratur: Zu dem in äthiopischen Bibeln enthaltenen astronomischen Buch der *Henochapokalypse* gibt es in Qumran ausführlichere Vorlagen, die in vorqumranischer Zeit entstanden sind (aramäisch).

Hymnenrolle [Loblieder] (1 QH): 3 Pergamentstücke, 70 Fragmente, 18 Kolumnen, Höhe 32 cm. Sehr sensible Gebete. Werden (teilweise) dem „Lehrer der Gerechtigkeit" zugeschrieben (hebräisch).

Jesajarollen ($1QIs^a$, $1QIs^b$): Diese beiden Versionen, die zu den ersten Funden gehören, und eine Fülle weiterer Fragmente zeigen die Bedeutung gerade dieses prophetischen Buchs für die Gemeinschaft. *Rolle a* (Länge 7,34 m, Höhe 24,5 - 27 cm) fast vollständiger Text, verwandt mit Septuagintaversion (hebräisch). *Rolle b* nur fragmentarisch erhalten, vor allem Kap 41-61, aber auch Reste früherer Kapitel, also kein Beleg für Deuterojesaja! Mit dem offiziellen (masoretischen) Text fast identisch (hebräisch).

Kriegsrolle (1 QM): Länge 2,90 m, Höhe 16 cm. Darstellung des endzeitlichen Siegs Gottes über die Macht der Finsternis. Könnte aus vorqumranischer Tradition stammen, da in Höhle 4 Text mit abweichendem Konzept gefunden (4 Q 285 „Nasi"). Apokalyptische Kampfvorstellungen (hebräisch).

Kupferrolle (3 Q 15): 1952 entdeckt, 1962 veröffentlicht (Entwicklung einer speziellen Technik zur schadlosen Öffnung der beiden Rollen). Text in dünne Kupferfolie eingraviert, möglicherweise als dauerhaftes Material zum Wiederauffinden der darin verzeichneten Verstecke des Tempelschatzes. Außerhalb des Eingangs von Höhle 3 gefunden. Vielleicht kurz vor Eroberung Jerusalems geschrieben und unabhängig von den anderen Schriften dort deponiert.

Lied auf Jonatan (4 Q 448): Zwei Spalten mit je 9 ungleich langen Zeilen auf dem freien Teil eines von anderer Hand beschriebenen Blattes (Entwurf oder Kopie?) Spalte 2 unterscheidet sich auch inhaltlich von Spalte 1. Vielleicht wird hier Gott angeredet (hebräisch).

Messias des Himmels und der Erde (4 Q 521): 1992 veröffentlicht, 5 Fragmente mit insgesamt 51 Zeilen aus teilweise nur 1 Buchstaben. Lobpreis und Verheißungen göttlicher Heilstaten im ewigen Königreich Gottes. Verwandtschaft mit Mt 11,5. Apokalyptische Erbauungsliteratur (hebräisch).

MMT-Dokument [Mikzat Ma'aseh ha-Tora] (4 Q 394-399): Insgesamt 6 Fragmente, deren Zusammensetzung umstritten ist. Enthält den verbindlichen *Kalender*, und *Weisungen* an den amtierenden Hohenpriester (Toraauslegungen). Wenn damit Jonatan gemeint ist, Entsehungszeit etwa 150 v. Chr. (hebräisch).

Nahum-Kommentar (4 Q pNah): 4 Kolumnen mit den oberen (höchstens) 12 Zeilen erhalten. Versweise Deutung des Prophetentextes auf Ereignisse der Geschichte. Aus Hinweisen auf Pharisäer und Demetrius und Antiochus kann die Entstehung zur Zeit Alexander Jannais erschlossen werden (hebräisch).

Nasi (4 Q 285): 7 Fragmente mit insgesamt 49 Zeilen aus oft nur 1-4 lesbaren Buchstaben. Handelt von einem Kampf, bei dem Michael mit den Auserwählten über Gottlosigkeit siegt. Der *Führer der Gemeinde* wird als der von Jesaja verheißene Davidsproß verstanden. Er tötet einen mächtigen Feind. Vorstellungsvariante zur Kriegsrolle? Bezug zum Sieg der Römer (werden erwähnt, ihre Rolle ist nicht erkennbar) Hasmonäer? (Hebräisch)

Psalmenkommentar zu Ps 37 (4 QpPs 37): 4 Kolumnen zu (ursprünglich) je 25 Zeilen. 1954 veröffentlicht. Besonderheit: Gottesname in althebräischer Schrift geschrieben! Deutet Einzelverse des Psalms auf Ereignisse aus der Geschichte der Gemeinschaft (Verfolgung des „Lehrers der Gerechtigkeit" durch den „gottlosen Priester") und auf die Zukunft (40 Jahre vom Tod des „Lehrers der Gerechtigkeit" an). Entstehungszeit daher vor 70 v. Chr. (hebräisch).

Sohn Gottes (4 Q 246): Zwei Spalten zu je 6 Zeilen erhalten (erste Hälfte der ersten Spalte fehlt). 1964 veröffentlicht. Danielparaphrase. Es ist von einem Herrscher die Rede, der sich als „Sohn des Allerhöchsten" anreden läßt und Menschen vernichtet (aramäisch).

Tempelrolle (11 QT): Längste aller Rollen: 9 m, davon 8,75 beschrieben (Kolumne 66 endet mit unvollendetem Satz, obwohl Rest frei). Reparaturspuren (Anfang von anderer Hand ergänzt), teilweise sehr beschädigt. Seit 1960 bekannt, 1977 erstmals veröffentlicht. Beschreibung des (endzeitlichen) Tempels, der Opfer und Festvorschriften. Es folgt eine Fülle von Einzelvorschriften (Interpretation deuteronomischer Regelungen). Datierung ungewiß (hebräisch).